나의
교육과
연구
　　　그
　　　리
　　　고
지역사회
봉사

GIST PRESS
030

지스트

이재석 교수의

삶과 꿈의 기록

나의 교육과 연구 그리고 지역사회 봉사

이재석 지음

GIST PRESS
광주과학기술원

시작하며

교수 생활을 정리하는 것이 좋겠다고 생각하고 있을 때, 마침 광주과학기술원 Gwangju Institute of Science and Technology, GIST(이하 지스트)의 GIST PRESS로부터 저작 권유가 있었다. 내 이야기를 아무도 읽지 않을 거라는 동료 교수의 조언이 있었음에도 나는 이 책을 집필함으로써 나 자신을 돌아봐야겠다고 생각했다. 비록 나의 업적이 인류에 크게 공헌할 정도는 아니지만, 교수로서의 나의 삶, 특히 지스트에서 나는 어떤 생각으로 교육을 하고, 어떤 방향의 연구를 했으며, 사회봉사는 어떤 자세로 했는지 정리해 보고 싶었다.

교육에 있어서는 자세의 중요성을 지켰다. 초대 하두봉 원장님의 말씀을 따라 수업할 때 정장을 하고 정숙하게 제사를 지내듯 임했다. "학생들은 연구원이 아니고 교육을 받는 대상이다."라는 박사과정 지도교수였던 나카하마 Nakahama 교수의 생각을 따랐던 점을 여기에 표시해 두고 싶다.

연구할 때는 좋은 결과뿐 아니라, 실패한 연구를 더욱 깊게 관찰하였다. 실패한 연구로부터 연구 가치와 동기를 부여받았다. 선배들의 훌륭한 연구도 실패의 결과로부터 탄생하였다는 것도 이해할 수 있었다. 연구 주제는 멀리 있는 것이 아니고 가까이에 있다는 것을 경험으로 알 수 있었다.

교수의 역할 중에 사회에의 봉사가 있다. 지역에 있는 지스트에 재직하던 나는 솔선수범하여 지역 발전에 이바지해야 한다는 각오로 사회와 관계를 맺었다. 물론 광주와 전남이 나의 고향이라는 점도 한몫을 하였음을 부인할 수 없다.

이와 같은 교육과 연구, 사회봉사에 관한 생각과 자세로 나는 교수로서의 역할을 다해왔다. 이제 오랜 교수 생활을 정리하며, 그동안 생각하고 실행했던 이런저런 일들을 모아보았다. 각 매체에 기고한 기고문이나 발표문, 연설문 등을 모아보니 그야말로 잡문이 되었다.

그러나 다양한 분야에 대한 글들은 '교육, 연구, 지역사회에서 교수의 역할'이라는 일관된 맥락을 가지고 엮었기에, 교수를 하고 계시는 분, 앞으로 교수직을 원하는 후배들에게 작은 길잡이로서 도움이 되었으면 한다. 특히 지역 대학에 재직하고 있는 교수들에게는 나의 경험담이 지역을 위한 교수의 역할을 간접적으로 느끼는 계기가 되었으면 한다. 또한, 가족 중에는 교수가 없지만, 자식에게 교수직을 권하고 싶어 하는 부모님들에게도 자식의 길을 인도하는 데 도움이 되기를 바란다.

지스트 초빙석학 교수직을 마치며

이재석

이 책의 저자인 이재석 교수님은 제가 이사장으로 활동하고 있는 한국 과학기술한림원의 정회원이자 제가 이사 소임을 맡고 있는 광주과학기술 원의 교수이기도 하여 늘 관심을 갖고 교류하였습니다. 특히 지역과 지역 대학의 활성화 문제 등에 대해 관심과 노력의 중요성을 피력해온 저의 철학과 이 교수님의 철학과 행보가 일치하여 더욱 이야기할 기회를 많이 가졌습니다.

이 교수님의 책 『나의 교육과 연구 그리고 지역사회 봉사』는 지역 대학 교수로서 30여 년을 지내 온 이 교수님의 교육과 연구, 지역사회 봉사의 여정이 녹아 있습니다. 이 책은 교수의 대표적 역할인 교육과 연구를 담백 하게 이야기 형식으로 담아 놓아서, 누구나 교수란 어떤 사람이고 어떤 활동을 하면서 살고 있는지 엿볼 수 있도록 하였습니다.

이 교수님은 우수한 학술 활동을 인정받아 한국과학기술한림원의 정회원이 되었으므로, 학문적으로 훌륭한 석학이십니다. 따라서 이 교수님의 연구 영역은 설명할 필요가 없을 것입니다. 제가 주목하는 것은 이 교수님의 사회봉사 활동입니다. 이 교수님의 지역사회 봉사활동은 산업 분야뿐 아니라, 이공계 교수의 한계를 넘어 지역사회의 전반적인 발전에 대한 깊은 관심과 참여로 이루어져 있습니다. 이 교수님은 이 책에서 우리나라 미래의 지역발전에의 꿈을 전하고 있습니다.

앞으로 전문적인 학자의 길을 가고자 하는 분들과 그 가족, 교수로서, 전문가로서 활동하고 계신 분들에게 이 책을 일독하기를 권하고 싶습니다. 더 나아가 지역에 있는 과학기술대학 교수로서 지역 산업발전에 이바지하고자 하는 분들께 이 책을 추천합니다.

한민구
서울대학교 명예교수, 한국과학기술한림원 이사장

추천의 글 2

유난히도 무더웠던 1994년 여름날, 비아중학교에 마련된 임시 사무실에서 처음 만나, 30여 년을 동료 교수로, 하지만 때론 형님처럼, 때론 친구처럼 함께해온 이재석 교수님의 책 『나의 교육과 연구 그리고 지역사회 봉사』의 출판을 진심으로 축하드립니다.

이 책을 읽으면서, 많은 부분 공감을 할 수 있었지만, 제가 알지 못했던 이 교수의 새로운 면을 발견하는 놀라움도 있었습니다. 하지만 한 가지 분명한 것은 이 교수님이 정말 열심히 살아오셨구나, 그리고 지역사회를 생각하는 마음이 남달랐구나 하는 것이었습니다.

저 자신 또한 열심히 살아왔다고 자부하였는데, 이 교수님의 책을 읽으면서 제가 너무 안일하게 살아왔구나 하는 생각과 함께, 이 교수님을 존경하는 마음을 가지게 되었습니다. 사실 교수는 내 연구하고, 내 학생 지도하기도 바쁜데, 그 시간을 지역사회를 위하여 할애한다는 것은 정말 쉽지 않은 일입니다. 그것은 사명감이 있어야 가능한 일인데, 이 교수님은 그것을 하셨으니, 대단한 분이라 생각합니다.

이 교수님은 지역사회 봉사뿐만 아니라 교수의 중요한 임무인 교육과 연구에서도 탁월한 성과를 보여주어, 다른 교수들이 부러워하는 재직 중 특훈교수, 은퇴 후 초빙석학 교수가 되었습니다. 이 책에서 이 교수님이 교육과 연구를 어떻게 하는지도 잘 설명해주어, 대학교수를 꿈꾸는 학생들에게는 좋은 지침서가 될 것으로 생각이 됩니다. 그리고 교수가 무엇을 하는지 잘 모르는 분들께도 교수라는 직업을 이해하는 데 도움이 될 것으로 보입니다.

마지막으로 인생 3막을 시작하는 이 교수님께 신의 은총이 함께 하길 기도하며, 앞으로도 지역사회를 위하여 더 많은 봉사를 해주실 것을 요청 드립니다.

윤태호

광주과학기술원 명예교수

저자처럼 광주광역시에 거주하는 교수로서, 저는 이 책의 저자와 함께 지역사회 발전을 위한 다양한 활동에 참여해 왔습니다. 공공기관의 지역 이전 문제부터 혁신도시 포럼의 멤버로서의 활동, 한국에너지공과대학교의 설립에 이르기까지, 우리는 지역발전을 위해 힘을 모아왔습니다. 특히 스마트팜 도입과 같은 혁신적인 정책 마련에 참여하며, 지역사회 발전에 대한 구체적인 결실을 맺기 위한 여정을 함께 해왔습니다.

이 책은 그러한 노력들을 담은 것으로, 저자의 교육, 연구, 사회봉사에 대한 깊은 통찰을 담고 있습니다. 광주과학기술원(지스트)에서의 경험을 바탕으로, 저자는 교육과 연구의 중요성을 강조하며 실패에서도 가치를 찾는 연구 방법론을 제시합니다. 또한, 지역사회에 대한 깊은 애착과 기여를 통해 학자로서의 사회적 책임을 다하는 모습을 보여줍니다.

이 책의 강점은 다음과 같습니다.

실질적인 경험과 통찰 공유: 지스트에서의 오랜 교수 경험을 바탕으로, 저자는 교육, 연구, 사회봉사 분야에서 깊이 있는 통찰과 실질적인 경험을 공유합니다. 이는 학문적 성취뿐만 아니라 실패에서도 배움을 찾는 깊은 태도를 보여줍니다.

지역사회 발전에 대한 강조: 저자는 지역사회 발전에 대한 강한 애착과 기여를 강조합니다. 이는 지역사회 발전과 지속 가능한 성장을 위한 중요한 사례와 교훈을 주고 있습니다.

구체적인 사례 연구 제공: 스마트팜과 대형 돔형 온실에 대한 구체적인 사례 연구는 이 책의 주요한 강점입니다. 이 사례들은 현장에서의 실질적인 경험과 혁신적인 접근의 모범입니다.

4차 산업혁명과 농업의 연계: 저자는 4차 산업혁명의 관점에서 농업의 발전 가능성을 탐구합니다. AI와 빅데이터의 활용 가능성을 탐색함으로써 농업 분야의 혁신적인 미래에 대한 통찰을 제공합니다.

심층적인 분석과 전망: 저자는 현재의 사회, 경제, 기술적 문제들에 대한 심층적인 분석을 제공하며, 이를 통해 독자들에게 미래 지향적인 관점과 전망을 제시합니다.

이 책은 교육, 연구, 사회봉사, 그리고 지역사회 발전에 대한 저자의 깊은 통찰과 경험을 바탕으로, 학문적인 성취와 더불어 사회적인 기여에 대한 중요한 지침을 제공합니다. 지역사회 발전에 헌신하는 저와 같은 사람들에게 이 책은 특별한 의미가 있으며, 교육, 연구, 사회봉사를 통해 지역사회에 이바지하고자 하는 모든 이들에게 필수적인 지침서가 될 것입니다. 이재석 교수님의 지역과 학문을 위한 헌신과 노력에 경의를 표하며 이 책을 추천합니다.

이민원
광주대학교 명예교수, 전 국가균형발전위원장

목차

Part 1
지역 대학교수로 산다는 것은

Part 2
지역 균형발전, 반드시 이루어야 할 과제

Part 3 ─────────────────────

지역 소멸에 대한 우려

Part 4 ─────────────────────

광주와 전남은 한 부모였다

Part 5
지스트 초창기 구성원으로서의 소명

Part 6
한국의 산·학 협력 환경

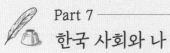

Part 7
한국 사회와 나

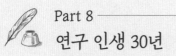

Part 8
연구 인생 30년

Part 9
교수직을 마무리하며

Part 10
인생 2막을 마치며

Part 1

지역 대학교수로 산다는 것은
- 주변 산업에 관심을 가져야

교수의 역할은 크게 세 가지로 나뉜다. 교육과 연구 그리고 봉사다. 교육과 연구는 당연하게 생각할 수 있지만, 봉사는 어떤 것이 될까? 교수들의 전문 분야와 가치관에 따라 생각이 다를 수 있다. 국가정책에 대한 견해를 제공 한다든지, 그 정책을 현장에서 실현하기 위해 현실 정치에도 참여한다.

광주과학기술원(이하 지스트)의 초창기 교수로 채용되어 교육을 위한 노력 과 승진을 위한 연구 업적 쌓기에 모든 시간을 쏟아도 모자랄 지경이었다. 그러나 지역에서 요청하는 과제에 대해서 모른 척할 수 없는 때도 있었다. 그것은 교수 역할 중의 하나가 사회에 대한 봉사이기 때문이다.

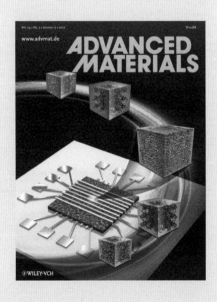

Nam–Goo Kang, *et al*, Advanced Materials, 24, 385–390, 2012 (Inside Cover)

지역사회와 산업에서의
광주과학기술원 교수의 역할

지스트는 정치적으로 탄생하였다. 5·18 민주화운동에 대한 보상 차원에서 광주시민의 요청으로 연구중심 과학기술 교육기관을 설립한 것이다. 노태우 정권에서는 약속을 지키지 못했고, 김영삼 정권에서 실현되었다. 학교는 1993년 개교하였고, 1995년 1기 학생이 입학함으로써 개원하였다. 광주시민의 의지는 지스트 원규에 잘 드러나 있다.

「광주과학기술원법」 제1조의 목적으로 "이 법은 첨단과학기술의 혁신을 선도할 고급 과학기술인재를 양성하고 산업계와의 협동연구, 외국과의 교육·연구 교류, 기술의 이전·사업화의 촉진 및 창업을 지원함으로써 국가과학기술발전에 이바지하기 위하여 광주과학기술원을 설립함을 목적으로 한다."

호남은 농업의 중심지로 한때는 풍요로웠지만, 산업화 과정에서 소외되었다. 척박한 환경에서 살아가기 위해서는 극단적이며 창의적인 발상을 할 수밖에 없다. 미생물이 살아가기 위해 영양분을 섭취하려고 맛도 없고 단단한 구조를 가진 플라스틱을 분해하듯, 창의적인 생각을 내놓아야 하는 고통의 연속이었다.

중국 전국시대의 사상가인 관중管仲은 "십년수목 백년수인 十年樹木 百年樹人", 즉 "10년을 내다보며 나무를 심고, 100년을 내다보며 사람을 심는다."라고 했다. 광주시민들은 당장 떡을 위해 곡식을 심는 것보다는 지역의 100년을 위해 인재를 키우자는 숭고한 생각이었음을 헤아릴 수 있다. 스탠퍼드대학교 주변에 실리콘밸리가 활성화되었듯, 광주시민도 그런 첨단 벨리를 원했을 것이다.

비록 광주에서 결실을 독차지할 수 없었지만, 새로운 산업 분야인 광산업을 제안한 것도 그런 창의적인 발상에서 나왔다고 생각한다. 광주형 일자리사업이 그랬고, 달콤한 사업을 포기하고 AI 산업단지 조성을 요청한 것도 그런 차원의 하나로 생각한다. 다만 수도권 집중 현상으로 꾸준히 쌓아온 결과들이 광주·전남에 남아 있지 않고 수도권으로 이전되어 아쉬움이 클 뿐이다.

지스트 교수로서의 역할로 교육과 연구 분야의 우수 인재를 양성하는 것은 물론이고, 사회에 어떤 봉사를 할 것인가도 생각할 수밖에 없었다. 특히 지역의 지인으로부터 지스트의 역할을 요청받았을 때, 지역의 산업 환경이 졸업하는 학생들에 적합하지 않아 지역에서 자리 잡지 못함을 알았을 때, 허탈할 수밖에 없었다. 광주지역의 기업들이 열악하여 대기업의 50% 임금으로 우수 인재를 잡아둘 수 없는 점도 지역에 있는 교수의 미약한 힘으로 해결할 수 없다.

| 지스트아카데미 조찬 포럼에서 특강하는 저자

    지역 교수의 미약한 힘을 원망하기보다는, 지역 과학기술 산업 현실을 직시하면서 미래를 위한 정책을 기획하는 학자들에게 도움이 되었으면 한다. 그런데도 현재의 위치에서 교수의 역할인 교육과 연구 그리고 봉사의 의무를 게을리할 수 없다. 비록 우리 연구실에서 기초연구를 주로 하므로 기업에서 활용하여 산업에 연결하기 어려웠지만, 과학자의 능력 범위 안에서 지역에서 관심을 두는 산업 및 사회 관련 정책을 기획하고 요청하여 정책으로 채택되기 위해 노력하였다.

이 글은 〈밸리타임스〉 지스트아카데미 조찬 포럼에서 특강, "연구 성과 지역사회 혁신성장에 기여 보람"에서 재인용하였다. 2019.09.26.

영광원전 주변 환경조사에 참여하며

1996년 후쿠시마 원전을 방문했을 때, 원자력발전소 정문에서 나를 맞는 전광판 문구의 기억이 너무도 생생하다. "歡榮 光州科學技術院 李載錫 教授 方門." 영광군에 있는 한빛원자력발전소 주변에 '영광원전 환경·안전 감시센터'를 설치하기 위해 사전 조사를 위한 방문이었다. 그로부터 15년 후, 2011년 지진에 의한 쓰나미에 그 후쿠시마 원전이 폭발했다. 누가 이런 끔찍한 사고를 예상할 수 있었을까?

지스트가 개원할 즈음에 영광군에서는 원자력발전소에 대한 주민 반대 여론이 컸다. 1994년 지스트에 임용된 후, 광주에서 가까이 있는 영광원자력발전소로부터 원전 주변 방사능 환경평가를 지스트 교수가 주도해 달라는 제안이 있었다. 지스트 설립 당시 지역의 신뢰를 받던 지스트가 지역에서 발생하는 사회 문제도 해결해 줄 수 있을 거라는 주민들의 신뢰가 있었기 때문이다. 원자력공학과가 있는 대학이 가까이에 있었지만, 반원전 단체나 원자력 회사로서는 지스트가 중립적인 위치에서 원전 주변 방사능 환경을 평가하고, 그 결과를 주민들에게 직접 보고해 달라는 요청이었다.

원자력발전소로부터 발생한다고 우려되는 방사능은 주변 주민들에게는 공포의 대상이어서, 원자력발전소는 혐오 시설이 된다. 원자력발전소가 안전하게 운전될 때는 문제가 없지만, 어떤 원인에 의해서 사고가 나면, 방사능이 누출되고 원전 주변 주민이 제일 먼저 피폭되기 때문이다.

그렇게 해서 지스트에 제1호 센터인 에너지환경연구센터를 설치하고 지역사회와 관계를 맺었다. 물론 지역의 타 대학 원자력공학과 교수님과의 관계도 원만하게 공동연구 과제를 수행하였다. 두 대학이 역할 분담을 잘했기 때문에 지역 주민과의 신뢰 관계도 유지할 수 있었다. 누구나 생각할 수 있듯이 원자력발전소 주변의 주민들은 항상 불안할 수 있다. 그분들의 불안을 덜어 줄 수 있는 것도 지역에 있는 지스트의 역할이라고 생각하였다.

미국의 스리마일섬 원자력발전소 사고(1979)와 우크라이나 체르노빌 폭발 사고(1986)는 온 인류에게 공포의 사건임이 분명하다. 다행히도 우리와 멀리 떨어진 곳에서 일어난 사고였기에 다행이었지만, 현실 문제로 대두된 후쿠시마 원자력발전소의 폭발 사건(2011)은 인접국의 국민에게 불안이 크다.

한빛원자력발전소 주변의 방사능 환경평가에 지스트 교수의 참여는 원자력발전소 측은 물론, 원자력발전소로부터 방사성 물질의 누출에 대해 불안해하는 주민뿐 아니라, 원자력발전소의 운전까지 반대하는 사회 운동가(김용국 영광핵발전소추방협의회 실무) 측으로부터도 환영을 받았다. 지스트의 역할이 지역에 그만큼 중요하다는 점을 몸소 느낄 기회였다. 더 나아가 지역의 환경문제뿐 아니라, 지역 산업에 이르기까지 관심을 가지게 된 동기가 되었다.

이러한 과정을 통해 지스트 에너지환경연구센터에서 수행한 결과, '영광원자력부지외부 환경방사능 조사 보고서'가 1996년 처음으로 제출되었다. 이번 후쿠시마 오염수에 대한 온 국민의 관심이 있기 전에는, 원전 주변의 주민에게 한정되어 관심이 컸다. 보통 이러한 원전 주변 환경조사 용역은 보고서의 제출과 동시에 주민 설명회를 실시하게 된다. 그만큼 원전 주변의 주민은 심리적으로 불안해하고 있기 때문이다. 원자력공학 관련 학자들보다 일반 환경학자에 의해 측정되고 보고하는 것을 신뢰하지 않을까 하는 측면이 컸다고 생각한다.

이러한 방사능 조사는 하나의 기관뿐 아니라, 여러 기관의 교차 분석을 통해서 상호 신뢰를 담보한다. 즉 원자력발전소는 물론, 한국수력원자력㈜에서 의뢰한 외부 기관(한빛원자력발전소 주변 조사는 지스트가 담당)이 교차로 분석한다. 전국의 일반 방사능 환경평가는 정부에서 의뢰한 전국에 분포한 기관에서 교차 분석을 한다. 방사능 측정은 서로 신뢰하는 기관에서 실시한 교차 분석의 결과가 주민의 심리적 불안을 해소해 줄 수 있다.

후쿠시마원전 방문 후, 1996년 12월, 나를 포함한 일본 환경감시기구 운영실태 합동조사단(한국전력공사조사단)이 일본의 후쿠이와 후쿠시마를 다시 방문하였다. 여러 절차를 거쳐서 1999년 3월 '영관원자력발전소 민간환경·안전감시위원회'가 개최되었으며, '영광원전 환경·안전 감시센터'가 설치되었다. 이러한 감시센터 설치는 신뢰성 있는 외부 기관의 환경방사능 조사에 더해, 원전 주변의 주민들을 대신해서 위원회가 감시센터를 설치하고 직접 환경방사능 조사를 하는 것이다. 이러한 과정에서 한국수력원자력㈜와 영광군의 노력도 컸으며, 특히 영광군의회 강종만(2023년 현 군

수) 의원의 원자력발전소에 대한 이해와 헌신의 결과였다.

이처럼 환경문제 해결을 위해 많은 경비가 소요됨에도 불구하고, 감시센터가 원전 주변 주민의 방사능에 대한 불안 심리를 덜어 주는 역할을 하도록 지스트의 요청이 받아들여졌기 때문이다. 한국에서 원전이 안전하게 운전되기를 바라는 지스트 에너지환경연구센터 소속 교수 노력의 결실이었다고 자부한다. 그동안 지스트 에너지환경연구센터에서 방사능 평가를 훈련한 연구원(현 이나영 감시센터 팀장)이 영광의 감시센터로 옮겨 참여하게 한 공헌도 크다고 할 수 있다.

이렇게 영광군에 소재한 감시센터의 활동이 활발하게 진행됨으로써 10여 년의 지스트 에너지환경연구센터의 '영광원자력부지외부 환경방사능 조사' 용역을 잘 마무리할 수 있었다. 영광 주민을 대신한 영광원전 환경·안전 감시센터의 역할이 지스트의 에너지환경연구센터의 역할보다 크고, 장차 신뢰받을 것으로 생각했기 때문이다.

스마트팜과의 인연

2008년 어느 봄날에 무등농원 김종화 대표를 만났다. 지스트 연구처장을 하는 나에게 스마트팜과 관련이 있는 교수님이 지스트에 있는지 물어왔다. 그래서 그분을 만나기 시작하여 12년이 훌쩍 넘었다. 그분이 종사하고 있는 무등농원이 바로 영산강 상류, 첨단산업단지 바로 옆에 있어 지스트를 자주 지나다녔다고 한다. 그분은 필시 농사꾼이어서 지스트 캠퍼스 안에 있는 두 개의 유리 온실에 관심을 가졌고, 어떤 농작물을 연구하고 있는지를 물었다.

스마트팜에 대한 자세한 이야기를 하기 전에, 지스트에 설치된 두 개의 유리 온실에 대한 역사도 이야기하면 좋을 듯하다. 왜냐하면, 언젠가는 그런 흔적이 사라진 미래의 지스트의 역사이기 때문이다. 그 당시 금호그룹 박성룡 회장은 지스트의 설립추진위원장을 맡아 지스트 발전을 위해 노력했고, 지스트에서 실질적인 산·학 협력이 태동하리라 믿었다.

그래서 하나는 식물 연구, 또 하나는 정보통신 연구를 산·학 협력으로 성공하기를 바라며 두 개의 산·학 협력 건물을 지었다. 식물 연구에는 송필순 박사를 극진히 대접하면서 모셨고 연구원도 꽤 많이 채용했다. "동양란이 왜 1년만 피고 버려져야 하나?"에 관심을 가지고 연구를 했던 것으로 기억한다. 그러나 식물 연구는 큰 성과를 내지 못하였고 박성룡 회장이 작고하자 수익을 내지 못하는 연구에 금호그룹이 연구비를 계속 제공할 일은 만무했다. 박 회장은 사업가라고 하기보다는 학자의 모습이었다. 그리고 음악을 사랑했던 분이기도 하다.

이런 인연으로 김 대표를 만나기 시작했다. 그분의 이야기를 들으면서 농학박사급 연구자 못지않게 다수의 실증 결과(빅데이터)를 제공해 줄 것으로 생각했다. 그는 스마트팜 결과에 대한 노하우와 식물 재배를 위한 양액에 대해 많은 데이터를 축적하고 있었다. 김 대표는 농업에 대한 열정은 물론 삶 자체가 농업이었고 과학으로 변해 있었다. 다른 농업인이나 대학에서 인정하려 하지 않는 '대형 돔형 온실의 효과'를 강조하고 있었다. 실제 30여 년간 꽃(특히 장미에 특화되어 있음)을 재배하여 매출을 증대시켜 많은 수익을 내고 있었다. 김 대표의 대형 돔형 온실의 중요성에 대한 설명은, 대형 돔형 온실이 비효율적이라는 선입견을 품고 있는 사람들에게는 허공의 메아리가 되었다.

그러나 김 대표의 설명을 듣고 과학적으로 생각했고, 상식적으로 사고해 보았다. 정부로부터 어떤 혜택도 받지 않고 농업 시설의 규모를 확장해 3,000평 대형 돔형 온실을 10개로 확장해 놓은 지금의 결과가 대형 돔형 온실의 생산성이 높다는 증거라고 믿었다. 나는 그분을 농업 분야의 과학자로 생각하고 만나기를 계속했다.

내가 전문으로 하는 공학 연구 분야에서 나오는 논문들을 다 의심한다면 어떻게 그 논문들을 참고문헌으로 연구에 활용할 수 있을까? 우리는 가끔 실험하면서 재현성이 없는 논문을 발견하곤 하지만, 대부분 열심히 연구를 수행한 결과를 근거로 논문을 작성한다. 그래서 과학자 대부분을 믿듯이 농업 학자인 김 대표를 믿기 시작한 것이다.

농업은 실험 대상이 살아있는 식물이어서, 30~40년 동안 직접 눈에 보였던 연구 결과를 1년 또는 계절마다 분석하고, 반복해서 재현성 있는 연구 결과를 얻는다. 다만 나의 연구에서는 반응기 안의 화학물질의 반응과정을 직접 볼 수가 없어서 간접적인 분석을 통해서 결론을 내린다. 그러나 농업에서의 연구 결과는 배지 위에 피어나는 꽃들의 상태가 그 결과라고 생각한다.

대형 돔형 온실을 자세히 살펴보면, 온실 하나의 면적은 800평부터 1,600, 2,000, 3,000평까지 다양하게 지을 수 있다. 온실의 층고는 15m 정도에 이른다. 축구장 크기의 대형 건물이라고 해도 과언이 아니다. 설령 대형 돔형 온실에 투자하여 수익이 엄청 좋다고 해도, 층고가 2~3m인 일반 농가가 짓고 있는 온실의 시설 투자비와 비교하면 그 차이가 커서, 일반 농가가 투자하기에 어려움이 있다.

일반적으로 농가 온실의 대부분은 국가와 지자체, 더해서 은행 융자로 지어진다. 자기 부담은 20% 정도로 지을 수 있다. 대형 돔형 온실은 표준화되어 있지 않은 구조이기 때문에 국가 보조가 없다. 그런데도 대형 돔형 온실을 10개 동까지 확장했다고 하는 것은 그만큼 수익이 크기 때문에 가능했다고 할 수 있지 않을까?

대형 돔형 온실에서 식물을 재배하면 왜 좋을까? 조류 독감AI이나 코로나19만 예를 들어도 쉽게 이해될 수 있다. 닭에게도 좋은 환경을 만들어 주지 못하고, 아주 좁은 공간에 닭들이 다닥다닥 살아가는 환경 때문에, 조류 인플루엔자의 피해가 크지 않을까? 코로나19의 확산을 막기 위해 사회적 거리 두기를 하는 것은, 너무 밀집하여 살고 있는 환경을 해결하기 위한 것이 아닐까?

당연하게도 식물도 좋은 환경에서 햇볕도 받고, 좋은 습도와 온도 환경에서 자라게 해야 하지 않을까? 중증 환자에게 산소를 공급하여 숨 쉬게 하듯 식물에도 산소가 필요하다. 열매를 맺고, 뿌리를 굵게 하고 꽃을 피우기 위해서 이산화탄소도 필요하다. 좋은 환경에서 과학기술에 관한 연구를 수행하여야 좋은 결과물이 나오듯, 이런 대형 돔형 온실은 자연을 그대로 모방한 농업 실험실이라고 생각을 하면 쉽게 이해가 될 것이다.

돔형 대형 온실에는 자연 환경적인 요소뿐 아니라, 공학적인 매력도 있다. 3,000평의 온실 한가운데 두 개의 농약 살포기가 반대 방향을 향하여 3~4m 높이에 설치되어 있다. 농약 용액을 아주 작은 비말로 만들어 보내 줌으로써 100m까지 날아가게 하는 기술도 관심 있게 관찰했다. 3,000평의 공간을 두 개의 농약 살포기가 담당하니, 사람이 농약을 직접 살포할 필요도 없어 사람에게 농약의 피해를 줄일 수 있고 효율적인 농약 살포가 가능하다. 농업인에게 가장 고통스러운 일이기도 하는 농약 살포를 피할 수 있다. 또한, 농약 비말이 온실 전 공간에 장기간 부유하여 살포할 수 있어서 더욱 좋다.

작은 온실에서는 공기의 흐름을 제어하기 어렵겠지만, 큰 공간에서는 공기의 흐름을 제어할 수 있다. 더군다나 부유한 비말은 대형 돔형 온실

내의 온도에 따라서 상승할 수 있고 하강할 수도 있다. 더 나아가 비말을 하강시키면 식물 잎의 윗면에 닿을 수 있게 하고, 다시 비말을 상승시키면 식물 잎의 아랫면에 닿게 할 수 있다. 식물 잎에 침투하는 병균의 특성에 맞추어 살균시킬 수 있다면, 대형 돔형 온실만의 장점이 아니겠는가?

대형 돔형 온실의 온도 제어에 대해서 말하고 싶다. 지구 기후변화 이상으로 최근 한국도 40℃로 올라가는 여름을 쉽게 만날 수 있다. 도시의 버스 정류장에서, 쉼터에서, 순천 정원박람회에서, 뜨거운 여름의 거리를 거닐 때 가끔 사막에서 오아시스를 만난 것처럼 기뻤던 적이 있었을 것이다. 물을 비말로 만들어서 뿌려주는 곳을 지날 때의 경험이다. 물의 비말이 주위의 열을 잡아 삼켜 온도를 내려준다.

더욱이 장미는 무더운 여름에 재배하기 어려운 꽃 중의 하나이다. 그렇다고 여름에는 농사를 짓지 말고 쉬어야 하나 걱정이 많다. 이러한 여름을 보내기 위해서 3,000평의 공간을 냉방기로 시원하게 할 수 있을까? 냉방기만으로는 어렵다. 김 대표는 여름의 무더위에도 장미를 재배할 수 있는 대형 돔형 온실을 실현해 냈다.

히트펌프와 함께, 물의 비말과 함께, 그리고 시원한 배양액과 함께 대형 돔형 온실의 온도를 제어할 수 있었다. 모든 식물의 여름과 겨울을 바꿀 수 있고, 밤과 낮을 바꿀 수도 있다. 이 대형 돔형 온실, 스마트팜에서는 겨울을 거쳐야 열매를 맺는 딸기나, 겨울을 거쳐야 하는 감자도 온도와 빛의 조도를 제어하여 재배 시간과 일정을 조절할 수 있다.

지금까지 설명한 대형 돔형 온실을 이해하기까지 많은 시간을 할애해야만 했다. 그렇다고 각 식물에 대한 온도, 조도, 영양액의 배율, 산소 농도, 이산화탄소의 양에 대해서 전부 알려고 하지 않았다. 그 데이터를 저장할 수 없는 나의 머리의 한계뿐 아니라, 인공지능^{AI}의 영역에 맡기고 피하고 싶었다. 그런 데이터는 40여 년 동안 수집해 놓은 김 대표의 머리, 즉 컴퓨터에 들어가 있다. 이 데이터를 받고 싶었다. 농사를 본업으로 하겠다고 하는 다음 세대에게 그 데이터를 정리해서 전달해 주고 싶었다.

김 대표의 머리만 빌리려고 하지 않는다. 우리나라 방방곡곡에 흩어져서 열심히 농업을 천직으로 생각하는 우수 농가들의 데이터를 모아 컴퓨터에 저장해야 한다. 우수 농업인들의 농사 AI를 차세대 농사꾼을 가르치는 교육의 장에서 활용할 수 있었으면 좋겠다. 나는 김 대표의 꿈이 이뤄지기를 바라는 서포터즈의 한 사람이다. 김 대표는 나를 만날 때마다 그 꿈을 말했고, 가진 재산을 교육의 장에 헌납하겠다고 몇 번이고 말했다. 지금도 다짐하고 있다고 생각한다. 우리나라의 농업 분야에서 김 대표의 뜻을 담을 그릇이 너무 작다. 10년을 훌쩍 넘긴 오래전, 처음 만났을 때 말했던, 빛바랜 신문의 한 면에 기록되어 있는 김 대표의 꿈이 이뤄지기를 기다린다.

그때부터 김 대표의 응원자로서 뛰기 시작했다. 김 대표의 대형 돔형 온실에 대한 실력과 뜻을 알리기로 마음먹었다. 10년 전 한때는 이러한 이상에 꿈이 부풀었고, 이러한 농업 정책이 대한민국에 꼭 필요하다고 생각했다. 행정기관에 1조 원 규모의 정책을 기획하여 보고서를 발표했다. 발표를 듣던 관료들은 웃었을 수도 있다. 그러나 이러한 농업 정책이 농촌 소멸의 방지, 청년 일자리 창출, 식량안보에 절실하다고 생각했다.

따라서 대선 또는 지방선거의 캠프에서도 대형 돔형 온실 스마트팜과 스마트 푸드팜 밸리 조성사업을 제안했고 반영하고자 노력했다. 어느 대선 캠프에서는 식량안보를 공약 정책의 제일 앞에 내세웠던 적이 있었다. 이루어지지 않았지만, 이러한 정책이 많은 사람의 생각과 일치하니 기뻤다. 지방자치단체장의 산업정책 수립 중, 대형 돔형 온실을 활용한 농업 정책으로 식량안보와 농산물 수입국에서 수출국으로 꿈을 이야기하기도 했다. 중국에는 우리의 농산물을 좋아하는 상류층이 우리 인구 정도가 된다는 이야기도 있다.

문재인 정부에서는 2018~2019년 '스마트팜 혁신 밸리 사업'으로 전북, 경북, 전남, 경남에서 4개가 수행되고 있다. 우리의 제안과 상당 부분 비슷하여 성공하기를 기대한다. 실증단지, 유통센터, 교육캠퍼스, 연구진흥원을 기본으로 하여 대량생산에 의한 유통센터는 가장 중요하게 생각해야 할 부분이고, 일부 청년들에게만이 아니라 모든 농민에게 온실을 대여해 주어야 한다. 실증과 산업화는 필연적으로 따라야 할 것이다. 특히 농업교육에 있어서 바람직한 것은 성공한 농업인의 교육과 실질적인 농업 AI를 투입해야 한다고 주장하였으나, 받아들이지 않았다.

다행히도 김 대표의 과학적인 대형 돔형 온실의 원리를 이해하고, 실증해보기 위한 실험이 한국농촌진흥청에서 실시(2019~2020)되었다. 물론 범국가적인 정책으로 채택되기 위해서는 충분한 실증 결과와 적용 후 정책으로 채택할 타당성의 근거를 마련해야 한다. 이번 실증 테스트가 장기적으로 국가의 농업 브랜드로 남기를 바란다. 이러한 응원자로서 노력과 함께 김 대표의 대형 돔형 온실의 효능을 이해하고 인정되어 김 대표의 VIP와의 만남을 기억한다. 하나의 정책을 완성하기 위해서는 많은 이익 집단들의 논리를 헤쳐 나가지 않으면 불가능하다는 것을 몸소 체험할 기회였다.

그동안 온실은 비닐이나 유리를 통해서 태양에너지를 활용하여 낮은 온도를 높이는 데 초점이 맞추어졌다. 그러나 앞으로는 그 반대도 일어날 수밖에 없다. 기후변화에 의한 온도의 상승에 대응하기 위한 온실 시스템을 정비하는 데도 초점이 맞추어져야 한다. 따라서 태양에너지를 적절하게 제어 가능한 온실 시스템으로 대형 돔형 온실의 활용이 기대된다. 최근 아랍에미리트UAE 사막에서 벼농사를 지어 성공한 우리 농업이 온실에서도 각종 과일과 꽃을 선보인다면, 또다시 김 대표의 바람대로 중동에서 꽃 피는 K-농업을 응원자로서 멀리서 기대한다. 〈2020.04.30.〉

스마트팜으로 농업 수출시대 열자

우리나라는 농림축산식품 대량 수입국이다. 지난해 이 부문 수출액은 68억 달러이지만, 수입액은 4배인 323억 달러로 255억 달러 무역 적자를 기록했다. 국토가 좁고 인구 밀도가 높은 한국은 무역 적자가 불가피한 것일까. 네덜란드는 우리 국토 면적의 37%, 인구는 우리의 33%에 불과하다. 그러나 2017년 네덜란드의 농업 분야 수출액은 1,222억 달러로 우리의 18배에 달했다.

우리의 가장 큰 문제는 농업 경쟁력이 저하되고 있다는 점이다. 지난 5년 동안 자유무역협정FTA에 의한 농업 생산량 감소가 약 1조 원이다. 농촌 인구는 갈수록 줄고 있다. 1995년 485만 명에서 지금은 절반인 249만 명으로 감소했다. 농촌 인구 가운데 노인 비율이 50%를 넘었다. 2040년에는 전국 지방자치단체 가운데 30%가 1995년 대비 인구가 절반으로 떨어진다는 예측도 있다.

지능형 농장 시스템인 '스마트팜'으로 농업 경쟁력을 대폭 개선할 수 있다. 4차 산업혁명 시대를 맞아 정부 국정 과제에도 포함됐다. 기획재정부, 과학기술정보통신부가 일자리와 연계해 선정한 10대 융합 연구개발 과제에 '스마트농축수산팜'이 들어 있다. 최근 '스마트팜 혁신 밸리'를 2022년까지 네 곳을 조성하겠다는 공모 사업도 발표됐다. 농업 분야 혁신성장의 한 축으로 스마트팜이 육성되고 있다.

지난 10년간 스마트팜 육성에 많은 시간과 관심을 쏟아온 본인으로서는 감회가 남다르다.

스마트팜은 기존의 영농 기계화와 어떻게 다른가. 경운기, 화학비료, 새마을운동으로 대표되는 1970년대 농업의 목표는 기계화에 의한 다량 생산이었다. 그러나 생활수준이 높아지면서 채소와 과일을 사시사철 소비한다. 친환경 관심도도 지대하게 높아졌다. 선호하는 농식품 종류가 다양해짐에 따라 열대와 아열대 품종까지 경작하기에 이르렀다. 일주일 단위로 다품종 소량 생산을 하는 맞춤형 농업 수요도 늘었다.

현대 농업은 지식 산업이자 정보 산업이다. 영농은 수많은 변수에 의해 조절되는 빅데이터 산업이 됐다. 높은 인건비와 값싼 수입 농산품은 노동력에 의존하지 않는 신농업이 필요하게 됐다. 그래서 탄생한 것이 지능형 소프트웨어에 의해 제어되는 스마트팜이다.

스마트팜은 초대형 이중 단열 비닐하우스, 원격 제어되는 로봇 장치, 이를 중앙에서 감시하고 지시를 내리는 컴퓨터 등으로 이뤄져 있다. 농장보다 공장에 가깝다. 스마트팜이 가동되는 동안에도 적막할 정도로 사람이 없다. 태양광량 조절이나 온도, 습도, 이산화탄소, 산소 조절 등을 인력에 의존하지 않기 때문이다. 그러나 가장 중요한 것은 방대한 영농 지식의 데이터화다. 다행히 우리나라에는 40년 이상 과학 영농을 하면서 경험을 축적한 인력 자원이 있다. 우리나라가 스마트팜을 할 수 있게 된 배경은 앞선 정보통신기술ICT만이 아니라 바로 이 같은 과학영농 지식 덕분이다.

스마트팜은 비닐하우스 1개 동을 짓는 데 수억 원이 들지만, 단위 면적당 생산량은 재래식 영농과 비교해 10배 이상 높다. 더군다나 친환경에다 맞춤형 주문생산, 대량생산, 계획생산이 가능하다. 더는 좁은 영토가 농업 경쟁력 저하의 사유가 될 수 없다. 이스라엘은 비좁고 척박한 땅을 과학영농으로 극복했다. 물, 비료, 농약을 3분의 1까지 줄이면서도 낙농업 효율은 세계 1위다.

정부가 추진하기로 한 스마트팜은 20만m² 대규모 실증단지다. 기존 농업인을 통한 소극적 방식의 스마트팜 보급 사업에서 탈피해 스마트팜 확산 거점이 될 것으로 전망된다. 실증 사업을 통해 과학영농으로 축적된 한국형 빅데이터가 널리 공유될 것이다. 나아가 스마트팜 국제 경쟁력 확보를 위해 '스마트팜 연구원' 설립도 필요하다.

스마트팜은 도농 소득 격차가 없는 청년 일자리 창출 방안이다. 취업보다는 임대형 스마트팜을 분양받아 벤처 영농인이 될 수도 있다. 이를 위해 청년 영농인 대상으로 '스마트팜 아카데미'를 운영할 필요가 있다.

스마트팜은 평야가 부족한 북한의 식량난 해결에도 효과가 있다. 남북 경제협력의 한 부분이 되길 바란다. 농산물 수출의 견인차로도 기대가 크다.

이 글은 〈전자신문〉 "스마트팜으로 농업 수출시대 열자"에 실린 칼럼을 재인용하였다. 2018.05.13.

4차 산업혁명의 전초기지로서의 스마트팜

스마트팜은 4차 산업혁명의 전초기지이다. 지금까지 익힌 기술을 선배나 동료로부터 배워 농사를 짓고, 공장에서 생산한다면 산업의 발전은 어떨까? 구전으로 기술을 전달한다는 것은 산업혁명을 이룰 정도의 산업발전을 기대하기 어려울 것이다. 기사들의 대국 결과들을 모아두지 않고, 입력시켜 두지 않았으면 알파고가 이세돌을 이길 수 있을까? 그동안 바둑에서 이루어낸 승리의 결과들을 컴퓨터에 입력한 막강한 데이터(빅데이터big data)가 알파고이고 인공지능이다. 알파고와 이세돌의 바둑 대전은 한국인이 4차 산업혁명 시대가 바로 우리 앞에 도래했다고 인식할 수 있는 크나큰 계기였다.

바둑 대전 후 우리나라에서는 인공지능AI이 우리의 일자리를 뺏어 갈 것이라는 이야기가 4차 산업혁명이 시대의 화두로 많은 반향을 일으키기 시작했다. 그러나 인공지능을 활용한 산업혁명은 필요하다. 식량을 생산할 농업 인구는 급감하고, 날마다 먹고 생활할 식량은 필요할 뿐 아니라, 분단국가인 우리나라에서는 언제든 식량이 안보와 연계될 수밖에 없다. 농업 분야에서도 제4차 산업혁명이 꼭 필요하다는 것을 쉽게 이해할 수 있다. AI가 농업인의 일자리를 뺏어 가는 것이 아니고 식량 생산 과정을 편하게 해줄 뿐 아니라, 농업에 종사하는 인구가 감소하는 문제를 해결할 수 있는 수단이 될 수 있기 때문이다. 스마트팜이라는 용어는 4차 산업혁명이라는 이야기가 나오기 오래전에 대두했다.

바둑 대전에서 알파고가 인간을 이길 수 있었던 것은 많은 양의 빅데이터를 학습했기 때문이다. 마찬가지로, 농산물 생산에서 4차 산업혁명이 성공하기 위해서는 농사 기술에 대한 빅데이터가 필수적이다. 빅데이터를 통해 농작물의 생육 환경, 병충해 발생, 수확량 등을 정확하게 예측하고, 이를 바탕으로 최적의 생산 관리를 수행할 수 있기 때문이다. 온실 커튼을 자동으로 여닫고, 핸드폰으로 멀리서 유리창을 닫고, 자동으로 물을 주는 것이 스마트팜의 전부라고 생각하는 사람이 많다.

아니다. 우리나라 기후에서 또는 변화무쌍한 기후환경에서 꾸준히 농사를 지어 첨단을 가고 있는 농업인들의 농사 기술 중 필요한 최적의 조건과 데이터를 다 모아야 한다. 이것이 빅데이터가 되고, 이것을 컴퓨터에 넣어야 비로소 농사법의 AI가 된다. 선배들이나 부모로부터 구전으로 배우면서 지었던 농사를 이제 컴퓨터가 짓게 되었을 때, 이것이 스마트팜이고 농업 분야의 4차 산업혁명으로 나타나지 않을까?

농업은 블루오션이다. 수십 년 전, 선친께서도 시골에서 농사를 지었다. 형을 농고에 가게 하고 대학에 보내지 않았다. 회사에서 일하면 머슴살이라고 생각했다. 그러나 한국의 농업을 발전시키지 못했다. 인구학자인 조영태(서울대학교 보건대학원) 교수는 딸들에게 농업 관련 일을 선택하기를 권유했다고 한다. 최근 전남대학교와 전북대학교 농대에 우수한 학생이 몰리고 있다. 물론 혁신도시에 있는 농어촌 관련 기관에 지역 할당제를 고려한 선택일 수 있으나, 조 교수가 딸에게 권유했듯이 부모가 농업 분야의 대학에 진학하기를 권유했을 수 있다. 그렇다면 농촌의 인구감소를 걱정하지 않아도 될까?

인구문제 해결과 함께 농업을 생각할 때다. 마강래 교수(중앙대학교 도시계획부동산학과)는 『지방도시 살생부』라는 저서에서 도농의 격차가 심화할 것으로 예측하면서, 저출생, 고령화, 저성장 추세가 계속되면, 2040년에는 전국 지방자치단체 중 30%는 1995년 대비 인구가 절반으로 감소한다고 예측했다. 자기의 토지를 가지고 있지 않으면 청년들이 농업인으로 살아가기 어렵다. 자기의 토지를 보유하고 있고, 동시에 AI농사법과 같은 훌륭한 농법을 익힐 수 있다면 어떨까? 전문직 일자리가 줄어든다는 4차 산업혁명의 시대에, 자영업이면서 부가가치가 높고 100세 시대에 건강하게 살면서 편안한 직장이 되는 농업이야말로 블루오션이다.

그러나 우수한 청년들이 무작정 농촌으로 돌아올 수 있을까? 어느 분야에서나 창업 시 기술과 자본이 필요하다. 공업 분야의 창업은 각 지역에 있는 테크노파크 등의 기관에서 장소와 생산 시설을 빌려 시작할 수 있다. 그러나 농업은 넓은 농지가 준비되어야 하고, 새로운 시설을 갖추기 위한 자금이 필요하다. 정부의 보조금 사업은 일부 농업인들에게 도움이 되는 것은 사실이지만, 농업 분야에서 새롭게 창업을 꿈꾸는 청년들이 정부 보조금에 접근하기 어려워 보인다.

네덜란드보다 더 나은 농업기술이 한국에 있다. 우루과이 협정과 FTA 협정으로 한국 농산물의 경쟁력이 떨어지고 있다. 이제는 세계화 시대에 경쟁할 수 있는 농업 분야를 한국에서 끌어내야 한다. 지스트의 산업협력단장 보직을 하고 있을 때, 어느 농업인이 나를 만나기를 원했고, 40년 가까이 습득한 기술을 우수한 청년들에게 가르쳐 주고 싶다고 했다. 지금은 대농으로 자리 잡았으나, 자기가 습득한 기술이 사장되는 것을 무척 안타까워했다. 또한, '만나 CEA'라는 농업회사법인(충북 진천)을 설립한 한국과학기술원 출신 농업인들은 농업 분야에서 성공한 청년 창업자들이다. 두 경우 모두 농업 대국 미국에 다음가는 네덜란드의 회사에서 접근하고 있다는 점이다. 다른 나라 기업에서 한국의 종묘 특허를 출원하여 우리에게 지적 재산권을 팔았던 일이 농업 시설에서도 일어나지 않으리라는 법이 있을까?

스마트팜을 통한 농업 분야의 4차 산업혁명을 일으켜야 할 때다. 그동안 스마트팜에 관해 살펴본 농업 선진화를 위한 응원자로서 스마트팜 조성사업의 구체적인 방향을 제시하고자 한다.

첫째로, 외국의 환경과 다른 한국의 특수한 환경에서 농작물 생산기술을 발굴하고, 역량이 높은 첨단 농가의 선진기술을 조사 발굴한다. 농산물 생산기술에 대한 빅데이터를 수집한다. 그 데이터를 인공지능AI화하여 농가에 적용한다면, 농업 분야에서 4차 산업혁명의 모델이 될 것이다.

둘째로, 모델화한 농업기술을 실증하고 많은 농민에게 확산함과 더불어, 교육, 유통에 힘을 기울이면, 농산물뿐 아니라 농업기술의 수출에 이바지하리라 생각한다.

셋째로, 청년들이 되돌아오는 일자리를 위해 스마트팜의 발전 방향을 획기적으로 전환하여야 한다. 정부나 지자체에서 모든 농업인에게 렌트형 스마트팜을 제공해야 청년들이 농촌으로 돌아올 수 있다. 그렇게 하면 청년들의 열정으로 농업에서 새로운 부가 형성될 것이다. 도시와 농촌에서 임금 격차가 없는 선진 농업국가의 미래를 꿈꿀 수 있다.

넷째로, 스마트팜의 활용 기회와 열매가 지역 농민에게 골고루 제공되면 농업 생활을 지속할 수 있고, 공유 및 협동으로 더불어 잘사는 행복한 농촌이 될 것이다. 국가 식량안보에 공헌하며, 농사일을 외국인 노동자에게 의존하지 않으며, 지역 소멸로 걱정하는 농촌이 국가의 짐이 되지 않을 것이다. 도시와 농촌이 함께 균형 있게 발전하는 농업 대국 대한민국이 만들어지기를 기대한다.

광주에 '공기산업'이라는 이름을 붙이다

오래전 김대중 정부에서 광光산업을 이름 지어 기획할 때, 일반인들은 광산업이라는 단어를 석탄을 캐는 탄광산업과 혼동하여, 광산업이 석탄 생산을 활성화시키는 사업이냐고 물었다. 지금은 서울대로 옮긴 김장주 교수와 맥주를 마시면서 광산업에 대해 많은 이야기를 나누었을 때도 옆에 앉아 있던 손님들이 광산업이 무엇이냐고 묻곤 했다. 그러나 지금 광주에서 광산업이 무엇이냐고 묻는 시민은 없을 것이다.

공기산업이란 말도 많은 분들이 의아해하는 단어임이 틀림없다. 산업 분야에서 새로운 용어의 도출은 상당히 중요하다. 누가 물을 사서 먹는다고 생각했었을까? 봉이 김선달이 대동강 물을 퍼다가 팔았다는 우스갯소리를 들은 적은 있다. 수돗물도 깨끗한 물이어서 고마워하면서 마셨는데, 이제는 대부분 가정에서 물을 별도로 사서 마신다. 아직 경험한 적은 없지만, 공기를 봉지에 담아서 판매한다는 이야기도 들린다.

미세먼지가 하늘을 덮어서 숨쉬기 어렵고 답답한 적이 있을 것이다. 이러한 상황에서 실외에서 황사마스크를 착용한다든지, 창문을 함부로 열어놓기가 어려워 실내에서는 공기청정기를 사용하는 것이 이제 일반화가 되었다. 미 대륙과 유럽에서는 마스크를 착용하면 환자 취급하므로 심한 미세먼지에도 마스크를 착용하지 않는 것 같다. 일본에서는 오래전부터 심한 미세먼지 발생 시나 감기에 걸렸을 때 마스크를 많이 사용하는 편이다. 그러나 우리나라에서는 심한 미세먼지에도 마스크를 사용하지 않았다. 극심한 미세먼지로 서울시장(고 박원순)이 자동차를 멈추게 하고 지하철 승차권을 무료화한 적이 있었다. 그 후로 일반인도 미세먼지의 문제점을 인식하고 마스크의 사용이 보편화하였다.

그동안 한국에서는 마스크 생산회사의 수지가 맞지 않았던 것은 당연했다. 그러나 서울에서 미세먼지 대소동으로 사람들이 마스크를 사용하게 되었고, 쇼핑몰을 통한 구매가 시작되면서 마스크를 가정에서 대량으로 구매하게 되었다. 그동안 가끔 약국을 통해서 한두 장씩 사서 사용하던 마스크를 수십 장씩 대량으로 구매하여 미리 비축함으로써 회사와 가정이 경비를 분담하는 방향으로 탈바꿈한 것이다. 물론 가격도 파격적으로 내려갔다. 자본주의에서는 이러한 미묘한 공정에 의해서 수요·공급이 결정되는 것 같다. 왜 마스크 관련 산업을 장황하게 설명하느냐 하면, 공기산업의 기본은 어떤 공간의 공기 질을 좋게 하도록 필터를 활용하고, 우리가 이를 가장 가깝게 경험하는 것이 마스크이기 때문이다.

최근 2020년 1월부터 4월까지는 세계 어느 나라에서나 식량보다 더 귀중한 물품이 마스크가 되었다. 물론 코로나19 때문이다. 바이러스는 사람이 말하거나 기침을 할 때 튀어나오는 침방울에 섞여 나옴으로써 다른 사람에게 전염이 된다. 코로나19가 유행하는 동안 마스크 없이는 살 수 없는 지경에 이르렀다. 마스크의 수급이 원활하게 이뤄지지 않자, 바이러스 긴급재난을 선포하고 모든 마스크의 생산과 판매를 공적으로 관리하는 공적마스크 판매가 시도되기도 했다. 코로나19로 세계는 마스크 산업뿐 아니라 제조산업에서도 새로운 길을 걸어야 할 것이다.

우리 연구실에서는 공기 관련 연구를 2014년부터 시작했다. 필터 소재는 원래 유리 섬유로부터 유래했지만, 유리 섬유의 안전성을 담보할 수 없다고 생각하여, 최근에는 많은 분야에서 고분자 섬유를 필터 소재로 사용한다. 특히 마스크의 필터 소재로는 폴리프로필렌을 주로 사용한다. 이러한 필터 섬유에 전기장을 걸어주면 자장이 생겨 미세먼지를 끌어당겨 쉽게 걸러낼 수 있다. 그러나 전기장에 의해 고분자 필터에 가해진 자장은 습도나 탄소 입자에 의해서 쉽게 능력을 잃게 된다. 이러한 단점을 극복하기 위해 미세먼지와 친화력을 갖는 기능성 나노 섬유를 개발하는 것이 나의 일이다.

이러한 관련 연구로 광주에서 공기산업이 활성화되기를 무척 바랐다. 마침 삼성전자 광주 공장이 베트남으로 이전하는 등 산업구조의 개편으로 광주의 일자리는 감소하였고, 2015년 이후로 광주의 인구는 수도권으로 이동하는 비율이 점점 증가하고 있다. 백색가전 산업의 활성화 과정에서 필수 제품이었던 모터 등의 제조 기반이 공기산업으로의 전환이 타당하다고 판단하여, 광주시는 한국전자기술연구원 광주지역본부(전 전자부품연구원)에 '에어가전 핵심 지원센터'를 설치하였다.

지스트에서는 박기홍 교수 주도로 미세먼지 측정 및 저감기술에 대한 대형 프로젝트를 수행하였다. 나는 기능성 마스크 개발로 프로젝트에 참여하였다. 그 후에 계속된 전국적인 미세먼지 국가전략프로젝트 사업에서

'기능성 필터용 유무기 필터소재 및 나노섬유필터 연구개발'에 참여하였다. 그런 연유로 지역의 공기산업 발전에 깊은 관심을 두게 되었고, 광주가 공기산업의 메카가 되기를 바랐다.

연속선상에서 윤장현 시장 때는 '맑은 공기도시 광주' 선언이 있었다. 더군다나 광주에는 공기청정기 등을 생산하는 회사로 삼성전자 광주공장, 디케이, 대유위니아, 오텍캐리어 등 중견기업이 있어서 많은 일자리를 담당하고 있다. 이런 점을 고려하면, 광주에서는 공기산업을 꼭 활성화해야 하는 상황이었다. 이용섭 시장 집행부에게 공기산업에 관한 예비타당성 조사의 기회가 있었지만, 성공에 이르지 못했던 것은 아쉬웠다.

그 '맑은 공기도시 광주' 선언 때부터 미세먼지 저감 관련 과학자 ㈜에어랩의 노광철 박사를 만나 광주의 예비타당성 조사 기획을 도왔다. 그러나 항상 광주광역시 연구개발 기획으로부터 배제를 당했다. 그 와중에 공기관련 투자회사는 큰 어려움을 맞았다. 광주 산업발전을 저해한 큰 사건으로 남을 것이다. 광주광역시가 공기산업 활성화 기회를 아쉬워하면서, 노 박사와 술만 들이킬 따름이다.

2019년 3월 광주광역시와 LG전자가 '공기산업 발전을 위한 상호 협력' 양해각서MOU 교환식을 했다. 그런 계기로 LG전자뿐만 아니라 공기산업 소재부품 관련 기업이 모여들게 하겠다는 큰 그림도 LG전자 박형호(현재 상무 연구위원) 연구위원과 노 박사의 작품이다. 몇 개의 중견기업이 있는 광주에서 맞춤형 공기정화기, 자동차 캐빈 필터, 에어컨 필터 등 품질 좋은 제품을 만들어, 공기산업의 메카를 이뤄보자는 꿈이 있었다.

지자체에서의 산업발전 방향은 지역의 일자리를 담당하는 차원에서 매우 중요하다. 어느 한 기관이나 개인의 이익을 위해 이뤄져서는 안 되는 중차대한 일이다. 기획에 나서는 주체들은 무엇보다도 우선 지역의 산업을 일으키기 위한 일념으로 발전 방향 계획을 세워야 한다. 지속 가능한 산업을 위해서 참여하는 연구개발 주체인 대학의 기초과학뿐 아니라 기업의 부족한 개발 역량을 도와야 하는 연구소도 적극적으로 참여하여야 한다. 지자체의 지원기관도 동참해야 함은 물론이다. 다만, 구성원 각자의 역할보다 더 많은 부분을 독차지하거나, 산업체 활성화보다는 각자 기관의 이익을 추구하여 산업의 방향을 그릇되게 해서는 안 된다.

공기산업 클러스터 조성을 위한 제언

최근 미세먼지 예보가 날씨 예보 중 온도와 눈·비 예보만큼 중요한 항목이 됐다. 지난달 거의 1주일 이상 미세먼지가 '매우나쁨' 수준을 유지, 한국은 패닉 상태에 빠졌다. 집에 있는 온도계와 습도계는 신뢰할 수 있을 정도로 정량이 정확하다. 그러나 대중매체 뉴스에서 미세먼지 예보는 좋음, 보통, 나쁨, 매우나쁨 형식으로 알려주고 있다. 그만큼 미세먼지는 정확하게 정량 측정을 할 수 없으며, 이는 아직도 연구개발R&D을 더 해야 한다는 방증이기도 하다.

나는 6년 전부터 미세먼지 저감 분야 R&D에 참여하고 있지만, 아직도 미세먼지 정보가 정확하지 않고 미세먼지를 구성하는 물질이 어떤 것인지 특정할 수 없는 어려움이 있다는 것을 느낀다.

어느 한 지역에서 어떠한 산업을 발전시키려고 기획하고자 할 때, 그 산업을 발전시킬 기반이 조성돼 있는지를 묻는 경우가 많다. 이러한 질문에 논리 정연하게 합리화시키기가 어려운 것이 사실이다. 기획하는 산업의 기반이 지역 내에 잘 구축돼 있지 않기 때문이다.

광주시가 25년 전 지스트 설립을 건의했을 때 정부의 관련 부처는 황당해했을 것이다. 대학 입학을 위해 전국의 많은 학생이 서울로 유학 가는 상황에서 '학생들이 서울에서 광주로 유학을 갈까'라는 생각이 드는 것은 당연하다고 할 수 있다. 그런 우려에도 불구하고 지스트를 모델로 대구·경북과 울산에 과학기술대학이 탄생하지 않았는가? 그 지스트에서 미세먼지 관측 및 저감 연구를 활발하게 하고 있다.

공기산업 대상을 크게 나누면 실내와 실외의 공기산업으로 구분할 수 있다. 실외에서 미세먼지 발생원을 찾아 없애는 것도 중요하다. 그런데 이것은 국가 차원의 해결 사항이 대부분이다. 따라서 공기산업 범위는 이미 발생한 실내 미세먼지를 줄이는 것으로 생각하면 될 것이다.

광주시는 미세먼지 관련 전문가 중심으로 발 빠르게 '맑은 공기도시 광주' 선포에 이어 공기산업 육성에 관한 조례를 제정하고, 더 나아가 정부에 공기산업 육성을 제안했다. 정부도 이를 받아들이고 있는 것 같다.

지난달 18일 광주시와 LG전자가 체결한 '공기산업 발전을 위한 상호 협력' 양해각서 MOU 교환을 계기로 LG전자뿐만 아니라 공기산업 소재부품 관련 기업이 모여 들었으면 한다. 기존 모듈 공장을 통해 맞춤형 공기정화기, 자동차 캐빈 필터, 에어콘 필터 등 품질 좋은 제품을 만들어 낼 수 있을 것으로 기대한다.

비록 광주지역의 산업 기반이 취약하지만 공기산업만큼은 기반 조성이 훌륭한 것으로 평가받고 있다. 전자부품연구원 광주지역본부에 '에어가전 핵심 지원센터'가 구축돼 있다. 백색가전에서 시작한 가전 부문의 소재부품은 완벽할 정도다. 공기산업을 발전시킬 수 있는 절호의 기회가 기다리고 있는 셈이다.

미세먼지 취약 지역인 학교뿐만 아니라 노인 요양시설, 병원, 공장 등의 미세먼지 환경을 분석하고 실증을 거쳐 미세먼지 저감 기술을 개발해야 할 것이다. 미세먼지 저감 관련 소재부품이 어느 정도 개발됐다고 생각하지만, 국민 건강을 지키면서 먹거리 산업으로 일자리를 도출할 수 있는 때라 할 수 있다.

광주시는 예비타당성조사 면제로 채택된 '인공지능^{AI} 기반 과학기술창업단지 조성사업'과 기획하고 있는 '공기산업 예타 기획사업'을 통해 동력을 마련할 계획이다. 더 나아가 국회에서 '공기산업 육성에 관한 특별법' 통과에도 나서고 있다. 그 동력으로 기존의 공기산업 관련 기업, 대학, 유치기업에 의해 광주지역에는 공기산업 클러스터가 조성될 것으로 확신한다.

공기산업이 쾌적한 공기를 실내에 제공할 뿐만 아니라 세계 수준의 공기제어 제품이 광주 브랜드로 이어지기를 기대한다. 이를 위해서는 공기 관련 제품을 인간 친화형으로 실증해야 한다. 새로운 미세먼지 저감 필터 소재, 정확한 미세먼지 정량 센서 개발, 휘발성 유기화학물질 흡착 필터 소재도 개발해야 한다. 공기산업에 종사하는 한편 관련 인재를 양성, 광주시의 캐치프레이즈인 '맑은 공기도시 광주'를 유지하는 공기 관리 일자리도 창출됐으면 한다.

이 글은 〈전자신문〉 "공기산업 클러스터 조성을 위한 제언"의 칼럼을 재인용하였다. 2019.04.03.

Part 2

지역 균형발전,
반드시 이루어야 할 과제
- 국가 미래를 위한 제안

지역에 있는 광주과학기술원(이하 지스트)에 근무하면서, 지역에서 생활하며 어려움을 느끼지 않았다고 하면 거짓말일 것이다. 외국의 과학자가 우리 학교를 방문하여, 지스트 교수들에게 "서울에 있는 대학에서 초빙하면 옮길 것이냐?"고 질문한 적이 있다. 물론 사람마다 조건이 달라서 즉답을 피하는 것 같았지만, 한국의 지역 사정은 만만치 않다. 서울에 있으면 우선 문화적인 삶을 영위하고 있다고 생각한다. 비록 문화 도시 광주에서의 생활이 문화 친화적이지만, 스스로 그렇지 않다고 생각한다.

그만큼 서울에서 멀리 있는 지역은 거리상으로 그 자체가 불편하고, 살 만한 곳이 못 된다고 생각한다. 이러한 현상은 산업발전부터 모든 분야에서 소외를 당한다. 당연히 세금이 많이 걷히는 수도권의 지자체에는 지역과 비교가 되지 않을 정도로 훌륭한 기반 시설이 설치된다.

노무현 정권의 세종 행복도시 건설과 함께 전국 10개 지역에 수도권의 공공 기관이 이전함으로써, 지역 균형발전의 초석을 쌓게 되었다. 그러나 이명박과 박근혜 정부의 무관심, 문재인 정부마저 관심을 쏟지 않음으로써 혁신도시는 절름발이가 되었다. 이제 윤석열 정부가 대대적으로 제2차로 공공기관을 이전하겠다고 하니, 지역에 사는 사람으로 기대가 크다.

그동안 광주 · 전남(빛가람) 혁신도시포럼과 국가균형발전위원회 자문위원으로 활동한 사람으로서, 서울만큼은 아닐지라도 불균형으로 인해 지역이 소멸할까 염려하지 않았으면 좋겠다. 이에 이번 장에서는 지역 균형발전에 대한 활동을 정리하고자 한다.

Jin Woo Choi, *et al*. Nanoscale, 10, 13356–13367, 2018 (Front Cover Figure)

공공기관 2차 이전을 위한 토론회에 붙여

공공기관 2차 이전에 관한 이야기를 나누는 오늘은 1차 공공기관 이전을 시작한 후 17년이 지난 날이다. 2019년 12월까지, 153개 공공기관이 이전하였다. 그러나 수도권 집중의 완화는 이뤄지지 않는다. 8년 정도 수도권 집중을 늦추는 효과는 있었으나, 2019년 수도권 인구가 50%를 넘었다. 우리나라에는 "사람은 서울로, 말은 제주도로"하는 말이 있다. 서울로 향하는 인구집중 현상은 반대의 편에서 힘을 부여하지 않으면 되돌아가려는 관성의 법칙이 있다. 수도권 집중 방지정책이라는 힘을 쓰지 않으니, 수도권 인구집중이 완화되는 듯하다가 다시 집중되어 지역은 소멸한다는 우려의 목소리가 나온다. 2020년 수도권은 부동산으로 한바탕 소동을 일으키고 있다. 지역은 지역대로 소외감을 느끼는 것이 사실이다. 같은 맥락에서 지역의 대학은 죽어가고 있다.

다행히도 요즘 공공기관 이전 논의가 다시 시작되었다. 전 국가균형발전위원장 이민원 교수는 1차 공공기관 이전과 함께 혁신도시를 완성한 장

본인인데, 아직도 동분서주하고 있다. 광주 · 전남 공동혁신도시의 발전을 위해서뿐 아니라, 전국의 혁신도시가 본래의 철학대로 지역을 대표하는 자립 도시가 되고 스마트시티의 기본 모델이 되었으면 한다.

그리고 멀리 한림대학교에서 오신 이기원 국가균형발전위원님께서는 최근의 공공기관 추가 이전에 관한 흐름을 소개했다. 문재인 정부 국정 과제에 혁신도시활성화가 포함되었음에도 불구하고 국가균형발전을 위한 공공기관 이전에 대한 언급이 지금까지 없었다. 이해찬 대표가 2018년 9월 4일 대표연설에서 122개 공공기관 이전에 대한 언급과 총선 후 논의하라는 대통령의 지시가 있었고, 총선 후 21대 국회에서 「국가균형발전 특별법」 개정안이 발의되었다. 김사열 국가균형발전위원장의 공공기관 이전 방안 제시와 함께 혁신도시를 균형발전 뉴딜의 거점으로 할 것을 대통령이 언급함으로써, 2차 공공기관 이전에 대한 논의가 재점화되었다.

더 나아가 문재인 정부에서 활발하게 거론하기 어려웠던 2차 공공기관 이전 논의에 최근 서울의 부동산 파동이 불을 붙이는 효과로 나타나서 한편으론 다행이라고 생각한다. 국토연구원 국가균형발전지원센터의 김태환 센터장과 국가균형발전위원회의 유영태 교수는 혁신도시의 발전에 관한 관심이 누구보다 크다고 할 수 있는데, 광주와 전남이 창의적으로 계획한 빛가람 혁신도시에서 공공기관 추가 이전으로 성공적인 혁신도시 시즌 2가 잘 되기를 바랐다.

또한, 2차 공공기관 이전 시 광주와 나주를 벨트로 엮는 방향도 좋았다. 더불어 1차 공공기관을 유치하고 보완이 필요한 문제를 정비해 나가야 한다. 특히 지역의 인재가 채용되기 위해서 인재양성 아카데미의 설립은 지역 균형발전을 바라는 혁신가들이 되씹어 생각할 문제이다. 특히 지역

의료 확충 시스템을 구축하고자 하는 지역의사제 제안은 모든 지역에 적용해야 하는 현실의 문제이기 때문이다.

한국거버넌스학회장 전광섭 교수는 '광주·전남에는 어떤 유치 전략을 가져야 할까'라는 제목으로 발표했다. 우선 1차 공공기관 이전에 대한 (혁신도시 시즌 1) 평가를 먼저 하라고 제안하고, 그 평가에 대한 검토를 바탕으로 2차 공공기관 유치 전략을 세워야 한다고 주장하였다. 빛가람 혁신도시의 발전 방향을 바탕으로 이전 추진대상 공공기관을 제시하였다. 현 혁신도시와 연계성을 확보하기 위해 에너지산업, 정보통신산업, 농생명산업, 문화콘텐츠산업 중심의 공공기관 이전을 추진할 것을 제안하였다. 그 위에 광역 교통망 확충과 함께 현 혁신도시의 한계점을 보완하는 방향을 혁신도시 시즌 2의 발전 전략으로 제시하였다.

각 지자체에서는 혁신도시 시즌 2의 전략을 세우고 발 빠르게 준비하고 있다. 광주·전남연구원 김종일 초빙연구위원과 정성찬 율정특허 대표변리사는 '광주·전남이 어떻게 공공기관을 유치할 것인가?'에 대해서 발표하면서, 대한민국의 균형발전은 물론 빛가람 혁신도시가 미래의 도시 형태로 자립하여 지속할 수 있기를 바랐다. 아직도 공기업의 비율이 낮은 호남에 공공기관 이전이 우선하기를 바라는 마음을 표시하였다. 각 분야 전문가들의 의견이 반영되어 빛가람 혁신도시가 대도약이 되기를 바랐다. 마지막으로 기술 중심의 혁신도시 구축으로 지역경제 활성화에 기여하기를 제시하였다.

광주·전남 공동 혁신도시의 시작은 광주·전남 상생의 표시이기도 하며, 지역경제의 어려움을 이겨나가기 위한 창의적 발상에서 도출되었다. 광주·전남은 다른 지자체와 다른 방향으로 가야 살 수 있다는 절박한 몸부림이었다. 문재인 정부에서 예비타당성 조사 면제 분야로 대부분의 지자체에서 신청한 SOC를 택하지 않고, 광주시에서 AI연구개발을 택한 것이 대표적이다. 이런 결정은 창의적이면서 혁신적이었다. 동신대학교 조진상 교수는 광주·전남의 상생을 줄곧 주장해 왔다. 공동 혁신도시의 추진 당시의 상황으로 돌아가, 다시 한번 2차 공공기관 이전에서도 광주·전남의 상생을 주장했다.

「국가균형발전 특별법」의 개정에 따라 이미 대전·충남이 혁신도시 공공기관 유치를 위한 준비를 활발하게 하고 있다. 이러한 환경에서 광주·전남은 지난번의 공동 혁신도시 유지가 어떤 장점이 있는지 검토할 시간이 되었다. 광주·전남은 각각 유치 준비에 박차를 가하고 있다. 대립이 아닌 선의의 경쟁으로 공공기관을 유치해 내는 것이 모두의 바람이다. 하지만 별도 유치와 공동 유치의 장단점이 있을 터인데, 다양한 사람들의 지혜를 물을 때다. 최근 "광주~빛가람 혁신도시 혁신산업 벨트 조성해야"라는 기사는 하나의 대안을 제시한다는 점에서 귀기울일 필요가 있다. 개인적으로 한전공대(이후 한국에너지공과대학교로 바뀜)가 광주·전남 경계에 위치하면 좋겠다는 의견을 제시한 적도 있는 나로서는 귀에 쏙 들어온다.

광주·전남이 공동으로 빛가람 혁신도시를 유치했는데, 앞으로 있을 2차 공공기관 유치에 있어서, 대한국토도시학회 지회장이신 노경수 교수와 전라남도 혁신도시지원단 조영식 단장은 어떻게 해야 광주·전남이 계속해서 상생을 할 수 있을까에 대한 방안을 제시했다. 하지만 각 지자체의 입장만 되풀이하면 안 된다. 좀 더 접근할 수 있는 대안으로 미리 광주·전남의 2차 공공기관 유치안을 준비해야 한다.

2차 공공기관 이전 대상 기관 중, 대표적인 출연 연구기관인 한국과학기술연구원KIST이 포함되어 있다. 최근 대덕단지 내에 있는 출연연구기관도 혁신도시의 기능에 맞추어 이전이 논의되고 있다. 더 나가 이 정도의 출연연구기관의 이전으로 혁신도시의 기능이 활발하게 작동하기 어렵다고 판단한다. 따라서 공공기관이 설립한 기업 279개가 추가 이전에 포함되어야 한다고 주장하는 혁신가들도 있다.

지역의 소멸과 함께 지방대학도 소멸한다고 한다. 2024년에는 대학 입학정원의 20%가 미달한다고도 한다. 그다음에는 구인난으로 일자리가 있어도 지역인재가 없어서 이전한 공공기관이 텅텅 빌 수가 있다. 공공기관에서 지역인재를 채용할 때, 정원을 늘리는 정책을 강도 높게 추진해야 한다. 지역 혁신가 그룹은 지자체와 함께 공공기관에서 필요한 인재를 맞춤형으로 양성해야 한다. 빛가람 공동 혁신도시에 설립이 확정된 한전공대의 성공적인 개교와 지역과의 상생 발전이 빛가람 혁신도시로서는 사활이 걸린 문제라고 생각한다.

국가균형발전의 기본은 일자리의 분배이다. 어디에 살든지 일자리가 있고 일자리의 주변에 주택이 있으면 좋겠다. 수도권 대학에 입학하지 않으면 일자리를 잡는 데 어려움이 많다. 현재 수도권에 일자리가 많기 때문이다. 수도권의 일자리는 수도권의 대학을 졸업한 학생들에게 친화적이다. 그래서 대학이 수도권에 많이 있어서 대학생들이 수도권에 몰린다. 하숙집이 부족하고 경쟁적으로 집값이 오른다. 직장까지 수도권에 있으면 고향에 다시 내려갈 기회가 없어진다.

베이비붐 세대가 아직 서울에 남아 있어서 주택문제가 해결되지 않는다고 한다. 국가균형발전을 위해서 코로나19로 촉발된 그린뉴딜이 활성화되어 혁신도시를 중심으로 새로운 환경의 좋은 일자리와 주택이 마련되어야 한다. 전 국토에 사시는 분들의 상호 교류도 좋지만, 지역인들이 그 지역에 인재로 남아 일하게 하면 얼마나 좋을까? 지역 소멸과 함께 지방대학을 소멸하게 하는 교육 문제가 해결되어야 일자리와 주택도 함께 해결될 것이다. 주말이면 전국에서 서울로 돌아가는 주말 가족을 해결할 방향은 없을까 고민해 본다.

오늘 토론에서 제안했던 대로 잘 하면 광주·전남이 살고, 교육 및 부동산 문제와 수도권 밀집에서 해방되어 수도권이 행복해지고, 지역이 동반하여 골고루 잘사는 대한민국이 될 것이다.

이 글은 광주·전남혁신도시포럼 '공공기관 2차 이전을 위한 토론회'에서 논의한 내용이다.
2020.08.18.

빛가람 혁신도시를 연계한
시도 상생 공동구역 조성해야

노무현 정권의 혁신도시 건설은 역사적으로 크게 남을 만한 정책이다. 그러나 정권이 바뀜으로써 혁신도시의 구상은 지속 가능하지 못했다. 참여정부와 같은 정책을 계승하리라 생각했던 문재인 정권에서의 지성 집단들조차 혁신도시의 발전을 계속하여 증진시키지 못했다. 다행스럽게도 최근 지역 균형발전에 대한 정책의 일부가 보도되고 있는데, 하나가 국회 일부를 세종시로 이전하는 것과 공공기관의 혁신도시로의 2차 이전이다. 공공기관 2차 이전에 공공기관 관련 공기업과 정부출연 연구기관까지 포함하자는 의견이 분출되고 있는데, "이를 포함하지 않으면 공공기관 2차 이전 효과가 크게 나타나지 않을 것이다."라는 우려 때문이다.

빛가람 혁신도시는 광주 · 전남 광역지자체의 연합에 의해서 얻어진 결과였지만, 공공기관 1차 이전에서 제일 많은 기관이 이전해 왔다. 이러한 장점을 살려서 이전한 기관이 활발하게 활약함으로써 혁신도시 발전에 시너지 효과를 나타내야 할 것이다. 더 나아가 공공기관 2차 이전을 위해서도 광주와 전남이 공동으로 대책을 세워야 한다는 것은 수백 번 주장해도 과하지 않을 것이다. 다행히도 광주와 전남이 상생하기 위해서 '공공기관 추가 이전 광주 · 전남시도민운동본부'를 지난 8일 출범함으로써 한 가닥 희망이 생겼다. 모두 한마음으로 모여야 할 것이며, 각각 동상이몽의 장소가 아니었기를 바란다.

그러나 지자체들의 행동은 믿을 수 없다. 지금까지 혁신도시 유치에 대한 광주 · 전남의 상생은 오직 크고 많은 공공기관을 유치하는 것으로 끝이 났으며, 광주 · 전남의 지속 가능한 발전 방향을 제시하지 못했다. 이것은 시민과 도민의 염원과 다르게 진행되어왔다고 생각하며, 지자체장들이 리더십을 발휘하지 못했다고 생각한다. 광주 · 전남의 상생이 아닌 개인의 정치적 이익만을 생각했다고 말할 수 있다.

최근 빛가람 혁신도시 내에 한전공대의 설립을 추진하여 2022년 개원하기로 하였다. 관련 지자체는 이와 같은 중차대한 국가정책에 관심을 배가시켜 충실하게 이행시킬 필요가 있다. 물론 광주광역시도 적극적으로 한전공대의 설립을 도와야 한다. 중이온가속기 유치를 위해 공동으로 노력할 때와 같이 광주 · 전남이 상생하기를 기대한다. 인구의 감소로 대학 입학의 충원율이 낮아지고 있는 상황에서도 한전공대를 설립할 수밖에 없었던 국가적 정책 환경을 생각하여야 한다. 그런 이유로 더욱 적극적인 자세로 세계적인 기관을 성공적으로 설립하여야 하며, 지속 가능한 기관으로 발전시켜야 한다. 공공기관 2차 이전과 동시에 한전공대의 성공적 유치가 지역발전을 위해서 몇 배의 효과가 있다는 것을 강조하고 싶다.

한때, 광주 · 전남의 두 지자체가 한전공대 유치를 위해 경쟁을 하고 있을 때, "전남도와 광주광역시의 경계 구역에 빛가람 혁신도시와 연결하여 특구를 만들어 한전공대를 그 자리에 위치하게 하자."는 어느 대학 총장님의 제안을 전도하고 다녔다. 언젠가는 광주광역시와 빛가람 혁신도시가 하나의 생활권이 되어야 시너지 효과를 일으킬 수 있다고 판단했기 때문이다.

두 개를 합하면 두 개가 아니라 세 개 또는 네 개가 되어야 한다는 생각에서다. 충청권이 혁신도시를 유치할 수 있는 법 개정 시, 광주광역시는 포함되지 않아 시 단독으로 공공기관을 유치하기는 사실상 어려움이 있다. 전남은 빛가람 혁신도시를 유치할 때 이미 광주광역시로부터 큰 양보를 받았다. 따라서 이번 공공기관 2차 이전에 있어서 두 지자체가 상호 상생하는 방향으로 유치를 진행하여야 한다.

그런 의미에서 두 지자체는 가슴으로는 상생하고, 머리로는 공간을 초월하여 함께하고, 발로는 넓은 면적을 누빌 수 있도록, 지역을 한정하지 말고 서로 접근하면 좋겠다. 이미 한전공대 유치 시 제안되었던 '빛가람 혁신도시 연계 광주·전남 상생 공동 구역의 조성'을 제안한다. 그러기 위해서 특구 형태의 미래의 공간을 조성하고 2차로 유치하는 공공기관을 거기에 설치하기를 바란다. 그렇게 함으로써 혁신도시가 주변 지역과의 원활한 이동과 함께 협력이 이뤄질 것이다.

부족한 인재를 공동 활용하고, 기업과 산·학 협력도 활발해질 뿐 아니라, 한전공대에 근무하는 교직원과 학생들이 대도시의 환경도 공유할 수 있다. 또한, 직장 때문에 빛가람 혁신도시로 이주해 온 주민들이 쾌적한 주거환경을 누릴 수 있어서 삶도 풍족해질 것이다. 이미 광주광역시에서 연구개발특구를 유치한 예를 참고로 할 필요가 있다. 혁신도시에의 공공기관 유치 활동이 지역의 발전뿐 아니라, 공공기관의 유치로 갑자기 주거지가 바뀐 공공기관 직원들의 정주 환경도 신경을 써야 한다. 대전 시민들이 세종시에 이주하는 것처럼, 광주광역시 시민들이 빛가람 혁신도시로 이사 가고 싶어 하는 정주 환경을 만들어 주어야 한다.

혁신도시 건설의 국가정책은 사멸해 가는 지역 환경을 개선할 뿐 아니라, 수도권에 집중되는 인구의 분산을 고려한 것이다. 그럼에도 2019년 수도권 인구는 전체 인구의 50%에 도달했다. 지역에 분산된 혁신도시를 활성화함으로써 수도권에서 발생하고 있는 주택문제뿐 아니라, 지역의 소멸, 농촌의 붕괴, 식량안보 문제 등의 국가 위기가 해결되기를 기대한다. 빛가람 혁신도시를 유치하여 나주의 발전만이 아니라 광주·전남의 발전을 함께 기대했었다. 혁신도시 건설을 구상할 때 예측했던 대로 그 과실을 따고 있는지, 또는 혁신도시 건설 정책이 국가적으로 바른 방향으로 가고 있는지, 공공기관 2차 이전을 논하기 전에 다시 한번 더 생각해 보아야 할 때다.

이제 공공기관 2차 이전에 있어서 국가적인 정책 철학이 지역 균형발전에 있다는 점을 참작하자. 광주광역시와 전라남도가 각자의 이익만을 앞세우지 말고, 또한 리더의 정치적인 유불리도 버리고, 두 개를 합하여 시너지 효과를 바라자. 국가적인 발전과 시민과 도민의 미래와 후손들의 영광에 판단의 기준을 두어야 한다. 시민단체까지를 포함한 '공공기관 추가 이전 광주·전남시도민운동본부'가 주민들의 행복을 위해 명실상부한 정책을 제안하기를 기대한다.

이 글은 '공공기관 2차 이전 대비 광주남구 & 광주·전남공동혁신도시 상생발전 방안'이런 정책토론회'에서 발표한 내용이다. 2020.12.22.

후기: 발제자이신 진종헌 교수의 발표 내용에 의하면, 2018년 균형발전위원회에서 지방자치단체 간 연계와 협력이 이뤄지는 '상생협력 벨트'를 지정하여 규제 완화 추진. 그 사례로 충북의 청주시와 증평군이 전국 최초로 상생협력 벨트에 관한 협약을 하였음.

한전공대, 구체적인 설립안 발표해야

제2기 민주정부라고 할 수 있는 문재인 정부는 전국 열 군데 걸쳐 있는 혁신도시를 한층 발전시킬 의무가 있다. 빛가람 혁신도시와 관련한 정책 중 가장 중요하고 미래에 광주·전남뿐 아니라 우리나라의 먹을거리를 책임질 수 있는 공약이 한전공대의 설립이다. 한국전력공사(이하 한전)는 세계적인 에너지 산업을 주도하고, 산·학·연 클러스터를 조성할 뿐 아니라, 기업들과 상생하고 기업들을 주도해야 한다. 에너지 관련하여 심화된 교육과 연구를 주도하는 한전공대의 설립은 한전과 함께 문재인 정부의 혁신성장을 위한 탁월한 선견지명에 의한 창의적 발상이라고 생각한다.

광주·전남의 시·도민은 희망에 찬 한전공대 설치안이 언제 나올까 학수고대하고 있었다. 최근 새 한전 사장이 부임했으나 한전으로부터 진전된 한전공대 설립에 관한 정보를 아무것도 듣지 못한 시·도민은 혹시나 무산되거나 축소되지 않나 우려하고 있었다. 그러한 우려가 최근 뉴스에 발표됨으로써 40℃에 다다르는 무더위에 뜨거움을 더하고 있다. 한전에서는 지금까지 추진했던 계획대로 오는 2022년 개교를 위한 한전공대 청사진을 조속히 제시해 광주·전남 시도민의 우려를 불식시킬 필요가 있다.

한전 측에서 제시하고 있는 한전공대 설립에 대한 문제점 중 지방대학이 한전공대의 설립을 반대할 수 있으나, 한전과 국가를 위해 설립하기로 했던 한전의 의지가 중요하다. 또한, 지방자치단체 간 입지경쟁은 있을 수도 없으며, 우수한 교수와 학생을 유치할 수 있는 방향으로 최적의 위치를 선정해야 한다. 광주와 전남은 현안들의 갈등을 최소화할 수 있도록 이미 민선 6기에 광주·전남연구원을 통합 설립해 상생을 시도하고 있지 않은가. 예산 문제는 이미 가능성 검토를 마치고 공약으로 채택한 마당에 사장이 바뀐 후 재정 부족을 들고 나오는 것은 이해할 수 없다.

30년 전 포항에는 포항공과대학교(이하 포항공대)가, 나주에는 동신공과대학(현재 동신대학교)이 설립되었다. 신문 지상에는 영·호남의 균형 있는 발전을 위함이라고 보도했다. 30년 후, 아이러니하게 한전공대 설립이 논의됨으로써 우연히 실질적인 균형발전이 가능하게 되었다. 오랜 염원이었던 광주·전남 시·도민의 균형발전에 대한 꿈을 이뤄줘야 한다. 그러기 위해서 내실 있는 지원이 필요하다. 지금 한전에서 생각하고 있는 예산이 충분한지 그 타당성을 검토할 필요가 있다. 30년 전 포항공대 설립 시와 25년 전 지스트가 설립된 시기는 서울에 있는 대학의 연구 환경과 비교해서, 새로운 기관이 비교할 수 없을 정도의 우위를 가질 수 있었다. 30년 전 당시의 한국의 경제 및 연구에 투자한 경비만 검토해서 설립에 필요한 예산으로 적용한다면, 새로 설립될 한전공대가 또 하나의 지방대학으로 전락할 수 있다는 점도 염두에 두어야 한다.

국내에는 이미 과학기술대학이 다섯 개가 있다. 그 기관들과 대등하거나 우위에 서기 위해 많은 투자로 훌륭한 교수의 초빙과 우수한 학생의 모집이 관건이다. 한전공대에서는 교수들이 은퇴를 자유롭게 할 수 있도록 하는 획기적인 은퇴시스템 도입과 함께, 연구개발에서 얻은 특허료는 전액 교수에게 지급하면 어떨까? 은퇴하는 교수들이 연구 성과를 지속할 수 있도록 젊은 교수들과의 협동 교수제도도 도입할 필요가 있다. 학생들은 자기가 하고 싶은 연구에 집중하면서 충분한 대우를 받음으로써 학교생활을 만족할 수 있도록 해야 한다.

우수한 공대에는 항상 우수한 연구소가 같이한다. 캘리포니아 공과대학교(이하 칼텍)가 제트추진연구소를 운영하는 것이 대표적인 예다. 그 연구소에서는 한전공대와 산업체를 연결할 수 있는 연구개발을 해야 한다. 한전 관련 기관에서는 우수한 한전공대 졸업생을 유치함으로써, 한전공대의 우수 인재양성과 함께, 산·학·연 클러스터의 형성에 앞장서야 한다. 벤처 정신과 기업가 정신을 겸비한 우수 학생이 배출되기를 기대하며, 에너지 분야에서 세계의 어느 대학보다 우수한 학교를 지향해야 한다.

이 글은 〈남도일보〉 "한전공대, 구체적인 설립안 발표해야"라는 칼럼에서 재인용하였다. 2018.08.16.

한전공대의 성공은 국가적인 성공을 의미

한국에서 교육 및 연구중심 대학의 분포는 서울대학교를 정점으로 서울에 우수 사립대학이 포진해 있고, 지역에 국립 거점대학으로 형성되어 있다. 한국과학기술원KAIST이 서울에서 대전으로 이전함으로써 수도권의 우수 연구대학과 지역의 과학기술대학이 균형을 이루기 시작하였고, 포항제철의 막대한 지원으로 포항공대POSTECH가 설립되었다. 그 뒤 5년 정도의 시간이 지나 지스트GIST를 개원하였다. 그나마 지역에 있는 지스트가 성공했다고 판단하여 대구경북과학기술원DGIST이 설립되었다. 울산과학기술원UNIST이 일반대학에서 과학기술대학군에 편입되었고, 최근 한전에서 에너지 분야를 특성화한 과학기술대학인 한전공대를 설립하게 되어, 과학기술대학을 지역에 균형 있게 분산했다고 생각한다.

25~30년 전에는 교육부의 한국두뇌21 BK21과 같은 프로그램이 활성화되지 않아, 지역에 있는 과학기술대학에 수도권으로부터 역진학과 함께 지역 거점대학의 학생들에게 교육과 연구를 계속할 수 있는 진로를 제공

하였다. 그 후 현재는 수도권 대학에서 BK21 프로그램 등, 장학금 수혜 기회가 많아지고 연구비로부터 인건비를 받을 수 있는 사정도 좋아져서, 수도권에 있는 학생들의 지역으로의 역진학은 전혀 없는 상태이다. 그만큼 지금까지의 학생 수급 상황과는 다른 환경으로 변화하고 있다.

이러한 환경에서 연구중심 대학인 과학기술대학에서는 학생 유입을 위한 조건으로 특수한 분야의 전공에 필요한 특수 대형 연구시설을 설치하여 좋은 연구 환경을 제공할 수 있어야 한다. 더군다나 지역의 대학으로써 학생들의 진학을 유도하기 위해서는 교육 및 연구 환경뿐 아니라 정주 환경을 최고 수준으로 준비해야 한다. 이번 새로이 설립되는 한전공대는 에너지 분야를 특화하기 때문에 대학에 진학하려는 학생들이 많은 관심이 있으리라 생각한다. 그렇다고 한전공대의 성공을 보장받을 수 없다. 학생들은 자기 장래를 맡길 수 있는 크나큰 비전이 있는 연구를 할 수 있을까를 생각할 터인데, 2년 전 신문(남도일보, 2018.08.16.)에 한전공대 설립을 촉구한 "한전공대, 구체적인 설립안 발표해야"라는 나의 칼럼을 기억해 내는 것이 좋을 것 같다.

"우수한 공대에는 항상 우수한 연구소가 같이한다. 칼텍이 제트추진연구소를 운영하는 것이 대표적인 예다."라는 제안을 드린 적이 있다. 미국의 예만이 아니라, 한국에서도 성공한 사례를 찾아볼 수 있다. 포항공대의 포항가속기연구소가 성공적으로 역할을 다하고 있다는 것을 알고 있다. 물론 기본적으로 포항제철의 적극적인 지원에 힘입은 것도 크지만, 3세대, 4세대 방사광가속기가 있었기에 세계적인 연구 성과를 낼 수 있었다고 생각한다.

30년 전으로 거슬러 올라가면, 나는 1989년 Tokyo Tech에서 학위를 마치고 이화학연구소RIKEN에 기초과학연구원으로 들어갈 수 있는 행운을 얻었다. 그곳에서 일본 고베에 설치하고자 원형 방사광가속기 SPring-8을 설계하시는 배석희 박사를 만났다. 배 박사께서는 재일교포로 유일하게 이화학연구소의 정규직 연구원이었다. 연구 분야는 다르지만, 배 박사는 본인이 하시는 원형 방사광가속기 설계에 대해서 열심히 설명해 주었고, 한국에도 꼭 설치해야 한다고 역설했던 기억이 생생하다.

배 박사는 과학자로서 한국의 과학발전에 대해 비전을 제시해 주었고, 1987년 입학식을 거행했던 포항공대가 포항제철과 함께 방사광가속기를 설치하게 했던 숨은 조언자였다. 비록 설치 얼마 후부터 대형 연구시설로써 많은 비용이 필요하여 정부의 지원으로 운영될 수밖에 없었지만…. 이제 다시 포항가속기연구소 연혁을 보면, 1988년 방사광가속기 건설본부가 발족되어 3세대 원형 가속기를 설치할 수 있었고. 배석희 박사는 일본에서 잠시 귀국하셔서 1998년 4대 연구소장으로 활약하셨다.

포항가속기연구소에서는 계속해서 4세대 선형 방사광가속기를 설치하기 위해서 동분서주했던 제7대 포항가속기연구소장(2007~2010)을 역임한 이문호 교수를 기억한다. 그분은 방사광가속기를 활용하는 분으로 나와 같은 고분자 분야의 연구를 하고, 내가 합성한 고분자의 구조를 방사광가속기를 활용하여 관찰해 주는 공동연구를 했다. 이런 관계는 방사광가속기의 근처를 맴돌고 있었던 내가 한전공대에 대형 연구시설을 유치해야 한다고 강하게 설파하는 배경이기도 하다. 비록 광주에서 포항까지는 너무 멀어 방문하는 것도 불편할 뿐 아니라 방사광가속기의 활용 시간을 잡기는 하늘의 별 따기였다. 물론 방사광가속기를 의지해야만 하는 연구자는 줄을 서서 기다리겠지만, 자기 연구가 방사광가속기를 주로 활용하지 않아도 될 경우는 기회가 생기면 사용하든지 활용을 잘하는 분들과 공동

연구를 해야 했다.

더군다나 포항의 4세대 선형 방사광가속기는 활용할 빔라인의 공간에 한계가 있지만, 3세대에 비해서 100~1,000배의 분해능을 가지고 있어서 활용 빈도가 높다. 따라서 한국에서는 4세대 원형 방사광가속기를 건설하여 빔라인을 60개 이상을 설치하려는 계획을 세우고 있다. 이는 지금까지 부족한 빔라인 공간과 시간을 충족시키면서, 더 많은 분야의 연구뿐 아니라 산업 분야에 활용할 수 있어서, 새롭고 우수한 연구 결과가 도출되리라 생각한다.

이처럼 포항공대의 설립과 동시에 포항가속기를 설치함으로써 소재 및 생명과학 분야 연구에 있어서, 포항공대뿐 아니라 대한민국에 크나큰 열매를 맺게 해주었다. 미국의 세계적인 우수대학은 국가가 재원을 부담하는 연구소나 대형 연구시설을 부설기관으로 운영하고 있다. 예를 들어 칼텍의 제트추진연구소는 미국항공우주국 산하기관이지만 칼텍과의 계약으로 운영하고 있다. 스탠퍼드대학교 미국에너지부 소속 스탠퍼드선형가속기센터Stanford Linear Accelerator Center(SLAC), National Accelerator Laboratory를 운영하고 있다. 대학 부설로 운영하면서 시설을 자유롭게 사용할 수 있어서 대형 연구시설을 통해 세계적으로 수준 높은 교육과 연구를 수행할 수 있다.

내가 근무하고 있는 지스트는 지역 산업 활성화를 위해 고등광기술연구소를 만들었다. 그러나 대학 소속으로 한계를 벗어나지 못하고 있다고 생각한다. 다행히 최근 고등광기술연구소 내에 기초과학연구원 펨토초레이저 프로그램으로 연구단이 발족했다. 그러나 위에서 언급한 원형 방사광가속기와 같은 대형 연구시설과는 비교할 수 없는 소형 연구시설이다. 이와 같이 포항공대의 초창기 방사광가속기 유치와 함께 발전한 경험과 외국 대학의 국립연구소 및 대형 연구시설을 부설기관으로 운영하여 성공한 사례를 반면교사로 삼아야 한다. 따라서 2020년 개원을 앞둔 한전공대의 성공적인 발전을 위해서는 반드시 세계적으로 내세울 수 있는 대형 연구시설이 함께해야 한다는 결론에 이른다.

한전은 노무현 정부시절 균형발전을 위해 태동된 빛가람 혁신도시(전남–광주 공동혁신도시)에 이전하고 한전의 관련 기관뿐 아니라 한전과 직간접적으로 관련 있는 에너지 관련 기업을 클러스터화시키려고 노력하고 있다. 이렇게 에너지 산업을 활성화할 수 있는 교육 연구기관의 필요성이 대두되어, 한전공대의 설립에 관한 논의가 문재인 정부의 공약으로 확정되었다. 드디어 2020년 4월 3일 교육부의 허가를 받았다. 포항제철을 중심으로 한 금속 관련 대학으로 포항공대가 설립되었던 것과 비교할 수 있다. 대학이 성공하기 위해서는 한전과 전라남도 지자체의 재정적 지원과 함께 정부의 성공시키고자 하는 확실한 의지가 있어야 한다.

한전공대를 성공시키겠다는 정부의 확고한 의지는 국가가 주도하는 대형 연구시설을 한전공대 주변에 설치하고 운영을 맡김으로써 확인할 수 있다. 마침 새롭게 설치하려고 하는 4세대 원형 방사광가속기를 한전공대에 설치하고 활용하게 한다면 한전공대의 성공과 함께 방사광가속기의 설치 및 운영을 성공시킬 수 있다. 포항공대의 성공 사례를 대한민국에 또하나 만들 수 있다고 자신 있게 말할 수 있다. 국가균형발전위원회에서도 스웨덴 맥스포연구소를 벤치마킹하여 "에너지신산업의 중심인 한전공대와 방사광가속기는 서로 상생 발전할 수 있다."라는 것을 인정하고 4세대 원형 방사광가속기 구축이 포함된 한전공대 설립 기본계획을 의결한 바 있다. 더욱이 방사광가속기의 설치를 가속화한 것은 일본이 반도체 관련 소재 수출을 규제하면서이다. 소재, 부품, 장비의 국산화가 필요해지면서 정부에서 핵심 연구시설로 방사광가속기를 검토하기 시작했다. 문재인 대통령의 방사광가속기 착공 주문에 이어 국가과학기술자문위원회에서 건설 필요성을 승인해 2019년 가을부터 예비타당성 조사와 개념설계 작업이 진행되었다.

이러한 과정은 우연이 아닌, 이미 예정된 순서에 따라서 한전공대의 설립과 함께 4세대 방사광가속기 설치가 진행되고 있구나 하는 필연으로 생각된다. 지금까지 강력하게 주장한 과학기술대학에는 대형 연구시설이 같이 있어야 시너지 효과가 크다고 하는 점을 살펴보았다. 대형 연구시설을 별도의 연구소로 설립하는 것보다 인력양성과 함께 연구개발을 같이하여 자주 이용하고 잘 사용할 수 있는 대학의 부설이면 더욱 좋겠다는 점을 강조하고 싶다. 한전공대의 에너지 관련 교육 및 연구의 성공으로부터 외국의 보호무역으로 에너지 소재의 제공을 담보로 목줄을 매는 환경을 극복하여야 한다. 식량안보와 함께 에너지 안보를 위해서라도 한전공대가 추구하는 에너지 신산업을 활성화시키는 것은 시기적절하다고 생각한다. 결론적으로 한전공대의 설립과 함께 4세대 원형 방사광가속기가 같이 설치된다면 한전공대의 성공과 함께 에너지 자급의 일석이조가 아니면 무엇이겠는가?

일본의 가속기 배치를 보면 일본 열도에 분산되었다는 것을 알 수 있다. 한국에서는 포항을 중심으로 경주, 부산에 설치되어 있으며, 대전에는 중이온 가속기가 2021년 설치 완료될 예정이다. 그런데도 호남지역에는 아직 대형 연구시설이 전무한 상태이다. 이미 지스트가 신소재 및 바이오 연구를 활발하게 수행하고 있을 뿐 아니라, 5개의 거점 국립대학이 있고, 사립대학도 많이 있다. 또한, 각 산업체와 연계한 연구소가 많이 분포하고 있음에도 불구하고, 아직까지 이러한 대형 연구시설이 없다는 것은 연구비 수주에서나 우수한 결과 도출을 위한 경쟁에서 뒤처질 수밖에 없다.

이러한 연구인력 클러스터를 활성화시키고 우수한 연구결과를 요구하기 위한 최소한의 환경을 만들어 주는 것은 정부의 무한 책임하에 이뤄져야 한다. 이번 진보 정부가 성공하기 위해서 권력과 예산을 활용한 정책을 잘 구사했으면 한다. 그냥 누구를 위한 분배가 아니라 타당성을 가지면서 노무현 정부를 잇는 국가균형발전의 철학을 달성하면서도, 문재인 정부의 공약이었던 한전공대가 성공하기를 바란다.

더 나아가 우수한 대형시설을 각 지역에 고루 분산 배치함으로써, 수도권에 집중한 연구인력과 인구를 전국에 분산시켜 수도권 밀집을 해소하고 지역소멸을 막아 국가균형발전을 이루는 첩경으로 생각한다면, 1석 10조의 효과를 발휘하지 않을까 생각해 본다.

이 글은 호남방사광가속기 설치 촉구 범시민연합 주최 호남 방사광가속기 대책연구 발표회,
'한전공대와 방사광가속기'를 주제로 발표한 내용이다. 2020.04.29.

지역 대학 활성화를 위한 제언
"지역소재 대학, 다 죽어간다."

　최근 국가 존립의 현안은 출생률 저하라 할 수 있다. 내가 태어났던 1955년에 출생한 사람들을 베이비붐 1세대라고 하는데, 인구의 폭증을 우려해 산아제한을 권장했던 시대였다. 내가 중고등학교를 다닐 때, 지구 반대쪽 프랑스에서는 저출생률에 대한 정책이 쏟아지고 있었다. 그러나 사회변화와 빈부격차가 심한 시기에 출산 정책에 대한 잘못된 대응으로 출생률이 급격하게 저하되었다. 2024년 대학정원의 50만 명에 12만 명이 부족한 고등학생이 졸업하기 때문에 대학 구조 조정의 필요성도 제기되고 있다.

　아울러 2020년 현재 구직을 걱정하고 있지만, 2024년은 취업자 2만여 명이 부족할 것으로 예측한다. 최근 일본에서 나타났던 현상처럼 구인난이 바로 눈앞에 와 있다. 그런데도 장기적인 비전보다는 당장 평가 결과의 정당성만 내세워 대학 구조 조정을 하려고 하고 있다. 그 평가 결과가 사회에 어떤 영향을 미칠 것인가를 예측해 보아야 한다.

우리나라의 인구 수도권 집중률이 2019년 50%를 넘어섰는데, 이는 수도권의 다양한 일자리와 함께 교육 수요자의 집중 때문으로, 최종적으로 주택난의 주범이 되고 있다. 더 나아가 국가균형발전 정책을 실행하기 어려운 수준의 위기에 도달하였다.

효율에 따른 정책 결정은 정의롭게 보일 수 있지만, 국가 전체의 이익과 비전에는 독약이 될 수 있다. 이를 해결하기 위해 국가정책에 의한 '지역 활성화를 위해 지역인재 양성을 어떻게 할 것인가'에 대해 지성인들의 의견 제시가 절실하다.

수도권 집중을 해소하기 위해 지역 산업의 육성과 함께 지역의 인재 양성은 국가 균형발전에 절대적으로 필요한 요소이다. 또한, 권역별 대학의 활성화는 수도권의 지속 가능한 발전뿐 아니라, 농촌지역의 소멸을 방지하는 대응책이 될 것이다. 지역과 수도권이 동시에 균형을 맞추어 인구감소, 대학정원 미달 및 구인난을 해소하면서 국가 전체의 균형발전에 접근할 필요가 있다.

지역의 인재 및 과학기술인력 양성에 관한 개념을 국가정책에 반영하여, 지역산업 발전뿐 아니라 지역과 수도권이 상생하는 바람직한 대안을 제시해야 할 것이다. 지역(거점지역 및 농촌지역 포함)의 소멸을 방지하면서, 수도권 중심의 교육, 문화, 주택의 문제를 같이 해결해야 할 것이다.

대학역량강화 평가, BK21 플러스 후속 사업, 연구개발사업(과기부, 산자부 등)에 논의된 지역 대학 활성화 정책의 제시로 지역 거점대학의 소멸을 사전에 방지해야 한다. 지역 인재양성에 의한 지역의 산업 발전, 일자리 창출, 수도권 인구 집중 방지, 수도권 주택난 해소, 행복한 대한민국 그리고 출생률 증가로 경제활동 활성화에 이르기까지 선순환 사회 체계를 형성해야 한다.

국가의 균형발전에 대한 고민은 지역의 쇠퇴를 예측한 유럽에서 시작하여, 균형발전에 관한 특별법을 제정하기 시작하였다. 고령화 면에 있어서 앞서가고 있는 일본은 저출생과 수도권 인구 유입으로 2033년 지역의 빈집비율이 30%를 넘어설 것으로 예측하고 있다. 일본에서는 국립 및 현립 대학을 법인화하고 대학 간 통합을 추진하고 있다. 그 정책이 지역 대학의 존립에 어떤 효과를 줄 것인지 눈여겨 볼 만하다.

국내에서는 「국가균형발전 특별법」에 따라 혁신도시의 구축에 이르렀다. 그 법의 제12조(지역 교육여건 개선과 인재 양성)에 따르면 '지방대학 역량 강화와 교육 개선 지원에 관한 사항'뿐 아니라 '지방대학과 산업체 간 산·학 협동을 통한 고용촉진에 관한 사항'을 포함한 특별법을 시행하고 있다. 역대 정권이 성실하게 실행하지 않음으로써 혁신도시의 소기의 목적에 도달하지 못하고 있다. 농촌 소멸과 함께 지역 소멸의 위기와 동시에 5대 지역 도시의 인구도 급감하고 있다.

대학 정원의 충원율을 주된 항목으로 하는 대학평가는 지역의 대학을 탈락시키고, 먼저 소멸시키는 평가 기준이 될 수밖에 없다. 2018년 대학기본역량진단에서 역량강화대학 여부 결정에 있어서 많은 지방대학이 탈락했던 것이 사실이다. 지역과 수도권이 동시에 정원을 조정하는 대학평가가 충격 없는 대학 구조 조정이 되고, 지역과 수도권의 대학이 균형 있게 상생할 것이다.

한국 대학들의 수도권 편중 현상이 크지만, 과학기술대학으로는 KAIST가 서울에서 시작하였으나 현재는 대전에 있고, 포항공대를 비롯하여 지스트, DGIST, UNIST 등 5개 대학이 지역에 있으며, 한전공대가 설립되면 지역발전에 큰 역할을 할 것이다.

그러나 장기적으로는 지역에 있는 과학기술대학도 저출생률에 의해 정원에 미치지 못하는 입학생으로 어려운 인재양성 환경에 직면할 것이다. 따라서 지역에 대기업과 연계된 산업단지 조성으로 양질의 일자리를 마련해야 한다. 또한, 잘 준비된 과학기술 정책을 제시하여 지역에 있는 과학기술대학을 발전시켜야 한다. 과학기술대학을 통해 지역의 산업 발전을 견인하고 일자리 창출의 기회로 삼아야 한다. 지역 거점대학과 과학기술대학의 상생으로 사멸 위기에 있는 지역의 활성화를 꾀해야 한다.

국가정책에 따라 미래의 국가 방향이 결정된다. 따라서 인재 및 과학기술인력의 양성에 관한 개념을 국가정책에 반영하여, 산업 발전뿐 아니라 교육과 연구 정책에서도 지역과 수도권이 상생하는 바람직한 대안이 제시되어야 한다. 특히 지역(거점지역 및 농촌지역 포함)의 소멸을 막고, 수도권 중심의 교육, 문화, 주택의 문제를 공동으로 해결할 수 있는 교육 정책이야말로 백년대계의 첫걸음이라 할 수 있다.

대학역량강화 평가, BK21 플러스 후속 사업, 연구개발사업(과기부, 산자부 등)에 지방대학의 소멸을 미리 방지할 수 있는 정책이 반영되어야 한다. 더 나아가 지역 인재양성에 의한 지역의 산업 발전, 일자리 창출, 수도권 인구 집중 방지, 수도권 주택난 해소, 행복한 대한민국이 되었으면 한다. 지역에 인구가 분산되고 균형 있게 발전된 한국에서 출생률 증가가 가능할 것이며, 경제활동 활성화의 선순환 사회 체계가 형성되리라 믿는다.

이 글은 한국과학기술한림원 주최 제156회 한림원탁토론회, "지역소재 대학, 다 죽어간다."에 사회자로 참여하여 제언한 내용이다. 2020.05.28.

Part 3

지역 소멸에 대한 우려
- 지역이 살아야 국가가 산다

앞에서 지역 균형발전에 대한 과학도로서 나의 생각을 정리하여 신문에 기고하였다. 그런데 여태껏 지역 균형발전을 아무리 떠들어도 해결될 기색이 보이지 않는다. 심지어 수도권 집중을 막기 위해 대학정원 확대를 규제했던 빗장이 반도체 산업 발전을 위해 열리는 듯하다. 이렇게 하면 인구의 수도권 집중이 가속화됨은 물론, 지역 대학의 사멸과 함께 지역 소멸이 앞당겨질 수 있는 단초를 제공할 것이다.

지역 소멸은 간단한 정책으로 해결될 일이 아니며, 사회 현상이 복잡하게 얽혀 대한민국 사회를 한꺼번에 구렁텅이에 몰아넣고 서서히 숨을 쉬지 못하게 할 것이다. 우수 일자리의 수도권 집중, 병행하여 인구의 수도권 집중, 그를 해결하기 위한 수도권 개발이 집중적으로 이뤄질 것이다. 이러한 수도권 집중 현상은 집값 폭등으로, 삶의 질 저하로 연결되고 저출생으로 이어질 것이다.

한편 지역에서는 실제 거주하는 인구의 감소와 함께 농촌 거주자의 노령화가 전개된다. 그 현상은 의사들의 지역 진료 기피로 이어지고, 지역 의료 서비스 질 저하뿐 아니라, 젊은 청년들의 도시로의 이동과 함께 농사는 외국인에게 의지하게 될 것이다. 이와 같은 한국의 환경에 이주민 정책은 따라가지 못하고 있다. 이미 다문화 국가이지만 국민들은 받아들이지 못한다. 적극적인 이주민 정책으로 차별화가 없으면서, 우리와 대등하게 어울릴 수 있는 이주민을 받아들여야 한다. 이미 오래된 이주민 역사를 가진 외국의 사례를 검토해야 한다.

18년간 의료인의 증가가 없었는데, 다행히도 의료인의 수를 증가시키기 위한 논의가 시작되었다. 의료 분야 간 빈익빈 부익부도 함께 해결해야 할 문제이다. 그러나 필수 의료 분야 의료인의 부족과 지역 의료인의 공백상태를 어떻게 메꿀 수 있을까? 정치권은 물론 정부와 의료 관련 직종 관계자들의 성의 있는 논의가 저출생과 지역 소멸을 막고, 대한민국이 지속될 수 있을 것이다.

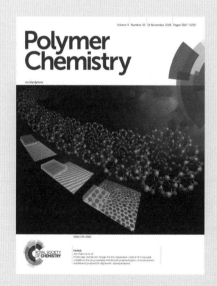

Chang-Geun Chae, *et al*. Polymer Chemistry, 9, 5179-5189, 2018 (Front Cover Figure)

저출생과 지역 소멸

　최근 저출생고령사회위원회가 '인구구조 변화 대응방안'을 발표했다. 한국의 미래가 위원회의 정책에 따라 좌우되기 때문에 국민의 관심이 적지 않을 것이다. 지역 소멸을 걱정하는 시골(적어도 현재 광주는 시골이 아니겠지만)에 사는 사람으로 서울에 사는 학자들의 제안을 공유하려 노력한다.

　인구학자 서울대 조영태 교수는 저서 『인구 미래 공존』에서 초저출생 현상, 인구절벽, 인구의 데드크로스 현상에 걱정하지 말고 "인구학의 눈으로 미래를 기획하고 설계하는 데 에너지를 쓰시라 권하고 싶다."라고 말했다.

　중앙대학교 마강래 교수의 '지역도시 살생부'에도 귀를 기울인다. 특히 나는 베이비붐 세대로 현재 선진국에 진입한 한국의 풍요로운 사회 현상과 청소년 시대에 고생했던 경험을 대비시켜 보곤 한다. 그러나 초저출생 문제로 '대한민국은 망했다'는 칼럼을 보면서 대한민국의 미래를 걱정하지 않을 수 없다.

초저출생 해결을 위해 지금까지의 방식으로 예산을 쓰면 안 된다고 말하는 사람이 많다. 어린이가 있다고 얼마씩 생활비를 급여하는 지자체마다 다른 방식은 저출생 문제를 해결할 수 있는 궁극적인 최적의 방향이 아니다.

올해부터 아기를 출산하면 부모급여가 지급되는데, 이런 수당도 필요하지만 국가적으로 지속 가능한 시스템이 구축되어야 한다. 부부가 같이 직장생활을 하는 것을 당연하게 생각하는 한국의 현재 상황을 봐서, 누구든 출산한 어린이는 국가에서 보육과 교육을 담당해 주는 시스템에 초점을 맞추어야 한다. 보육에 좋은 일자리가 같이하면 더욱 좋다.

초등학교 입학 시기를 하향 조정하는 것보다는 "어린이들이 초등학교 입학하기 전에도 국가가 모두 보육과 교육을 맡아 해결해 준다."는 정책을 제시했으면 어떠했을까? 사립유치원 교육의 공교육화와 '요람에서 무덤까지'의 슬로건을 잘 준비해서 제시했더라면 미래의 보육원, 어린이집, 유치원 그리고 초등학교 1년생 학부형들의 절대적인 지지를 받지 않았을까! 그렇게 하면서 유초중등 교육에 늘어나는 지방교육재정 교부금이 꼭 필요하다고 주장할 수 있지 않았을까?

물론 기존에 유치원을 담당했던 교육기관과의 논의는 필요하지만, 교육대학의 정원을 줄이지 않으면서 초등교육과 함께 보육 및 유치원 교육의 질을 올릴 수 있지 않을까? 직장을 같이 다니는 부부들에게 또는 결혼을 준비하는 예비부부들에게 초등학교 입학 전의 보육과 교육의 고통을 덜어 줌으로써 한국이 저출생의 늪에서 벗어날 수 있을 것이다.

저출생을 걱정하여 많은 예산을 지출했음에도 출생률이 개선되지 않는다면 과감한 정책 수정이 필요하지 않을까? 또한, 그 많은 예산이 저출생 정책에 오롯이 사용되었다고 생각하는 사람은 없다. 이번 학제 개편에서 나타난 우려와 함께 모든 정책은 현장에서 문제점을 찾아야 할 것이다.

일자리는 대기업과 공공기관만 있는 것이 아니다. 중소기업과 자영업자들에게는 임금과 수입 면에서 심한 차등이 있을 뿐 아니라 복지 차원에서도 평등하지 못하다. 더욱이 대기업의 대부분이 수도권에 집중해 있다는 사실에 대한민국의 미래가 우울하기만 하다. 국가는 먼저 지역 균형발전 면에서 세심하게 '인구구조 변화 대응방안'을 구상할 필요가 있다.

통계상 지역의 출생률이 높은 것으로 발표됐는데, 지역의 행복도가 높기 때문으로 이해한다. 그런데도 지역을 활성화하지 않고, 수도권에 반도체 학과와 같은 대학 정원 규제를 완화해 인구 집중을 초래하고 있다.

"우선 먹기는 곶감이 달다."라고 했다. 첨단 산업에 필요한 인재를 수도권에서만 양성할 수 있는 것은 아니다. 대학 규제 완화, 인구의 수도권 집중, 저출생과 한국의 지역 소멸이 실타래처럼 얽혀 있는 것을 모르는 위정자가 있을까?

스파르타가 사라지듯 한국이 소멸에 이르기 전에 국가 미래를 인구학의 눈으로 설계하는 데 에너지를 쏟아야 할 때다.

이 글은 〈헤럴드경제〉 "[특별기고]저출생과 지역소멸" 칼럼에서 재인용하였다. 2023.01.05.

"손주는 오면 반갑고 가면 더 반갑다" 노인들의 외침

최근 정치권은 MZ세대의 어려움에 대한 해결책을 제시하면서 신속하게 대응한다. 그러나 노인들에 대한 정책 대처는 빠르지 않다. 베이비붐 1세대로서 느끼는 이야기를 해 보려고 한다.

마강래 중앙대 교수는 『베이비부머가 떠나야 모두가 산다』라는 저서에서 "세대갈등, 일자리, 저출생 문제를 해결하기 위해서도 '귀향 프로젝트'는 시대적 과제로 적극적으로 추진되어야 한다."라고 역설한다. 그러나 모든 사회정책은 쉽게 성공할 수 없고 간단하지도 않다. 사회가 얽히고설켜서 제안하는 정책들이 모두 정답이 될 수 없을 뿐 아니라 모든 사람의 동의를 받기도 어렵다.

고향을 떠나 서울에 사는 베이비부머 친구들에게 시골에 와서 여생을 같이 보내자고 권유를 하면, 더 일해야 하는데 시골에 가면 일자리가 없다는 것이 돌아오는 답이다.

베이비붐 세대들이 지역에서 태어나 자라고, 도시에서 공부하고 사회의 팽창에 따라 사회 활동 기회가 많았던 것은 사실이다. 그러나 그 시대에도 묻지마 경쟁에 내동댕이쳐 있었고, 나름 성공한 자리에 올라가기 위한 노력 또한 쉽지 않았다.

단지 자라나는 환경과 시대가 달라 각 세대가 느끼는 고통의 무게는 다를 수 있다. 지금 젊은 세대들은 옛날 이야기(라떼)는 하지 말라고 하지만, 화장실 문화만 예를 들어도 세대 간에 차이가 있었다는 것을 쉽게 이해할 것이다. 대변을 볼 때 불쾌한 냄새가 함께했던 것뿐 아니라, 대변이 떨어졌을 때 반사적으로 튀어 오르는 오염물을 느낀 경험이 있었느냐에 따라 세대가 달라질 수 있다.

최종적으로 수세식 좌변기를 사용하는 것을 마지막으로 생각하더라도, 그 전에 수세식이지만 쪼그려 앉아서 대변을 볼 때가 있었다. 최근 그런 화장실에서 일을 볼 때가 있었는데 다리가 아픈 고통을 경험하면서, MZ 세대의 시간을 우리 세대의 환경으로 되돌릴 수 없으리라 생각했다.

최근 조사에 의하면 우리나라 노인들의 노후생활이 불안정하다는 통계를 발표했다. 우리 선배들은 직장도 많이 없었을 뿐 아니라, 안전한 직장을 은퇴한 후 연금보다는 퇴직금을 선호하고, 재테크의 경험도 없어서 어려운 삶을 보내고 있다.

그런 연유에서 현재 노인 세대는 연금 생활자가 OECD 평균보다 적어서 걱정이다. 노후생활 전문가들은 우리나라에서도 부동산 사랑에서 벗어나 유동자산도 같이 활용하도록 제안하고 있다. 또 주택연금을 활용하도록 권유한다. 주택 가치가 엄청나게 내려갔던 일본의 선행 경험을 타산지석으로 삼아 우리의 노후 계획을 세워야 한다.

새로운 정부에서 연금을 개혁한다고 하니 미래 세대들에게 희망을 주는 연금 개혁이었으면 좋겠다.

보육이 노년들의 일과가 되어버린 친구들의 이야기를 하고 싶다. "서울에 일자리를 찾아 올라간 자식들의 아이들을 보육하려 베이비붐 세대들이 서울로 올라간다."라는 이야기는 지역 소멸을 해결하고자 노력하는 정책 입안자들에게 어떻게 들릴까?

마 교수의 애국적 지론인 수도권 밀집 해소 방안의 학문적 논거를 어떻게 수정해야 할까? 서울시에서는 조부모, 친척이 아기를 돌보면 월 30만 원의 수당을 준다고 한다. 손자를 돌봄으로써 다행히 노후를 책임져 주었다고 기뻐해야 할까? 손주 돌보는 재미로 산다는 말은 허구이다.

최근 한국여성정책연구원의 '손자녀 돌봄이 조모의 우울에 미치는 영향' 연구에서 손자녀를 돌보는 조모의 우울감이 크다고 나타났다. "손주는 오면 반갑고 가면 더 반갑다."라는 옛말에서도 나타나고 있지 않은가.

한국의 정치가 노인을 위해 걱정해야 할 것은 할아버지와 할머니가 보육을 담당하지 않고, 늙어서도 자식들의 병시중을 들지 않고, 각자 자기의 노후와 건강만을 책임지고 자식이나 젊은이에게 짐이 되어 미안해하지 않는 것이다. 그런 나라가 한국이었으면 좋겠다.

최근 정부 발표의 '초등 늘봄학교'의 정책만 아니라, 취학 전 어린이의 돌봄까지 국가가 책임져 준다면 저출생의 늪에서 헤어날 수 있을 것이다. 후손들이 축복받는 요람에서 인간답게 무덤으로 가는 나라, 그런 나라가 진정한 선진국이고 복지국가가 아닐까?

이 글은 〈헤럴드경제〉 ""손주는 오면 반갑고 가면 더 반갑다." 노인들의 외침" 칼럼에서 재인용하였다. 2023.01.25.

의대에도 계약학과,
맞춤형 필수 의료학과 필요

최근 경제정의실천시민연합(경실련) 기자회견 자료를 보면 "18년 동안 의과대학 입학정원이 축소 동결되어 만성적인 의사 부족을 겪고 있다."고 한다. 본 칼럼에서는 의사 부족에 대한 나의 의견은 제시하지 않으려 한다. 필자는 의대와 관련이 없는 일반 시민으로 지역이 걱정되고 나라가 지속 가능했으면 하는 바람으로 생각을 적어본다.

수도권 병원의 직원이었던 긴급 환자가 진료할 의사가 없어서 다른 병원으로 옮겼으나 숨진 사건이 있었다. 전국에서 환자가 몰려드는 큰 병원이었음에도 그런 일이 일어났다. 유족들은 평소에 가졌던 직장에 대한 신뢰에 배신을 당했을 것이고, 얼마나 황망한 일이었을까?

수도권의 병원에서도 흉부외과 의사를 15년 동안 찾을 수 없었다고 하니, 서울에서 멀리 떨어져 있는 시골에서는 앞으로 얼마나 희생이 나와야 정부에서는 정책을 바꾸고 정치하는 자들이 관심을 가질까?

의료분야의 현장에서 문제점을 찾아야 정책이 나오지 않을까? 의대에는 세계적으로도 인재들이 들어가는 것이 사실이다. 특히 자본주의에서는 미래에 경제적으로 부를 보장해 주는 직장을 찾는 것을 탓할 수 없다.

그런데도 의대 졸업 후, 직장의 소재지와 전문 진료 분야에 따라 차별되는 것을 누가 보상해 줄 수 없다. 자본주의 원리인 수요 공급에 따라 결정된다. 다만, 공공 필수 의료분야에서는 달라야 한다. 그래서 시골의 의료원은 수억의 연봉을 내세운다. 그래도 찾아오는 의사 선생님이 없다. 그러나 서울에는 의사가 몰리고 있다. 자연적으로 의사들의 수입도 천차만별이다.

국가 산업을 담당한 이공계 대학은 입학하기 전에 무슨 전공을 할까 결정을 한다. 물론 전공을 더 깊숙하게 공부하고 싶을 때는 석·박사과정을 거친다. 그러나 의대에서는 인턴을 거쳐 레지던트에서 전공을 결정하게 한다.

의대에 진학하기 전에 가졌던 히포크라테스 정신을 실현하기 위해 전공을 좀 더 빨리 결정하면 안 될까? 인턴이 끝나고 나면 인기 전공이 바로 눈앞에 나타나기 때문이다.

미리 학과를 지원한다면, 지금 채우지 못한 필수 의료학과의 학생을 확보할 수 있지 않을까? 경제적으로 어려운 학생들도 장학금을 받아 의대에 진학할 수 있다. 혹시 실력이 떨어진다고 걱정하는 분이 있을 수 있겠지만, 장학금을 받아 의대에 갈 수 있다면 더 좋은 학생이 입학할 수 있다. 걱정은 하지 마시라. 혹시 실력이 좀 떨어진다고 하더라도 인성이 좋은 의사 선생님으로 선배님들이 교육을 잘 해주리라 믿는다. 그렇게 하면 정말 하고 싶었던 히포크라테스 선서를 할 수 있는 사다리가 그들에게도 제공되지 않을까?

누가 장학금을 제공할까? 필수 의료 전공의를 채용하지 못해서 걱정하고 있는 지역 의료원이 될 수 있고, 수도권의 큰 병원에서도 장기간 흉부외과 전문의를 채용하지 못했으니, 병원이 장학금을 주고 나설 수 있다.

많은 지역 의료원에서는 필수 의료 전공학과인 내과, 외과, 산부인과, 소아청소년과, 응급의학과가 미개설되어 운영되고 있다. 지역에 돈이 없어서 필수 의료 전공의를 초빙하는 것이 걱정이라고 말할 수 있겠지만, 지방소멸 대응기금은 어디에 쓸 것인가? 그런 정책자금이 병원과 의사가 없어서 소멸하는 지역을 살릴 수 있지 않을까?

출생률은 서울보다 지역이 높다. 그러나 산부인과와 소아청소년과는 시골에는 없고 도시에 몰려 있다. 그러면서 인턴을 마친 의사들은 저출생률을 걱정하여 그런 필수 의료 전공에는 지원하지 않는다. 지역 의료원에 산부인과와 소아청소년과가 많으면 서울의 임산부들이 시골로 내려오지 않을까? 내과가 많으면 은퇴하신 어르신들이 고향으로 내려오지 않을까? 그런 행복한 생각을 해 본다.

이런 문제를 해결할 수 있는 방향으로 바로 이공계 대학과 산업계에서 활발하게 진행되고 있는 계약학과 제도를 고려해 볼 만하다. 최근 삼성전자에서는 반도체 산업을 위해 수도권의 우수대학뿐 아니라 지역에 있는 연구중심대학과 계약해서 교육 후 경기도로 데려가겠다는 것 아닌가! 부족한 필수 의료 인력을 계약학과라는 방식으로 장학금을 주면서 양성하는 것도 하나의 방향일 듯하다.

이 글은 〈헤럴드경제〉 "[기고] 의대에도 계약학과, 맞춤형 필수 의료학과 필요" 칼럼에서 재인용하였다. 2023.04.18.

지역 소멸을 지역 과학기술대학을
통해 막아야

"욕심만 남아 욕심끼리 경쟁하는 곳, '서울엔 내 쉴 곳 없네….'"(한겨레 2021.08.28. 토요일판)라는 기사가 마음을 울렸다. 서울, 국가는 왜 그럴까 생각해 보아야 한다. 서울에 쉴 자리가 없어서 지역에 눈을 돌려 보아도 일자리가 없다. 지역에서는 각자의 눈높이에 맞는 일자리를 준비하여야 한다. 청년부터 전문가, 그리고 노인들의 일자리가 있으면 '지방에 눈 돌리는 사람들'이 많아질까?

쉴 곳이 없는 서울에서 있는 집을 팔고 전세도 벗어나 지역에 내려오면 어떨까? 베이비붐 세대(1955~1963: 700만 명, 1955~1974: 1700만 명) 친구들이 지역으로 내려오면 수도권의 인구 집중과 부동산 문제가 해결되는 기회가 되지 않을까? 지역이 쪼그라들고 소멸할 것이라는 걱정도 줄어들지 않을까?

우리는 지금 지역 소멸에 관한 토론을 열고 있다. 감사원의 발표에 의하면, 2047년이면 지자체 17곳 중에서 15곳에서 500만 명이 감소하고, 일부 지자체는 2017년에 비해 23%가 줄어들 것으로 예상한다(2021년 8월 13일, 인구구조 변화 대응 실태 1(지역)). 이미 행정안전부의 발표에 의하면 2020년 인구는 51,829,023명으로, 2019년 51,849,861에서 2만여 명이 줄어들었다(김광석 외 3인 저, 『미래 시나리오 2022』, 2021). 수도권 인구는 2019년 전체 인구의 50%를 넘었다.

그래서 대학 정원도 조정이 되어야 한다. 그러나 자율적인 구조 조정은 어렵다. 교육부에서는 평가를 통해 보조금으로 정원 조정을 유도한다. 서울에 있는 대학은 학생 충원에 대해 걱정하지 않는다. 서울은 학생도 많지만 각 지역으로부터 서울로 서울로 진학하니 걱정할 필요가 없다. 그래서 최근 발표한 대학평가는 3년 전과 달리 권역별 평가로 전환하였다. 3년 전에는 광주·전남에서 그럴듯한 두 대학이 평가에서 탈락하여 보조를 받지 못해 대학 관련자의 원망에 총장이 곤욕을 치렀다. 이번에는 수도권에 있는 대학에서 그러했다. 그러나 지난번 평가에서 떨어져서 지역 총장이 곤욕을 치렀던 때와 달리, 이번에는 수도권 대학에서는 평가가 잘못되었다고 정부에 항의했다. 학교의 경쟁력과 준비 부족보다는 정부의 정책 철학에 초점을 맞추지 못하지 않았나.

지역이 소멸하면 수도권도 행복할 수 없다. 농촌이 없어지면 서울 거주자가 농촌에 와서 농사를 지어 식생활을 해결해야 한다. 아니면 농산물 가격이 하늘까지 치솟을 것이다. 소멸 가능성이 큰 기초 지자체 87개소에 대해서 행정안전부가 2022년부터 매년 1조 원을 지원하기로 했다. 이런 정책으로 소멸을 멈추게 할 수 있을까?

이러한 걱정을 계기로 과학기술을 전공하는 한 사람으로서 지역에서 행복한 삶을 유지하기 위한 방향을 제안하고자 한다. 한국은 다행스럽게도 정부 정책으로 동쪽 지역에는 포항공과대학교(이하 포항공대), 대구경북과학기술원 DGIST, 울산과학기술원 UNIST이 설립되었으며, 서쪽에는 한국과학기술원 KAIST, 광주과학기술원(이하 지스트), 그리고 2022년 개원한 한국에너지공과대학교가 있다. 이러한 과학기술 연구중심대학을 통해서 지역에 고급 일자리를 창출하여, 여기서 공부하면서 지역의 풍족함을 느껴 본 학생들, 젊은이들이 쉴 곳이 없는 서울로 회귀하지 않았으면 좋겠다. 대학 입학 당시의 꿈과 미래의 삶을 지역에서 키워나가는 인생 설계를 할 수 없는지 생각해 보고자 한다.

지스트 설립, 개원 초기부터 근무했던 본인이 지금까지 느꼈던 경험을 통해, 한국의 국가 및 지역 개조에 조그마한 꿈을 갖고 제언하고자 한다. 지금은 좀 달라지고 있지만, 지스트 초창기에는 학생들의 분포가 전국의 인구 비율로 입학을 했고 많은 학생이 수도권에서 왔다. 그런데도 졸업 후 대부분 대전 위쪽에 있는 직장을 찾아갔다. 대기업이 주로 대전 위쪽에 있기 때문이다. 우리나라는 민주국가이고 자본주의 국가여서 거주의 자유가 있다. 아무도 그런 생각을 바꿀 수 없고 개인의 의사에 따라 직장을 결정하게 된다. 특히 원하는 급료에 맞추어 직장을 찾아간다.

광주에는 충분한 급료를 주고 인력을 잡아둘 그릇도 없을 뿐 아니라, 지역에 남을 만한 동기도 부여되지 않는다. 과학기술대학을 원해서 지역에 있는 대학에 입학했지만, 지역에 남아 직장을 다니고 생활을 꾸릴 환경을 주지 않는 것이다. 그렇게 해서 지역은 성장하지 않는다. 낙후가 가속화되고 지역 소멸과 연계된다.

우리나라는 민주주의, 자본주의, 거주의 자유가 있으니 이대로 놔두고 보고만 있어야 할까? "서울엔 내 쉴 곳이 없네"라고 말하는 분들께 해결할 수 있는 방향을 제시하고 싶다. 나의 제안이 달걀로 바위 치기일 수 있다. 대한민국에서 삶의 행복을 찾는 많은 사람을 위하여, 지역 및 국가 개조가 이뤄지기를 바라는 심정으로 지역의 과학기술인이 감히 제안한다. 독재정 권에서나 있을 법한 대기업의 지역 이전은 꿈도 꿀 수 없다. 이 시대에 맞 는 새로운 방향 제시가 필요하다. 그 방향이 국가 개조에 절대적으로 필요 하고, 지역 소멸을 해결할 수 있다면 국가 예산, 정책, 규제 보완이 같이 가야 한다.

서울에 집중된 대기업이 필요로 하는 고급 인력은 대부분 과학기술 관 련 우수 인재들이다. 과학기술 연구소들이 필요로 하는 인력들도 중복된 다. 이처럼 경쟁력 있는 우수 인력들이 지역에서 일할 수 있도록, 과학기 술 연구소들이 지역 산업과 연계해서 분포되어 있어야 한다. 지역에서 공 부하고 연구한 과학기술대학의 고급 인력들이 지역에 남을 수 있는 그런 그 릇이 많이 준비되면 지역에서 양성한 우수 인재들이 지역에 남지 않을까.

최근 국책연구소의 분원이 각 지역에 설립되어 있어서 그런 연구소와 연계하는 것도 좋다. 또한, 각 지자체 주변의 혁신도시에 고급 일자리가 있다. 지역 학생들에게 채용인원의 30%를 할애한다. 혁신도시 공공기관 들은 우수한 학생이 입사하지 않는다고 울상이다. 지역에 있는 과학기술 연구중심 대학 학생들의 일부라도 공공기관에 뿌리를 내렸으면 좋겠다. 지역 우수 인력을 양성하는 일과 지역 할당 30%를 채우라고 소리치는 일 들도 지역의 지자체와 지역 리더들이 해야 할 몫이다.

지역 회사들은 대부분 중소기업 또는 중견기업이다. 지역은 대기업의 제조 산업의 현장이고, 하청 기업만이 자리 잡은 곳이다. 그 중소기업들의 급료는 고급 인력이 남을 수 있는 동기부여가 되지 못한다. 어떻게 해야 하나? 하청 기업에 들어가 지금의 일을 하면서 지금의 급료로 혁신하기는 금방 이뤄질 사안은 아니다. 우수 인력 스스로가 기업가 정신을 발휘하고 엉뚱하리만큼 창의적인 창업가 DNA가 발현되었을 때 이루어질 수 있지 않을까? 그렇게 했을 때, 현재 중소기업의 임금 체제로 고착된 지역 상황에서 벗어나, 스타트업 기업에 의한 좋은 일자리가 탄생할 것이다.

스타트업 기업이 성공하더라도 지역에서 우수 인재들을 채용하기 어렵다. 벤처 창업에 의한 일자리 창출과 함께 지자체에서는 우수 인재 채용을 위한 지원을 위한 정책을 적극적으로 준비를 해야 한다. 지역의 리더들이 "왜 지역에서 공부하고 연구한 과학기술대학의 학생들이 지역에 남지 않나."라고 말하기 전에 이미 지역에서 공부하고 있는 여섯 개의 과학기술대학의 학생들이 지역에 남을 수 있는 선순환 구조를 만들어야 한다. 그래야만 우수 인재가 지역에 남고, 지역의 우수 일자리가 창출될 것이며, 지역소멸을 늦추거나 방지할 수 있는 방향이 아닐까?

지스트 초창기에 광주에 광산업을 설계, 기획하여 유치하는 데 공헌했다. 광산업 관련 중소기업을 많이 양성하였으나, 대부분의 기업들이 수도권으로 진출해 버렸다. 그러나 한국의 광산업 활성화에 이바지했다고 만족해야 했다. 그러나 지역의 지속 가능한 성장 모델을 제시했다고 볼 수 없다. 현재 연구개발 측면에서 한국광기술원과 지스트 내의 고등광기술원으로 발자국을 남기고, 지역의 광산업을 리딩하고 유지하여 조그마한 역할을 하고 있다. 그러나 지역의 산업 생태계를 고급 광산업으로 전환하고, 연계 산업으로의 확장의 기미는 보이지 않는다.

최근 광주에서는 지스트를 중심으로 인공지능을 키워드로 하는 산업을 정부에 건의하여 준비 중이다. AI 산업단지의 조성 준비부터 할 일이 많다. 무엇보다도 우수한 인재가 있어야 한다. 아무리 우수인력을 양성하였다고 하여도 지역에 머무르지 않으면 인공지능 산업 발전에 이바지할 수 없다. 30년 전 일구었던 광산업의 성공과 실패를 타산지석으로 삼아, 인공지능 산업을 잘 기획하고 적절한 인재 양성과 기업 육성을 설계하여야 할 것이다.

특히 인공지능 산업의 경우, 과학기술 특성상 잘 취합된 데이터 센터가 광주에 있다고 하여도, 기업의 물리적인 공간이 광주에 남아 있을 필요를 느끼지 않는다. 인공지능 산업은 온라인으로 해결할 수 있기 때문이다. 데이터 센터가 광주에 있다고 기업이 센터 옆에 있을 필요가 없다는 의미이다. 인공지능 산업을 유치할 때, 광주지역 기반 시설의 조성을 포기하고 미래 산업을 유치했다고 떠들었던 그때의 열망은 사라지고, 실망으로 바뀔까봐 걱정이다. 왜냐하면 국가 과제의 수주는 지역의 기업을 우선으로만 하지 않고, 실력으로 전국 어느 지역에서도 가능하기 때문이다. 인공지능 산업을 유치하여 지역 소멸을 막고 고급 일자리 창출 기회를 살리고자 했던 창의적 아이디어가 수포로 돌아가지 않도록 심사숙고해서 성공시켜야 한다.

지역의 소멸을 방지하기 위해서 지역 산업과 연계한 우수 일자리를 확보해야 한다. 지역에 있는 여섯 개의 과학기술대학의 졸업생들은 수도권에서 지역으로 공부하러 온 학생들도 많아서 이미 지역 친화적인 인재이다. 그들은 지역의 삶이 행복도가 높다는 것도 몸에 배어 있다. 그들을 쉴 곳이 없는 서울로 되돌려 보내지 말아야 한다. 그들이 지역에 남아 우수 일자리를 만들게 하는 동기부여가 필요하다. 중소기업으로 만족할 수 없는 우수 인재들이 스타트업 기업을 설립하게 하고, 지자체는 우수 일자리를 만들 수 있는 그들을 적극적으로 도와야 한다. 지자체는 특히 우수한 사업을 찾아내서 지원하고, 우수 일자리 창출용 벤처 자금을 확보하고 투자하여야 한다.

이 글은 한국과학기술총연합회 주최 2021년 연차대회토론회에 토론자로 참여하여 "지역 소멸을 지역 과학기술대학을 통해 막아야"라는 주제로 발표한 내용이다. 2021.09.10.

마강래 교수의 "베이비붐 세대를 통해 균형발전의 희망을 보다"에 붙여

마강래 교수를 2020년 한림원 원탁토론회에서 만났다. 내가 지역 대학 유지의 어려움을 한국과학기술한림원의 집행부 임원께 설명한 적이 있다. 그 이야기를 전해 들은 한민구 한림원 원장께서 한림원 원탁토론회를 제안해서 이루어진 모임이었다. 토론회 제목이 "지방대학 다 죽어간다"라는 다소 자극적인 제목이었고, 거기에 마 교수를 토론자로 초청하여 처음 만나게 된 것이다. 이후로도 마 교수는 지역 균형발전과 지역 소멸에 큰 관심을 나타내어 계속해서 교류하게 되었다.

내가 대학 소멸에 관한 사회적인 문제에 관심을 가진 동기가 있었다. 정부에서 결정되는 정책과 평가 방법들이 지역 의견을 반영하지 않고 결정되는 것을 인지하였던 적이 있었다. 하나는 대학 활성화를 위한 보조금 사업에 수도권과 지역을 같은 잣대로 평가한 것이다. 정원 충원율과 취업률을 동일하게 적용했다. 또 하나는 정부 교육 사업에서 몇 개의 대학이 자기들이 최종 선정될 수 있도록 경쟁 그룹을 미리 결정하는 것이었는데,

지역에 있는 대학들이 상대적으로 차별받는다고 생각했다.

지역 대학을 별다른 배려 없이 평가한다면 지역 대학은 평가에서 낮은 점수를 받을 수밖에 없을 뿐 아니라, 대학 경영 상황은 더욱 어려움에 부닥치고, 결국 지역 대학은 먼저 사라지고, 지역 소멸도 같이 일어날 것으로 판단했다. 따라서 중앙에서 정책을 기획하고 평가안을 정할 때 지역 의견이 반영되지 않으면 지역은 어렵게 된다. 그래서 수도권에서 정부 정책 기획의 기회가 많을 수 있는 마 교수가 지역의 의견을 듣기를 청했다. 물론 기회가 있을 때마다 의견을 교환했고, 가끔 신문에 게재했던 지역 소멸에 대한 기고문을 보내는 것으로 의견을 전달했다.

마 교수는 안동의 지역에 거주하는 의사로부터 베이비붐 세대에 관한 연구를 제안받았고, 그 제안자는 일부 연구비도 보조해 주었다. 그 결과로 『베이비부머가 떠나야 모두가 산다』라는 저서를 냈다. 마 교수는 지역의 베이비부머가 수도권에서 국가가 확장되는 기회에 직업을 갖고 살았지만, 충분한 노년 생활을 준비하지 못했다고 생각한다. 결국, 가난한 베이비부머가 많아 지속적으로 경제활동을 해야 하고, 지역으로 이동하는 데 제약이 많다고 결론지었다.

마 교수는 광주지역에서 기획했던 베이비부머/중소기업/농어촌지자체 3자 결합 모델을 기반으로, 함양군에서 실증을 준비하고 있다. 최근 지역 소멸 대응 자금을 활용하여 베이비부머/중소기업일자리/비수도권 쾌적한 주거의 진전된 3자 결합 모델을 제안하고 있다고 한다. 현재 지역에 소재한 중소기업은 구인난에 처해 있고, 베이비부머가 할 수 있는 일이 많다고 진단했다.

이것으로 지역 균형발전이 되고 지역 소멸이 해소될까 하는 의문이 든다. 그리고 수도권에의 인구 이동이 감소하고 수도권에의 인구 집중도 해결하기 어렵다고 생각했다. 마 교수의 책을 읽고 이의를 제기했다. 친구들에게 지역에 내려와 같이 만나며 살자고 했더니, 손자를 돌보러 서울에 간다고 했다. 그래서 "손자는 오면 반갑고 가면 더 반갑다"라는 칼럼을 기고했다. 비록 베이비부머들이 서울에서 지역으로 돌아오고 싶어 한다. 그러나 완벽하지 못한 후손들의 보육과 교육 정책으로 지역에서 노후를 보낼 수 있는 여건을 마련해 주지 못했다.

대기업 공장은 바다 근방에 있는 공업단지 외에 지역에는 별로 없다. 오래전부터 가동하고 있던 공장들도 광주에서 떠났다. 삼성전자와 LG이 노텍이다. 지역에는 인재가 없다고 한다. 본사의 급여와 같은데 인재가 오지 않을까? 많은 제자는 여수나 창원에 있는 대기업을 찾아간다. 지역에 소재한 대기업에 취직한 자제들의 손자를 돌보아 주기 위해 베이비부머들이 쾌적하고 행복도가 높은 지역으로 이동하지 않을까. 수도권의 손자들은 국가가 책임지면 안 될까. 국가가 양질의 돌봄과 양육을 해결해 주어야 기록적인 0.78의 저출생이 해결된다.

이번 포럼에 맞추어 마 교수가 오래전부터 방문해 보고 싶다고 했던 곡성의 강빛마을을 방문했다. 강빛마을을 추진했던 고현석 전 곡성군수는 고등학교의 서클 선배로 내가 오래 알고 지내는 사이이다. 마 교수가 출판한 책을 고 군수께 보내주어, 마 교수의 지역 활성화 정책에 관심을 두고 있었다. 서로 만나고 싶어 했던 사이였기에 장시간 농촌 발전, 지역 균형, 지역 소멸에 관하여 의견을 나누었다.

강빛마을 프로그램은 상당히 오래전에 시행되었고 선구자적 역할을 했으나, "베이비부머의 농촌살기 프로그램에 이해가 부족했던 시기에 이루어진 것 같다."라고 마 교수는 판단했다. 새로운 정부 사업과 병합하여 강빛마을이 활성화되기를 바랐다. 새로운 자금이 들어가지 않으면, 주택이 낡아질 것 같다고 우려했다.

포럼이 열정적으로 진행되어 두 시간을 넘어 서울로 갈 열차 시간을 놓쳤다. 그런데도 마 교수는 우리와 같이 의견을 교환하고, 서로 알고 있는 지식과 그동안 활동으로 터득한 지혜를 함께 비빔밥으로 만들었다. 언젠가 우리와 같은 뜻이 지역 균형발전과 지역 소멸의 해소 방안으로 우뚝 서기를 기대하면서 포럼을 마쳤다.

이 글은 제84차 지역혁신포럼에서 마강래 교수의 "베이비붐 세대를 통해 균형발전의 희망을 보다"라는 강연을 듣고 소감을 정리한 내용이다. 2023.06.14.

Part 4

광주와 전남은 한 부모였다
– 광주·전남의 상생 발전을 위하여

전남에서 태어났고, 대부분 광주에서 학교에 다녔으며, 10년간 일본에서 유학하고 돌아와 직장 생활로 광주에서 30여 년간을 보냈다. 그래서 광주와 전남은 다 같이 내 고향으로 생각한다.

광주와 전남이 정치적으로 나뉨으로써 이익에 따라 극단적으로 대립할 때가 많다. 발전을 위해서는 규모가 필요한데, 나뉘어 경쟁하다 보니 상생보다 별도의 길을 걸어가는 경우가 많다. 아쉽게도 발전보다 퇴보가 눈에 비치는 것은 나만의 걱정일까? 같이 발전할 수 있는 상생의 길은 없을까?

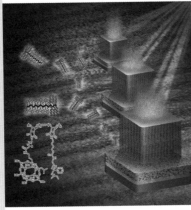

Yong-Guen Yu, *et al*. ACS Applied Materials & Interfaces, 14, 44753–44761, 2022 (Supplementary Cover Figure)

광주·전남 함께해야 혁신할 수 있다

언젠가 다른 사람들의 의견을 다시 한번 생각해 보는 시간을 가졌다. 그 사람 나름의 판단이 있고, 당연히 그 사람의 편에서 생각해 보면 그 사람도 옳다는 생각이 들었다. 그래서 역지사지해 보라고 했던가? 주장하는 분들의 의견이 모든 사람에게 합리적이지 않고, 대의를 위해서는 옳지 않더라도 말이다. 그런 점에서 광주와 전남의 주장이 다 옳다고 할 수 없지만 그렇다고도 할 수 없다. 그런데도 광주와 전남은 오랫동안 같이 협력하지 않으면 전진할 수 없는 관계가 아니었던가?

나는 광주를 사랑한다. 전남을 더 사랑한다. 전남에서 태어나 외지에서의 유학 생활을 빼면 많은 시간을 광주에서 보냈다. 그러나 내가 태어난 전남에 대한 애착이 강하다. 광주와 전남이 정치적으로 두 개의 지자체로 나뉘어 있어서 정치가들에겐 자기가 위치한 자리가 중요할지 몰라도, 시민과 도민을 둘로 나누는 것이 몹시 불편하다. 전남은 광주뿐 아니라 서울의 젖줄이기도 하다. 많은 농산물을 마련해 주지 않으면 어떻게 광주와 서울 시민들이 삶을 영위할 수 있을까? 그런데도 현안을 해결할 때 항상 극과 극을 달리고 있는 것 같아 매우 불안하다. 정치가가 아닌 일반인들도 정치가의 호불호에 따라서 둘로 나뉜다.

광주·전남은 산업화에 뒤떨어져 항상 혁신적이고 창의적인 아이디어를 내야만 살아갈 수 있었다. 광주과학기술원(이하 지스트)을 유치할 때도 그렇게 했다. 같이 잘해보자고 전국에서 유일하게 광주·전남 공동혁신도시를 탄생시킴으로써 한국전력(이하 한전)이라는 거대 공기업을 유치할 수 있었다. 2018년 예비타당성 조사 면제 신청에서도 다른 지자체는 대부분 도로 건설 등의 SOC에 집중했지만, 광주는 AI산업단지 조성사업을 요구했다. 그러나 2014년 민선 6기에 윤장현 광주광역시장 당선자의 희망위원회에서 산업 정책을 담당했던 나는 광주시 직원의 공동혁신도시에 대한 인식이 아주 좋지 않다는 분위기를 느꼈다. 2006년 공동혁신도시 유치 시 약속했던 성과공유협약의 이행을 전남에서 지키지 않는다는 이유 때문이다.

현재의 광역지자체가 형성되기 전에 전남도청이 광주시의 한가운데 위치했던 때처럼, 광주·전남은 태생이 하나라는 것을 우선한다면, 정치가 개인의 유불리를 떠나서 우리 후손들의 행복한 삶을 위한 리더들의 올바른 결정이 필요할 때다. 민선 6기에서 갈라져 있던 광주·전남발전연구원이 하나가 되었고 상생을 내세웠었다. 그러나 지금도 상생할 일은 많은데 또다시 광주·전남발전연구원이 헤어진다니 상생의 길은 멀다.

이러한 고민은 시장과 도지사의 몫이 아니고 시민들의 몫이 되었다. 2018년 8월 20일 민선 7기 리더들이 다시 상생을 선언하였다. 광주, 무안공항의 통합과 더불어 광주군공항의 이전, 2020년 4월 3일 한국에너지공과대학교의 설립이 허가되었으나 성공을 위해서는 더욱 하나가 되어야 한다. 세계적인 연구대학으로 발전하려면 과학자가 빈번하게 방문하고 해외에 나갈 수 있도록 큰 공항도 가까이에 있어야 한다.

특히 이번 대형 연구시설인 방사광가속기의 유치를 위해 호남이 함께한 공동 노력은 앞으로 호남이 하나의 삶터를 구축해야 하는 우리 미래 세대에게 씨앗이 되었다. 왜냐하면 코로나19 정국의 저출생으로 빚어질 지방소멸을 극복해야 할 새로운 비전이 필요하다. 이미 많은 인구 이동이 수도권에 집중되어 있어서 지역을 살리기 위한 인재는 한정적이다. 모든 일은 사람이 한다. 지역의 인재를 지역에서 배출함과 함께 협력하여 일자리도 만들고 나누면서 살아야 지역 소멸에서 벗어나 지역의 지속가능성을 찾을 수 있다.

전남은 어느 곳보다도 농업으로 생활을 유지해왔다. 코로나19 후 저성장 시대에는 농업을 기반으로 하는 산업이 가장 버티기 좋은 삶의 터전이 되고 직업이 될 수 있다. 식량안보처럼 중요한 것이 없듯이 먹지 않고는 살 수 없기 때문이다. 너무 편리한 삶을 영위한 나머지 다시 옛날 구석기시대로 가라고 하면 아무도 되돌아가고 싶지 않을 것이다. 그러나 일자리가 없으면 스스로 농사라도 지어야 먹고살 수 있지 않겠는가?

자기 땅이 없으면 빌려서라도 지어서 나누어 먹던 시대를 다시 생각해볼 수 있다. 저성장과 4차 산업혁명으로 일자리가 없어질 것이기 때문에 기본수당을 주자고 한다. 기본수당은 최저 수준의 삶을 보낼 수 있는 정도로 배정될 것이며, 전남에는 농사를 지을 좋은 땅이 있다. 그래서 전남에 가까이 있는 광주는 행복한 것이다. 자연스러운 만남이지 메가시티라는 이름까지 붙일 필요가 없다.

광주와 전남은 부족하면 채우고, 넘치면 나누는 정신을 발휘할 때다. 비록 방사광가속기 유치에 성공하지 못했지만, 그때 광주와 전남이 같이 힘을 모았던 협력 정신을 지속시켜야 한다. 공동혁신도시에 맺어진 열매를 서로 나누고, 한국에너지공과대학교의 성공을 위한 노력을 같이해야 한다. 나는 지스트 개원과 함께 부임했다. 그래서 나는 새로운 대학의 설립이 성공을 보장하지 않기 때문에 주변의 지자체인 광주·전남의 협조가 한국에너지공과대학교의 성공에 얼마나 중요한가를 안다.

다행히 전남과 나주시에서의 금전적 출연은 한국에너지공과대학교의 성공을 위해 다행한 일이다. 그러나 세계 우수대학들이 대형 연구시설을 가지고 인재양성과 연구를 하는 사례를 벤치마킹하여 꼭 정부를 설득해야 한다. 방사광가속기도 좋겠지만, 에너지와 관련된 핵융합 대형 연구시설이나 태양광 발전 연구시설을 제안해 본다.

한국에너지공과대학교에서 가까운 신안군에서는 생산하는 태양광과 해상풍력으로부터 얻는 전기에 대해 이익공유제를 제안하여 군민들의 협력을 얻고 있다. 에너지 관련 발전 현장과 교육연구 기관이 가까이 있다는 것은 장기적으로 국가 발전에 큰 도움이 될 것이다. 생산된 많은 전력은 광주를 비롯하여 주택과 공장이 몰려 있는 수도권으로 송전할 것이다. 전기 생산지역의 전기료는 생산지역에서는 싼 가격으로 사용해야 한다.

산업을 일으키기 위해 공장에서 사용하는 전기료의 경감은 이제 주택에서 사용하는 전기료와 균형을 이뤄야 한다. 그러면 자연스럽게 전기를 많이 사용하는 공장은 전력을 생산하는 곳의 가까운 곳으로 갈 것이다. 결국 전기 생산지에 공장이 들어설 가능성이 크다. 그러면 지역에 양질의 일자리가 생기고 청년들이 지역으로 이동하지 않을까? 일거에 수도권 집중 현상, 저출생 문제의 해결뿐 아니라 후세들이 쾌적한 환경에서 살아갈 것이다.

이처럼 돕고 협력해야만 힘이 생기고 합리적인 요구가 될 것이며, 정부의 협조를 끌어들일 수 있다. 각 지자체가 좋은 것만 다 받아들일 수는 없다. 서로 주고받으면서 상생을 위해서 불편도 참아야 한다. 앞으로 무안공항을 활성화해야 한다. 관광객을 위하는 일도 되지만, 중국과의 농산물 수출의 허브로도 활용되어야 한다. 그러기 위해서는 주위의 지자체인 전북과 광주를 끌어들여야 한다.

공항도 하나가 되어야 규모가 생긴다. 가까이에 있는 타이완이나 상하이와 교류도 활발해지고 전남의 1004섬들은 베트남의 하롱베이처럼 좋은 관광지가 될 것이다. 그리고 가까이 중국뿐 아니라 동남아시아의 국가로 여행할 때 무안에서 출발하면 얼마나 편리하겠나? 인천공항에서 긴 시간을 두 번이나 갈아타는 일도 없다. 전북의 어떤 지인이 아직 그런 비행기 노선을 모르고 있었다고 아쉬워했던 적이 있다. 공항을 중심으로 호남이 발전하기 위해서도, 군 공항을 같이 해결해야 한다.

전남은 광주의 어머니고 보금자리이다. 광주시민들은 일상에서 벗어나 누구보다 더 먼저 전남을 찾을 것이다. 신안의 1004섬은 우리나라의 관광의 보고이다. 아름다운 1004섬을 활성화하고 있는 전남이 관광의 중심이 되기를 바란다. 선도의 수선화, 압해도에는 조각공원과 동백나무가 어우러졌으며, 임자도의 튤립 정원도 아름답다. 안좌도의 퍼플섬에 보라색 야생화 깽깽이풀부터 5월에 붓꽃과 보랏빛 라벤더와 6월에 버들마편초에서 연한 보라색의 수국까지, 가을에 보라색 풀숲이 관광객을 맞아 주었으면 한다. 겨울에도 보라색으로 물든 나무는 없을까?

자은도에서 수석 전시장이 우리를 맞아 주면 좋겠다. 가까이에 조개 박물관이 있는데, 그동안 하나하나 정성스럽게 수집한 학자의 고마움이 묻혀 있다. 지역 주민과 갈등 속에서도 잘 해결되기를 바라는 자은도 리조트도 세계의 관광객을 맞이할 것이다. 가까이 펼쳐진 백사장 한쪽에 바람에 못 이겨 쌓여 있는 사구에는 자연학습을 위해 초등생들이 할아버지 손잡고 찾아올 것이다.

이러한 아름다운 1004섬에 중국의 관광객이 달려 올뿐 아니라 세계적인 관광지가 되리라 기대한다. 이 또한 광주와 함께할 때 활성화될 것이다. 이제 여수는 관광객 유치활동을 하지 않아도 될 정도로 많은 관광객이 방문한다. 목포는 서서히 활성화가 되고 있으며 관광객 방문을 간절히 원하고 있다. 언젠가 전남 남해안 관광벨트가 이뤄져서, 국내외 관광객이 아름다운 신안의 섬에서 머물다 갈 날이 올 것이다.

최근 호주 시드니 북쪽 브리즈번 Brisbane에 방문한 적이 있다. 비행기로 1시간 정도의 거리로, 서울에서 목표, 부산, 제주 정도의 거리다. 학회가 골드코스트 Gold Coast에서 열렸으니 가까운 브리즈번을 들리기로 했다. 하나의 도시처럼 버스와 기차로 연결이 되어 하나의 생활권이라고 생각될 정도였다.

무안 공항과 목포와 광주와 여수가 하나의 교통망으로 쉽게 접근할 수 있으면 좋겠다. 그래서 각 지역의 특색을 공유하고 활성화하면 광주 · 전남에서 더욱더 풍요로운 삶이 이뤄지지 않을까? 주말에 '여수 밤바다'를 느끼고 평일에는 광주 · 전남에서 일하는 그런 모습은 언제 올까? 후손들은 평상의 일을 마치고 광주와 여수 그리고 목포를 방문하여 1004섬을 즐기면 좋겠다. 광주와 목포, 여수를 무안 공항과 급행열차로 연결해 주면,

서울로 가지 않아도 아시아의 여러 나라와 하나가 될 것이다.

광주·전남 상생은 이것뿐이겠는가? 산업발전을 위해 인재들이 협조하고 개발된 열매는 공유해야 한다. 사람이 중요하다. 에너지도 같이 개발하고 같이 나누어 사용하자. 전남의 넓은 땅에서 전기를 생산하고, 그 전기로부터 수소를 생산하여 광주에서 활용하는 상생 산업도 있다. 규모의 경제에서는 어느 정도의 인구가 같이 하지 않으면 산업이 활성화할 수 없다. 저출생의 시대에 광주·전남이 합하는 경제 규모를 만들어야 한다. 비록 광주에 있지만, 항상 전남의 푸르름을 같이하고 있다. 광주·전남의 어르신들이 후손의 행복을 위해서, 그리고 광주·전남이 지속할 수 있게 상생하는 방안을 계속 생각하자.

지역사회에 필요한 정책을 제안하다

한국에서 정치에 적극적으로 참여하는 교수를 폴리페서 polifessor 라고 부른다. 정치 politics 와 교수 professor 의 합성어인데 많은 부분 부정적인 의미로 쓰인다. 교수는 교육이나 연구를 하는 것으로 생각하는 사람들의 기준이다. 교수의 역할에는 봉사라는 부분도 포함한다. 봉사 중에 국가를 위해 정책을 생각하고 기획하는 일을 나쁘게 볼 일만은 아니다. 그렇지만 교수의 과한 정치참여에 대한 부정적인 시선도 이해할 만하다.

그런 생각을 하면서 국가정책을 기획하고 제안하고자 했던 것은 지역에 있는 지스트의 위치도 한몫을 했다. 물론 과학기술에 대해 기획하고 제안하고 경쟁해서 과제를 수주하는 것을 여기서 말하는 정책의 범주에 넣지 않겠지만, 기본적으로 그런 일을 하는 것이 연구하는 학자들의 일상이다. 단지 자기 연구 분야를 벗어난다든지 정치색이 짙은 정책에 대한 기획에 참여하고 실행에 옮기려고 할 때는 비난이 있을 법하다.

지역 소멸과 농업인의 감소 등의 농촌문제를 고민하고 있을 때, 스마트 팜에 대한 정책이 중요하다고 생각했다. 이미 앞에서 언급했던 농업인 김종화 대표를 만나고 스마트팜의 중요성을 공부하기 시작했고, 정책적으로 도와야겠다고 생각하였다. 제18대 대통령 선거 경선 때, 스마트팜에 대한 정책을 정리하여 식량안보라는 측면에서 스마트팜의 활성화를 제안한 적이 있다. 대통령 대선공약으로는 채택되지 않았지만, 스마트팜은 얼마 후 국가정책으로 채택되었다.

그 연장선에서 제6기 민선 광역지자체 선거에서 산업 정책의 기획을 돕게 되었다. 광주산업의 밑그림을 그리고 미래에 광주의 일자리와 먹거리를 위해서 역할을 해야 한다고 생각했다. 그것이 지스트의 사명이기도 했다. 여러 번 언급했지만, 다시 말하면 5 · 18 민주화운동 시, 광주시민의 희생 위에 세워진 기관이 지스트라는 것이 나의 머리에 맴돌며 남아 있기 때문이다.

캠프에서 도왔던 후보가 당선되었지만, 제안한 정책이 실현되는 것은 또 다른 이야기이다. 선거에 당선된 지자체장이 업무를 인수하기 위해서 '희망광주 준비위원회'가 설치되었고, 기존의 공무원 그룹과 협의도 하고 개혁도 하면서 새로운 시장의 정책을 준비한다. 업무를 인수하기 위해 논의할 때는 합의된 내용을 그대로 시행할 것 같았다. 그러나 오래도록 그 자리에 있는 공무원은 새로운 정책을 시도하려고 하지 않는다.

문제가 많다는 이유로, 법에 어긋난다는 핑계로 비틀고 꼬아서 지자체 장을 혼돈의 상태로 몰아 들어간다. 지자체장이 모든 분야를 알고 있지 않기 때문이다. 그래서 공무원 의견을 선한 마음으로 믿고 정책을 시행하면 지자체장은 실패의 나락으로 빠진다. 사회, 경제, 산업에 관해 공부해야 하고, 많은 사람의 의견을 들어 최종적으로 자기 나름의 정책 철학을 세워야 성공한다. 공무원들은 지자체장이 공부할 시간을 주지 않는다. 그래야 지자체장의 생각보다는 자기 생각을 반영할 수 있기 때문일 수도 있다. 여기저기 방문하여 정책을 검토할 시간이 없도록 소위 뺑뺑이를 돌린다. 선출직 지자체장에게는 다음 선거를 위해 달콤한 사탕이기도 하다.

지스트라는 기관의 장의 자리를 맡아서 지스트와 지역의 발전을 돕겠다는, 비록 실패하기는 했지만 포부도 있었다. 지스트 초창기 멤버라는 것이 출마의 변이 되지는 않겠지만, 그만큼 사명감으로 몸이 꽉 조이는 느낌이 들었었다. 여러 면에서 부족하여 그 직을 수행할 기회는 얻지 못했지만, 공모 경쟁에 참여하여 사용한 시간을 허비했다고 생각하지 않는다. 그 기회를 통해 많은 지스트 구성원을 만날 수 있었기 때문이다.

이제는 지역 시민의 일원으로서 지역발전을 위해 지역 여론 주도자들과 함께 이야기하고, 기회가 있을 때마다 정책을 제안하는 것도 중요한 일일 것이다. 지역의 후세대를 위해서 경제적으로 어려운 학생에게 도움을 주자. 점점 수도권 위주의 인재 양성 환경에서 뒤처지는 지역 후배들이 서로 연대하는 기회를 만들어 주는 것도 필요하다. 그들이 또 다른 지역 문제를 해결할 능력을 갖추도록 돕자. 지역을 살리는 것이 한국이 사는 길이기 때문이다.

지역에서 설계된 인재 양성과 일자리 창출 방향을 정부가 정책으로 지원해야

지역 소멸에 직면한 지역의 활성화를 위하여, 지자체와 대학은 청년이 지역에 정착할 수 있는 발전 방향에 관하여 논의해야 한다. 광주에 있는 직장에 봉직한 과학자로서 지스트의 개원 초기 영광원자력발전소 주변 환경에 관심을 가졌었고, 그 뒤로 광주광역시의 산업발전계획에도 많은 열정을 보탰다. 2020년 한림원탁토론회에서 김사열 국가균형발전위원장이 배석한 가운데 '지방대학 다 죽어간다'를 주관하였다. 그 후 별로 관심을 받지 못했던 지방대학의 어려움이 점차 밖으로 알려졌다. 전국대학을 하나의 잣대로 대학을 평가하지 않고, 권역별 대학으로 평가했다는 것이 작은 성과로 볼 수 있다.

2022년에 있을 제20대 대통령선거와 맞물려서, 최근 한국과학기술단체총연합회와 과학기술정통부에서도 지역 소멸을 과학기술이라는 도구를 활용하여 해결하려는 방향으로 토론을 준비하고 있었다. 이런 점에서 광주지역혁신협의회에서 '지역균형뉴딜에 대응한 인재 양성과 일자리 창출 전략' 포럼이 크나큰 의의가 있다고 생각한다.

신문 지상에 많이 발표되었지만, 2019년 수도권 인구가 한국 전체 인구 수의 50%를 넘었으며, 2020년도에는 인구가 줄어드는 첫해이기도 하다. 2024년도에는 대학정원의 20% 정도를 채울 수 없으며, 그로부터 4~5년 후에는 구직난보다는 구인난이 나타나기 시작할 것이다. 그때는 나이든 분들에게 더 일해 달라고 부탁해야 할지 모른다. 우리 청년들이 10여 년 전에 취업을 위해 일본으로 갔던 상황과 비슷하다.

1955년 태생인 본인은 다행하게도 광주에 살고 있지만, 직장을 찾아 서울에 간 베이비붐 1세대는 고향으로 다시 돌아오지 못하고 있다. 그들도 서울의 부동산 문제를 안고 살고 있다. 내려오고 싶지만, 아직 노후 준비가 완벽하지 못하여 일을 더 해야 한다고 한다. 청년이나 고령자나 일자리가 필요하다고 말한다.

지스트 초기, 전남대학교의 한 선배 교수께 "지스트 졸업생은 왜 광주에 남지 않느냐?"라는 핀잔이 섞인 질문을 들은 적이 있다. 속으로 '지역의 기업 환경을 모르면서 그렇게 말씀하시는구나.'라고 원망했다. 그때나 지금이나 지스트 입학생은 전국으로부터 오고 있지만, 학위 취득 후 대부분 대전 북쪽의 대기업과 연구소에 근무하러 떠난다. 내가 해결할 수 없는 일이라고 외면해 버렸지만, 이제야 그 근본 문제 논의가 시작되는 것 같아 늦었지만 다행이라 생각한다. "소 잃고 외양간 고치는 격"이 되었지만 말이다.

광주에는 대기업은 거의 없고 대기업의 하도급을 받아 제조하는 중소기업이 대부분이다. 급료는 대기업의 절반 수준이다. 대한민국은 민주주의며 자본주의 국가다. 지역에서 양성한 우수인력이지만 조건이 좋지 않은 기업이나 기관에 잡아 둘 수 없다. 심지어 광산업을 한다는 광주에서 광산업 관련 대기업도 떠났다. 지스트 학생이 그 기업에 취직했다가 퇴사를 하니, 우수인력이 없다고 핑계를 댄다. 그때 지역균형뉴딜 정책이 있었다면, 타협해 볼 수 있었지 않았을까?

대한민국은 각 분야에서 세계 국가와 경쟁해야 한다는 핑계로 수도권 중심의 발전 방향으로 치우치는 것이 아쉽다. 다행히도 국가로부터 혜택을 받고 교육 연구하고 있는 연구중심대학이 지역에 여섯 개가 있다. 한국의 서쪽에 세 개의 과학기술대학(한국과학기술원, 광주과학기술원, 한국에너지공과대학교)과 동쪽에 세 개의 과학기술대학(포항공과대학교, 울산과학기술원, 대구경북과학기술원)을 중심으로 지역이 살아남기 위한 몸부림은 시작되었다. 그 몸부림을 살리고 환경을 조성하기 위해, 지자체와 국가 경영을 책임지고 있는 분들의 비전이 중요하다. 지역에서 설계된 인재 양성과 일자리 창출 방향을 정부가 정책으로 지원해야 한다. 지역이 소멸하면 지역 대학도 죽고, 지역에 있는 연구중심대학의 앞날도 밝지 않다.

전남대학교 나주몽 교수는 광주·전남지역혁신플랫폼의 역할과 청년 지역정착의 발전 방향에 대해 발표해 주었다. 수도권에 인구 유입은 다양한 문제를 일으킬 뿐 아니라 지역 소멸의 원인이기도 하다. 지역 소멸 자체가 최종적으로 수도권 인구 집중에 부담을 주는 원인이 될 수 있다. 지역에는 다양한 대학이 존재하고 지역 대학에서 양성한 인재들은 지역의 기업과 맞추어 남게 된다. 아니면 다른 지역 또는 수도권으로 떠나야 한다. 2015년에 갑자기 나타난 수도권에의 유입인구의 급증은 왜 발생한 걸까? 좀 더 일찍 검토했다면 좋은 방향으로 바꿀 수 있지 않았을까?

광주·전남의 대학생들의 진로 설문조사에서 중요한 이야깃거리를 발견하였다. 하나, 90% 정도의 취업자가 지역에서 근무하고 싶어 한다. 당연하다. 지역에 있으면 행복도가 배가한다. 최근 감사원의 발표에 의하면 지역에서의 출생률이 수도권보다 높다. 수도권에서는 고가의 주택을 장만하기 위해 급료를 꼬박꼬박 저축해야 한다. 그러나 지역에서는 급료의 많은 부분을 본인, 가족, 자녀를 위해서 사용할 수 있다. 문제는 구직자의 눈높이에 맞는 일자리다. 양질의 일자리가 부족하다.

둘, 나 교수는 지역혁신플랫폼 사업을 수행하고 있다. 특히 청년의 지역정착을 위해 지역산업과 사회혁신의 연계를 주장하고 있다. 지역의 핵심 사업 분야로 에너지신산업과 미래형 운송기기를 연계하고자 하였다. 구체적으로 제시한 산업에서는 양질의 일자리를 제공할 수 있느냐는 질문을 할 수밖에 없다. 다행히 2030년 35% 탄소감축, 2050 탄소중립, ESG 수행 사회적 기업 정신이 요구되고 있다. 신안군에서는 모든 주민이 해상풍력사업에 이익공유제로 참여하고 있다. 지역균형뉴딜과 청년 지역정착이 연계되기를 기대한다.

셋, 최근 인공지능을 지역 추진 산업으로 설계하고 기획하여 수행하고 있다. 이제 지역에서 양성한 우수 과학기술 인재들이 지역에서 벤처로 출발하여, 지역에 산업이 정착하는 구조로 탈바꿈해야 한다. 브레인 커넥팅 패키지 프로그램에 의한 기술사업화를 적극적으로 찬성한다. 젊은 과학도로부터 탄생한 기업은 장래성이 있고, 급료 면에서 우수 인재가 취업하려는 동기부여가 될 것이다. 하도급 기업에 의존하는 일자리 구조로 청년 지역정착을 영원히 유도하기 어렵다.

심미경 책임연구원은 지역인재 육성을 위한 광주광역시-대학 간 협력 증진 방향에 대해 발표해 주었다. 대부분 동의한다. 몇 가지 덧붙이자면,

하나, 이미 예산이 넉넉한 서울, 경기, 부산의 지자체에서는 이미 지자체와 대학의 협력 사업이 잘 이뤄지고 있다. 더구나 광주광역시와 전남과 비슷하게 지역 소멸을 감지한 대구·경북의 지자체와 대학이 이미 협력하여 대응하고 있다고 들은 적이 있다.

둘, 심층면접 조사에서 나타난 결과와 같이 광주 TP는 사업에 참여하여 경쟁 관계로 남을 것이 아니라, 기업-대학-연구소의 역할 조정 및 중재 역할을 하기 바란다. 셋, 지역균형 뉴딜을 통한 지역인재의 창업생태계 환경을 조성하고 적극적으로 지원하여 제2의 벤처 붐을 지역에서 이루기를 바란다.

넷, 현재 시행하고 있는 빛가람 혁신도시의 공공기관의 지역인재 할당의 범위를 광주광역시 출자 출연기관 및 산하 센터까지 확대하고, 지역 산업과 연계한 국가출연 연구기관의 이전과 더불어 지역인재의 할당을 적극적으로 검토해 볼 만하다. 더 나아가서 대학의 특수 학과인 로스쿨, 의대, 치대, 약대에서도 지역인재 할당을 상향 조정할 필요가 있다. 지역 학생들이 대학 졸업 후 수도권에 모이지 않고, 지역에서 봉사하며 개인적으로도 행복한 삶을 영위할 수 있기를 바란다.

이처럼 발제자의 의견을 종합하면, 지역의 일자리는 지역의 협의체에서 토론하고 기획하여 지자체와 충분히 논의한 후 중앙정부에 건의하여야 한다. 지역의 사정을 잘 이해하고, 누구보다도 지역을 걱정하며 인재를 양성하고 있는 학자들의 몫이지 않을까?

이 글은 광주지역혁신협의회 제1차 "지역균형뉴딜에 대응한 인재 양성과 일자리 창출 전략" 포럼에서 토론자로 참여하여 발표한 내용이다. 2021.09.08.

지역에서 키운 우수 인재, "지역에 남아야"

한국 반도체, 배터리 산업이 흥하느냐 망하느냐의 갈림길에 서 있다.

세계적으로 앞서가는 한국의 산업을 발전시키기 위해서 어디에 공장을 짓고 투자하는 것이 국가가 지속 가능할까? 지역에 인재가 없어서 공장을 지어도 일할 사람이 없다는 것이 대기업의 생각인 것 같다. 그래서 일반인도 대기업 공장이 지역에 내려올 수 없을 것으로 이해하고 있다.

이 때문에 대기업은 수도권에 공장을 짓고 회사를 확장한다. 그러나 나는 "지역 소멸, 지역 과학기술대학 통해 막아야!" 한다고 주장해 왔다.

최근 국가첨단산업단지 조성 계획을 발표하면서 경기도 용인에 시스템 반도체 산업을 육성하겠다고 발표했다. 광주에서는 새로운 시장이 부임해 반도체 공장을 유치하기 위해 무척 노력했던 것으로 안다. 그러나 수도권에 반도체 국가 산단이 결정되어 '닭 쫓던 개'가 됐다. 그래서 광주가 아니더라도 영남과 함께 남부지역에 반도체 공장을 유치하면 그래도 낫지 않을까 하는 생각을 했다.

최근 국가산단 조성 계획과 동시에 반도체 분야의 육성을 위해 삼성이 지역에 있는 3곳의 과학기술대학(GIST, DGIST, UNIST)에 반도체 계약학과를 설치하겠다고 하니 지역에서는 이미 축제 분위기다.

대기업에서 지역에는 부족하다는 인재들을 지역에 있는 과학기술대학에서 육성할 수 있다는 이야기가 된다. 계약학과의 설치는 지역 소멸을 과학기술대학을 통해 막아보자는 내 생각과 일맥상통하는 것으로 보였다. 그러나 금방 같은 방향이 아님을 인지하였다.

좋은 조건에서 공부하고자 지역의 과학기술대학에 모여들었던 학생들이 수도권의 삼성 반도체 공장으로 취직해서 올라간다면 어떤 일이 일어날까? 말하지 않아도 알 수 있겠지만, 대기업의 지역 기피, 좋은 일자리 부족, 지역인재의 수도권에의 유출, 수도권 과밀, 저출생, 지역 소멸 등이 실타래처럼 이어져 갈 것이다.

지역의 사립대학은 입학정원 미달이 심각한 수준이다. 수도권 사립대학은 입학정원을 증원할수록 지역 학생들을 끌어들이는 흡인력이 클 수밖에 없다. 수도권 사립대학의 증원된 입학정원은 절대 줄일 수 없다. 그것이 바로 돈이 되기 때문이다.

대학 규제를 풀어 수도권에 정원을 자유롭게 하는 것은 대학의 학문을 해치고, 대학 역할을 망치는 길로 간다. 소위 대학의 꽃이라고 부르는 문·사·철도 뒷방 신세가 되어 망가질 것이다. 이미 경험했던 일이고, 현재 대학 정원을 줄이기 위해 국가 예산을 얼마나 투여하고 있는가.

전국에 15개의 국가첨단산업단지의 조성과 삼성의 C랩 아웃사이드 광주 캠퍼스 계획이 반도체 산업의 수도권 배치를 대신으로 한 콩고물로 의심하지 않도록, 지역에도 획기적인 좋은 일자리 창출 계획이 뒷받침되어야 한다.

지역 친화적 생각을 가지고 지역의 과학기술대학에 몰려든 학생들이 졸업 후 서울로 향하지 않고, 지역 과학기술대학의 주변에서 스타트업 기업의 주인으로 남아 있는 실리콘밸리 같은 꿈을 한국에서는 꿀 수 없을까.

지역에 있는 연구중심대학, 과학기술대학 학생들은 계약학과를 졸업하지 않더라도 대부분 대기업에 취직한다. 문제는 그 지역에 좋은 일자리가 없어서 대전 북쪽에 있는 기업이나 연구소에 취직한다는 것이다. 이번 국가산단 지정과 계약학과의 설치로 당장 눈앞에 보이는 것만 해결하려 하지 말고, 후세대들이 행복하게 살 수 있는 환경을 생각하면서 산업 발전과 인재 양성을 계획하기를 바란다.

이 글은 〈헤럴드경제〉 "[특별기고] 지역에서 키운 우수 인재, '지역에 남아야'" 칼럼에서 재인용하였다. 2023.04.05.

지역인재 양성에 대한 구상

시라카와Shirakawa(츠쿠바대학. 2000년 노벨화학상 수상) 교수는 노벨상 수상 후, 보통 강연을 활발하게 하는 다른 노벨상 수상자와는 달리 지역에서 과학 분야에 관심을 두는 학생들에게 멘토 역할을 한다고 들었다. 그만큼 미래 국가 지속을 위한 과학발전의 중요성이 크기 때문에 교육에 봉사하는 것이다. 이것은 리더들에게 필요한 철학이다. 지역 또한 지속적인 발전이 요청되고 있다. 그러나 지역 대학은 서서히 죽어가고, 인재는 지역에 남지 않아 지역은 소멸하고, 저출생으로 국가는 위험에 처해 있다.

사회 문제에 관심이 있던 친구와 인재 양성에 대해 논의한 적이 있다. 좋은 대학에 가려는 현상을 막을 수 없고, 지역의 대학은 사라질 것이며, 지역에는 좋은 일자리가 없어질 것이라는 의견에 말을 잊지 못했다. 물론 그런 현상은 이해하고 그렇게 갈 것이라고 충분히 예상했지만, 그렇다고 지역의 인재 양성과 지역 대학 육성을 포기할 것인가? 사회 문제에 관심이 있다고 하면 문제 해결을 위한 의견을 내고 지적을 해야 하지 않을까?

작은 일의 해결을 위해 자리에 관심을 두는 리더가 운영하는 국가는 변하지 않을 것이다.

이미 교육과 우수 일자리 때문에 수도권에 인구의 50%가 몰려 있고, 그로 인해 수도권의 주택문제가 심각하여 정권까지 교체되지만 해결할 의지는 없다. 지역에서 느끼는 위험 수위는 수도권에 거주하는 사회운동가와도 거리감이 크다. 따라서 지역에서 문제의식을 느끼는 사람들이 적극적으로 의견을 제시하여야 한다. 비록 나의 의견을 국가정책에 반영하리라 크게 기대하지 않지만, 그래도 목소리를 높여야 한다.

지금까지 토론회나 칼럼 기고에서 의견을 제시한 적이 많다. 국가 산업의 구조적인 불균형으로 대부분 대기업은 대전 이북에 있다. 따라서 우수한 대학 졸업자는 지역에서 수도권으로 이동하고 있다. 전문가의 발표에 의하면 수도권 이동 비율이 감소하다가, 2015년을 기해서 급격히 증가하고 있다. 산업구조의 변화에 따른 결과라고 하지만, 대기업에 입사하기 위해 수도권 소재 대학을 졸업해야 한다는 것이 큰 요인인 것 같다. 따라서 수도권에 인구가 집중되는 큰 이유는 교육이라고 할 수 있고, 심지어는 지역에서 교육을 받고서도 수도권의 직장을 찾는 것도 한몫하고 있다.

지역 대학의 사멸을 방지할 방법은 없을까? 지역 소멸을 방지할 수 없을까? 대기업의 지역 이동은 불가능할 것인가? 저출생은 어떻게 해야 해결할 수 있을까? 수도권의 주택문제는 해결할 수 있는 실마리가 나타날 것인가? 수도권과 지역은 상생할 수 있을까? 그럼 대한민국은 지속 가능할까? 이런 질문으로 지역에서 인재를 양성하고 있는 사람의 머리를 꽉 채운다.

이런 큰 의제는 지역에 거주하는 한 사람의 대학 교수로서는 풀 수 있는 정책이 아니다. 그런데도 의견을 내는 것은 사회 문제에 관심 있는 교수의 국가에 대한 애정 때문이다. 대학평가는 정책에서 나온다. 이미 지역 사립대 38%는 정원을 못 채운 지 오래다. 고등학생의 수가 대학 정원의 20%가 부족한 현재, 수도권과 지역이 균등하게 대학의 정원을 줄이고, 그런데도 유지하지 못하는 대학은 과감하게 진퇴 방향을 제시하여야 한다.

평가는 정책에 따라 결과가 나온다. 2015년 교육부 대학구조개혁평가에서 A등급을 받았으나, 2018년 대학기본역량진단에서 지방대학에 불리한 평가 항목에 의해 다수의 지방대학이 탈락할 수밖에 없었다. 그러나 2021년 대학기본역량진단에서 수도권에서도 역량강화대학에서 탈락하였다는 것을 참조할 필요가 있다.

앞으로 노동력을 가지고 유지하는 공장은 인력을 찾을 수 없을 것이다. 인구절벽으로 인해 '2024년 취업자 마이너스 시대 도래'라는 제목의 기사를 연합뉴스가 2020년 신년을 기해 보도하였다. 따라서 스마트 공장을 도입해야 하는 것은 물론이지만, 그렇지 못한 제조업은 도태될 수밖에 없다. 코로나19 팬데믹 시기에 한국의 제조업은 실력을 발휘했다. 미세먼지를 방지하기 위해 개발된 마스크가 코로나19 감염 방지에 큰 역할을 했다. 세계에서 우위를 점하고 있는 한국의 제조업이 인구가 감소하는 과정에서도 유지할 수 있을까.

전력을 발전하는 현장에 가까운 곳에 대기업의 공장이 세워지고, 지역에서 양성된 우수인력이 지역의 우수 일자리에 참여하게 된다면, 얼마나 좋을까? 일자리가 지역에 많아져서, 수도권의 주택 가격의 급등 현상을 막을 수 있지 않을까? 더욱더 넓고 쾌적한 주택에서 삶을 유지한다면 출생률도 제고되지 않을까? 관련 데이터를 통계청에서 갖고 있는데, 지역의 출생률은 중소도시보다 높고, 중소도시의 출생률은 수도권의 출생률보다 높다는 통계가 입증한다. 세종시의 출생률 증가는 다른 지자체의 출생률에 비해 맞춤형 보육체계(출산장려금에서 인프라 구축으로)가 월등해서 일어난 일이니 별개로 하자.

인재를 수도권에서만 양성할 수 있을까? 그렇지 않다. 한국에는 지역에 여섯 개의 과학기술대학이 있다. 이들을 활용하면 언제든지 국가정책에 따라 인력양성 계획을 확장하고 감소시킬 수 있다. 일본에서는 베이비붐 세대의 교육을 위해 대학의 수를 늘리지 않고, 각 대학에 교수 수와 학생 입학정원을 증가시켜 해결했다.

지역의 인재는 지역에서 양성해야 바람직하다. 서울에서 양성된 인재는 지역으로 가는 것을 두려워한다. 내가 KAIST를 졸업할 때도 그랬고 지금도 마찬가지이며, 서울에 있는 학생이 지역의 대학이나 직장에 간다고 하면 죽는다고 생각한다. 그러나 지역에 유학 온 학생들은 지역 친화형으로 바뀔 수 있어, 지역 출신과 결혼도 하는 기회가 생긴다. 지역에서 공부한 학생들은 지역에 남기를 꺼리지 않는다.

지역에서 길러진 인력들이 지역에서 남을 수 있는 우수 일자리를 마련해야 한다. 이미 2004년에 시작한 혁신도시가 지역 균형발전을 위한 시도이다. 그러나 후속 정권에서 강력하게 후원하지 않았다. 이제 윤석열 정부에서는 2차 공공기관 이전을 추진한다고 하니, 기대가 크다. 공공기관에서 모집하는 직원의 일자리의 질은 우수하다. 지역의 우수한 일자리에 인재들이 남았으면 좋겠다. 현재는 혁신도시 공공기관의 인재 채용에서 지역 할당으로 30%를 배정하고 있다. 인재들이 지역 할당 이상으로 넘치도록 지원하고, 지역 할당이 50% 이상으로 확대하는 날을 기대한다.

시라카와 교수와 같은 훌륭한 과학자는 아니어도, 내가 살아 있는 동안 혹시 기회가 된다면, 과학을 하고자 하는 지역의 초 · 중 · 고 학생에게 가까이 가고 싶다. 또한, 혁신도시의 공공기관에 취직하고 싶어 하는 대학생의 길을 안내하는 것도 보람이 있는 일이라 생각한다. 사회 문제를 논하는 친구들과 함께, 지역인재들을 조용히 양성하는 정찬용 선배(전 노무현 정부 인사수석)의 인재 양성 노하우를 겸손히 빌릴 생각이다.

Part 5

지스트 초창기 구성원으로서의 소명
- 글로벌 시대의 인력 양성

나는 참 운이 좋은 사람이다. 금수저도 흙수저도 아니지만, 박사학위를 마치고 직장을 찾고 있는데, 고향인 광주에 광주과학기술원(이하 지스트)이 설립되었고, 교수로 임용되었다. 지스트의 좋은 환경에서 자기가 하고 싶은 연구를 하고, 그 연구 결과를 가지고 세계를 돌아다니며 연구 결과를 자랑할 기회를 누렸기 때문이다.

물론 그 연구 결과를 얻기 위해서 100여 명에 이르는 제자의 도움을 받았다. 노벨상을 받지 못했지만, 노벨상을 주는 스웨덴의 노벨상을 평가하는 KTH에서 연구 결과를 발표할 수 있었던 것도 기쁘게 생각한다. 무엇보다 준비와 기회가 만나 지스트의 교수가 되어, 교수로서 채용되기 위해 준비하는 동안 겪었던 고통을 잊을 수 있었다.

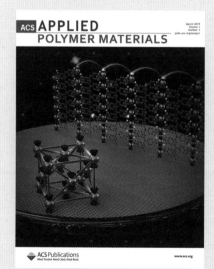

Hong–Joon Lee, *et al*. ACS Applied Polymer Materials, 1, 397–404, 2019 (Cover Figure)

지스트 글로벌 시대의 대응

지스트는 전체 정원의 15%를 외국 유학생에게 할애하겠다는 정책을 오래전부터 시행해 오고 있다.

교수나 동료 학생들 측면에서 보면, 외국인을 받아서 교육한다는 것이 여간 힘든 게 아니다. 입국하기까지의 과정뿐 아니라, 직접 대면해서 같은 연구실에서 연구하는 것이나, 작게는 파티에서 어떤 음식을 준비할 것인가까지 신경 쓸 일이 하나둘이 아니다.

일본에서 유학할 당시, 입학하자마자 '튜터 Tutor'라는 학생이 나에게 여러 가지 편의를 제공하였다. 일본에서는 외국 유학생이 입학하면 튜터를 붙여 생활하는 데 도움을 준다. 물론 얼마인지는 몰라도, 튜터에게 아르바이트 비용 정도를 지급한다.

지스트에서 시행되고 있는 외국 유학생 유치 제도가 얼마나 잘 진척되고 있는지 검토해 볼 때가 되었다고 생각한다. 유학생 유치 활동을 얼마나 잘하고 있는지? 그들이 지스트에 들어와 유학 생활을 행복하게 하고 있는지? 우수한 성과를 이루고 본국으로 들어가 어떤 활동을 하고 있는지? 우리와 좋은 관계를 지속해서 유지하고 있는지 살펴볼 필요가 있다.

내외국인을 구분하지 않고 교수 1인당 1명의 배정을 우선으로 한다고 규정한 적이 있다. 외국인 유학생 유치에 대한 것은 집행부의 철학이 반영되어야 하고, 미래의 우리 학교가 어떤 방향을 추구하는가와 연결된다. 내외국인을 구별하지 않고 선발한다면, 외국인 학생을 받는 연구실이 적어질 것이다. 앞에서 설명했던 외국인 유학생과의 생활에 어려움 때문에 아무도 외국인을 선호하지 않을 것이기 때문이다. 결국, 외국인 학생을 아무도 받지 않을 수 있어서 심히 우려된다. 옛말에 "우선 먹기는 곶감이 달다."라고 했다.

이미 집행부에서는 외국인 유학생 정원을 활용하여 유학생 유치를 활성화하려 함에도 하부 조직에서 그런 조치를 한다면, 학교의 철학과 배치되는 일이 된다. 내부인 학생 정원이 줄어든 이유에서 유발되었겠지만, 그렇다고 외국인 정원을 내국인 정원으로 바꾸면, 결국 외국 유학생 유치로 캠퍼스를 국제화하려는 꿈은 사라진다. 장기적으로 내국인 이공학계 입학생의 감소 추세를 고려하는 정책에도 맞지 않는다.

물론 교수 개인의 발전이 학교의 발전으로 연결되지만, 장기적인 학교 발전을 생각한다면, 학교 발전계획에 맞추어 정책을 만들고 시행하여야 한다.

한국에서는 대학평가 전문기관의 순위 결정에 신경을 많이 기울이고 있다. 왜냐하면, 일반인들은 매스컴의 이야기를 듣고 학교를 평가하고, 매스컴에서 좋은 학교로 평가한 학교에 자녀를 보내기 때문에 평가기관의 평가 순위에 신경을 쓸 수밖에 없다. 만약 그런 평가에 신경을 쓰지 않을 수 없다면, 아주 부정적인 평가가 아닌 바에야 평가 항목에 맞추어 성과를 내는 것도 문제가 아니라고 생각한다.

논문 인용지수, 특허등록, 기술이전 등 다양한 평가 항목이 있지만, 외국인 유학생의 수뿐 아니라, 수학 후 모국에 돌아가 어떤 자리에서 일하고 있는지도 평가 항목으로 포함할 수 있겠다. 따라서 외국인 유학생의 입학 전후를 계속 모니터링함과 동시에, 졸업 후 서비스after service 제도를 도입하면 좋을 듯하다.

지스트에서 정원의 15%를 외국인 유학생 유치를 위해 배정했던 초기 결정을 다시 한번 점검해볼 만하다. 지스트 초창기에는 대학원 과정만 있었다. 여기서 15% 규정은 대학원 정원의 경우이다. 대학에까지 외국인 유학생을 활발하게 유치하기 위해서는 한층 더 고민해야 한다.
〈2017.06.25.〉

지속 가능한 지스트를 위하여

지스트에 뿌리 내리고 25년이 되었다는 것을 실감할 수 있을까? 아니 곧 이 자리를 비워주어야 한다고 생각하면서 '오래 근무했다'라는 것을 조금 느낄 수 있었다. 내 책상 바로 아래에는 비아중학교(1994년 임명된 후, 건물이 증축 중이어서 임시로 비아중학교 빈 교실을 빌려 개원 준비를 하고 있었음)에서 더운 여름을 보낼 때 신었던 슬리퍼가 아직도 사무실에 놓여 있고 여전히 신고 있다.

내가 전공하고 있는 소재, 고분자로 제작한 슬리퍼이다. 금속도 아닌 고분자를 25년간 사용하고 있다는 것을 소재를 전공하는 교수들도 이해하지 못할 수 있다. 냄새도 날 수 있고, 분해되어 닳았을 것도 같고, 좀 더 좋은 슬리퍼로 바꿀 수 있었을 터인데 하면서 말할 동료도 있을 법하다. 왜 갑자기 슬리퍼를 떠올릴까 하는 독자도 있을 것이다.

온고이지신溫故而知新. 교육은 진보도 보수도 아니어야 한다고 생각하는 것이 나의 지론이다. 교육 현장은 무척 천천히 생각하면서 변화를 모색해야 하지 않을까. 교육 제도를 따르는 학생이나 교수의 연구 결과가 금방 생산되어 나오는 슬리퍼처럼 찍어 나오는 제품이 아닐 것이다. 25년 전 구매한 슬리퍼는 아직도 나에게 도움을 준다. 금방 바꾸어 적용되는 대학의 정책이나 교육 현장의 규정은 많은 생각과 논의를 거쳐서 제도화하고 지속가능해야 하기 때문이다.

공장에서 바로 만들어 나오는 슬리퍼도 오랜 시간을 거쳐 소재 연구 결과와 제조기술을 통해 만들어졌다. 25년 후, 내가 지스트 25주년 소감의 마중물이 되었듯이, 교육 현장에서도 25년이나 사용할 수 있는 그런 규정이나 제도가 만들어져야 한다고 생각한다. 하나같이 국가와 학생들의 미래를 위한다고는 하지만, 교육부 장관이 바뀌면 수능 제도가 바뀌고, 거기에 따라 수험생과 학부모들은 머리가 아프다.

우리 학교도 대학원은 내가 부임하기 전에 큰 틀이 만들어졌고, 그 후 조금씩 변천해 왔다. 5개 학과를 고집하던 시기도 있었고, 교수들이 대학(학사과정)의 신설을 반대했던 시기도 있었다. 이제 여섯 개 학부와 융합기술원으로 이뤄졌다. 대학도 생겼고, 대학원의 학부 및 학과가 크게 팽창했을 뿐 아니라, 200명에 가까운 교수가 함께할 정도로 교수 수로는 초창기의 10배로 확장되었다.

그런 과정 중에, 대한민국 과학기술 연구 환경 및 인구 감소 등 변수를 생각하여 학사과정(대학)을 추진하였고, 성공적인 배려로 대학 과정도 함께하게 되었다. 과학기술 분야의 학생에게서 부족할 수 있는 인성 계발을 고려하여, 학사 운영의 어려운 여건에도 불구하고 문·사·철을 고집스럽게 도입하였고, 대학원과 일치하지 않는 무학과 도입을 시도했다. 기초전공을 전문적으로 가르치는 교수를 초빙하였다. 그러나 오래 가지 못한 것이 아쉽고 안타까웠다. 여기서 누구의 잘잘못을 말하고자 하는 것은 아니지만, 대학 정책들이 오래 가지 못하여 꽃을 피워보지도 못하고 시들어 갔다. 4년마다 끝나는 기관장의 생각을 지속할 수는 없을까.

지속 가능한 정책이나 규정은 어떻게 만들어야 할까? 내가 생각하는 것이 전부 옳다고 할 수 있을까? 고민한 적이 있었다. 손의 등과 바닥이 함께 할 수 없듯이, 좌와 우가 동행하기 어렵듯이, 카이랄 이성체가 겹치지 않듯이…. 그러나 다른 생각들이 항상 공존하며 같이 살고 있다는 점을 인식하는 시점부터 시작이다. 소통한다고 다 일치할 수 없다. 그래도 소통하지 않는 것보다는 좋다. 기관장이 바뀌었을 때 제도나 규정은 바꾸지 않아도, 대학 비전이 발전하고 지속할 수 있는 대학 정책 결정이었으면 좋겠다.

세상을 살아가면서 우리를 가장 힘들게 하는 것 중의 하나는 평가이다. 교수 초빙에서부터 학생 선발 그리고 승진 과정의 평가이다. 열역학적으로 가장 쉬운 것은 머리도 쓰지 않고, 아무 일도 하지 않고, 그저 재미있게 노는 것일 수 있다. 그러면서도 엄청난 결과를 도출할 수 있으면 얼마나 좋을까?

25년 전, 지스트에 임용된 교수, 우리는 걱정이 태산이었다. 초창기 동기(이렇게 말하면 거부감이 있을 수 있지만, 이번 기념호 아니면 다음 30주년 기념호에 나오고, 그다음에는 후배 교수들의 이야기만 나올 테니까. 안심하시라.)들은 걱정을 많이 했다. 우리 혹은 우리 기관인 지스트는 정부 측면에서 보면 하나의 시행착오로 만들어 본 실험용 쥐 같은 존재였을 수 있다. 정치적으로 탄생하였기 때문이다. 또한, 아무도 걷지 않았던 길이었다.

우리나라처럼 서울에 집중된 나라는 없다. 서울로…서울로…였다. 그리고 아무도 와보지 않았던 미지의 지역, 광주에 과학기술대학을 만들었을 때 성과를 예측하기 어려웠을 법하다. 많은 관계자가 "또 하나의 지방 대학을 만들 수 있다."라는 걱정을 했으리라 생각했기 때문에, 초창기 교수들은 압박을 느낄 수밖에 없었다.

다행인 것은 지스트의 모델이 대구경북과학기술원 DGIST 이 되었고, 또 울산과학기술원 UNIST 이 되었다. 최근에 이르러서 우리 지스트의 성과가 척박한 나주에 한국에너지공과대학교 신설을 시도하는 동기를 제공했다고 자부한다.

다시 평가 이야기로 돌아가면, 그래서 우리는 스스로 우리 목에 사슬을 묶고 자학을 했으며, 무거운 짐을 머리에 지고 수행하는 수도승처럼 지내왔던 것 같다. 짧은 순간에 목표를 이루기 위한 몸부림이었고 모두가 잘 버텨 주었다. 한때는 좋은 논문을 많이 쓰는 대학이었고, 지금 우리 지스트가 자랑스럽게 생각하는 "인용이 잘 되는 논문을 게재한다."라고 평가를 받고 있다. 그래서 어떤 대학도 평가를 내팽개치지 않는다. 다만, 앞으로의 대학 발전 방향과 일치하는 평가가 되어야 한다. 영원할 수 없지만, 대학평가가 좋은 정책으로 반영되어야 하고, 지속 가능한 규칙, 규정을 만들고 개선하여야 한다.

대학은 체계적인 전문 교육이 필수적이라고 생각한다. 최근 융합이라는 구호 아래 폭넓은 지식을 요구하다 보니, 한 분야라도 제대로 교육하고 배우고 있는지 우려된다. 물론 사람에 따라 능력이 다르므로 학생이 융합 교육하기 어렵다고 단정지을 수 없다. 천재들만 모여 있는 교육 현장이 아닐 경우를 이야기한다고 생각하자.

대학에서는 교양 학점도 받아야 하고, 문 · 사 · 철도 들어야 하고, 1인 1 악기도 해야 한다. 고학년이 되었지만 정작 자기가 하고 싶은 분야를 하려고 할 때, 듣지 못해 부족한 전문 과목이 많았다는 이야기를 들었다. 대학원에서는 새로운 지식을 습득하여 새로운 방향의 연구를 해야 하므로 미처 접하지 못한 부분을 충당하기 위해 많은 시간을 따로 배정해야 하지 않을까? 지속 가능한 교육 시스템이 필요한 때다.

연구 분야에서도 지속 가능한 제도를 생각해 보아야 한다. 일본 홋카이도대학에서 2010년 노벨상을 수상한 스즈키 Suzuki 교수 관련 뒷이야기를 들었다. 그의 제자 미야우라 Miyaura는 보론 boron을 활용한 스즈키 교수의 후속 연구를 열심히 계속했다. 그래서 최종적으로 논문에서 그 연구를 인용할 경우, 스즈키-미야우라 Suzuki-Miyaura 반응이라는 이름으로 인용되고 있다. 그런데 관련 분야의 노벨상 발표가 나온 후, 그때까지 연구하던 미야우라는 연구를 접고 집으로 돌아갔다. 왜냐하면, 수상자의 이름에 미야우라는 빠지고 스즈키만 들어 있었기 때문이다.

미야우라 교수는 자신의 후속 연구가 스즈키 교수의 노벨상 수상에 많은 공헌을 했다고 생각했을 것이다. 노벨상의 뒷이야기를 하는 것은, 노벨상을 받을 수 있는 결과를 내기 위해서는 창의적인 연구 주제가 먼저이지만, 많은 노하우와 후속 실험결과가 있어야 가능하다. 미야우라 교수가 대를 이어 계속해서 같은 분야의 연구를 확장하여 수행했기 때문이다. 결국 스즈키 반응에 관한 훌륭한 연구 결과가 나왔고, 스즈키 교수가 노벨상을 받을 수 있었다.

우리나라 연구 현장은 어떤가? 연구비만 올리면 곧 우수한 연구 결과가 나올 것으로 생각한다. 그런 목적으로 창의 리더 연구, 국가과학자 연구,

최근 기초과학연구원Institute of Basic Science, IBS 프로그램이 만들어졌다. 물론 연구비의 액수도 중요하지만, 꾸준히 같은 연구 분야를 계속할 수 있는 연구 환경이 중요하다. 학교에서도 마찬가지이다. 하나의 연구 주제를 집중하여야 하고, 후속 연구자에 의해서 같은 주제의 연구를 지속하여야 한다. 스스키-미야우라 공동연구에서 그런 가능성을 엿볼 수 있다. 우수한 연구를 계속할 수 있는 과학자에게는 연구 기간, 장소 그리고 확장할 수 있는 연구 체계가 필요하다.

일본 연구 현장이 지금은 그룹 연구에서 개인 연구로 독립되어 가고 있다. 최근 한국에서 일본의 구제도와 비슷한 정책의 시도가 새롭게 보인다. 연세대에서 없어지는 연구실을 활용하자는 의미와 위에서 말하는 노하우를 유지 및 계승한다는 철학으로 은퇴 예정인 교수의 연구실을 새로 초빙된 연구자가 같이 사용했던 적이 있다. 최근 신성철 전 한국과학기술원 KAIST 총장은 곧 은퇴할 교수의 전문분야를 이을 교수 초빙 과정에서, 은퇴하는 교수가 주도적으로 추천하도록 했다. 모든 구성원이 제도를 충분히 이해하고 전폭적으로 지지해야 성공할 수 있다. 우리나라에서도 한 우물만 파는 연구자가 인정받는 연구 풍토가 되살아나길 바라본다.

25살 청년이 된 지스트가 이제는 크나큰 기지개를 켜고 세계적인 연구대학으로 웅비하기 위해서, 자기보다는 구성원을 생각하는 자세와 모든 구성원이 학교의 주인이라는 마음가짐을 결의해 보는 것도 좋다. 선인들의 '온고이지신' 지혜와 내가 강의 시작 전에 학생들에게 읽어 주는 프로스트의 '가지 않은 길'을 생각하자. 이미 닦아진 길을 걷는 우리는 그 길의 고마움을 생각하는 시간을 가질 필요가 있다. 〈2017. 11. 26.〉

융합학문과 4차 산업혁명을 위한 교육

"교육은 백년지대계"라고 한다. 도올 김용옥 교수가 교육철학에 관한 책, 『도올의 교육입국론』을 출간했다. 그 책의 증보신판 서문의 〈나의 교육신념〉에서 대부분 인문 소양에 관한 교육을 말하고 있지만, 특히, 지智를 과학적 진리의 인식과 존중으로 설명하고 있다. 중·고등학교에서 얼마나 다양한 지식을 습득하느냐에 따라 자기가 입학하고 졸업할 대학이 결정된다. 나에게는 이 습득과정이 매우 힘들었다. 그러나 도올은 교육의 목표로 시민의 책임감을 주장하는데, 적어도 언어, 과학, 역사, 수학, 문학을 주입식이지만 읽혀야 한다고 했다. 이렇게 공부하는 것이 시민으로서의 책임감을 배우는 것인지는 몰랐다.

최근에는 하나의 분야를 섭렵하기도 어려운데 융합을 논하고 있다. 그리고 4차 산업혁명의 세대는 STEM(과학, 기술, 공학, 수학)을 잘해야 한다고 한다. 우리 세대보다 앞으로 후손들은 공부하는 데 더욱 어려움이 따를 것 같다. 너무 융합을 강조하다 보면 설익은 감을 많이 생산하지 않을까 걱정이 된다.

도올이 주장했던 시민의 책임으로써 공부를 해야 했던 과목들도 점점 줄어드는 경향이어서, 특히 이공학계 교수들은 걱정이 태산이다. 적어도 내 머리로는 앞으로 다가오는 4차 산업혁명 시대에 견딜 수 없을 것 같다. 내 전공도 제대로 해결하지 못해서 저녁 늦게까지 끙끙대며 학생들과 씨름하고 내놓은 결과도 평가가 그리 좋지 못하다. 더군다나 나는 스마트폰에 장착된 기능도 10분의 1이나 사용할까?

기본에 충실한 교육은 없을까? 적어도 시민의 책임을 다하기 위하여 기본 공부를 든든하게 해야 한다는 도올의 교육 철학이 전부가 아니라고 하더라도…. 대학이나 대학원에 와서 자기 목표에 도달하기 위해 습득해야 할 기본적인 과목은 중·고등 과정에 맞추어 공부하게 해야 하지 않을까. 따라서 대학에서 목표 학점만 받으면 되는 것보다 체계적인 교육 프로그램이나 커리큘럼이 필요하지 않을까? 중·고등학교의 학점 이수제도, 대학의 필수학과목의 자율화, 체계적인 커리큘럼의 부재, 쉬운 학점 이수에 대한 희망, 좋은 학점을 위한 수강 신청 등 융합이나 4차 산업혁명의 시대를 대비하기 위한 준비는 부족하다.

더군다나 다양한 지식은 인터넷에 의존하여 가능하다고 할 수 있을까? 머리에 있는 지식은 바로 활용이 가능할 터인데, 일일이 인터넷을 뒤져야 할까? 물론 인공지능AI을 활용한 로봇이 이 모든 것을 해결해 주리라고 말하는 사람도 있지만, 기본적으로 인공지능은 지금까지 사람들이 모은 지식을 저장해 둔 기계가 아니었던가?

인터넷에서 제공하는 지식 정도를 이해하기 위해 준비하는 과정, 시민으로서 거쳐야 하는 준비과정이 중·고등학교 교과과정이다. 그것이 기초 지식을 습득하는 학문의 기초 단계이다. 더 나아가 자기 분야를 찾기 위한 준비로서의 대학교육이 필요한 이유다. 따라서 새로운 지식을 찾기 위한 노력은 계속해야 하고, 독창성이 있는 탐구는 대학원에서 계속되어야 한다.

따라서 사람은 연구하든 안 하든 간에 공부는 필요하고, 평생교육 프로그램까지 대학에 두는 것도 시민으로서 알아야 할 새로운 지식이 그만큼 많아진다는 이야기일 것이다. 하물며 대학원 교육을 위한 교육은 더욱 심도 있게 교육 프로그램을 살펴야 할 것이다.

출연기관의 효율적 기관사업 운영

서울이 아닌 지역의 변방에 교육 연구기관인 지스트 설립을 시도하였다. 따라서 큰 우려를 안고 탄생했다는 점은 부인하지 못한다. 물론 지스트가 설립되기 전 포항공과대학교(이하 포항공대)가 성공적으로 깃발을 올렸던 적은 있다. 그러나 포항공대는 포항제철의 든든한 재정적 뒷받침의 배경에서 성공적으로 시작할 수 있었다. 지스트 초창기에 기관의 우수성을 나타낼 수 있는 연구 분야 업적지표로 SCI 논문 게재 수를 제시하였다. 마침 한국두뇌 Brain Korea, BK 21 프로그램이 시행되었는데, 국가 전체가 논문을 많이 게재하는 것이 목표였던 적이 있었다. 지스트의 우수한 연구 성과와 평가 기준이 일치하여, 5개 학과 모두 각 연구 분야에 참여할 수 있었다.

그로부터 20여 년이 지난 지금, 논문만 많이 쓴다고 우수 성과로 인정해 주지 않는 시대가 되었다. 논문의 인용 횟수를 세고, 각 논문의 분야별 순위나 중요도 Impact Factor, IF를 제시해야 하는 시기로 변했다. 그동안 지스트는 교수 한 사람당 게재한 논문 수로 상당 기간 우수한 연구기관으로 인정을 받았다. 그 결과일 수도 있지만, 교수 1인당 논문 인용 횟수가 세계에서 상위권을 10여 년간 유지할 수 있었다. 이 업적은 내부인이 생각해도 대단한 성과라고 생각한다. 왜냐하면, 통계 숫자는 함부로 만들 수도 없으며, 한순간에 몇몇 교수가 이룰 수 있는 결과가 아니기 때문이다.

기초연구를 지향하는 지스트는 연구 결과를 게재하는 논문의 질을 고려하지 않을 수 없다. 교수 간에 평가를 하지 않을 수도 없고, 아무런 압박 없이 승진을 시켜주는 기관도 아니다. 영년직 교수의 철 지난 응석이라고 할 수 있겠지만, 당연히 승진 시기에는 걱정도 많았으며 낭패도 있었다. 압박을 받으면서도 좋은 연구 결과를 재미있게 도출할 방법은 없을까?

부임 초기 교수들에게 안정적으로 연구할 수 있도록 기본연구비를 배려해야 한다. 또한, 정년을 앞두고 마무리하는 교수에게도 필요하면 기본연구비를 제공하는 것이 좋다. 정열적으로 연구를 수행하고 있는 교수는 국가나 기관이 목표로 한 연구 주제에 대해 성과를 내야 한다. 그러기 위해서 성과를 낼 수 있는 연구 기간의 연장이 필요하다. 지스트는 국가와 지역사회를 위한 미래기술이나 전략적인 과학기술 분야에 역량을 집중해야 하기 때문이다.

출연기관에는 기본연구비가 있다. 그러나 지금 그 연구비는 거의 유명무실에 가까울 정도로, 교수 개개인에게 만족스러운 기본적인 연구비가 되지 못한다. 전반적인 연구비 규모의 증가에 비해 기본연구비 규모가 커지지 않았기 때문이다.

일본에서는 국립 및 현립 대학이 현재와 같이 재단화하기 전에는 꽤 큰 규모의 기본연구비가 제공되어 지금까지의 일본 기초연구를 뒷받침하였다. 내가 유학할 당시인 20여 년 전에 700만 엔(7,000만 원 정도에 해당)이 하나의 강좌에 제공되었다. 일본대학의 재단화 이후 그 기본연구비의 일부가 학교 당국으로 갹출되는 것으로 들었지만, 그 기본연구비는 자기가 하고 싶은 연구를 할 수 있는 좋은 기초연구비가 되었고, 일본의 튼튼한 지속 가능한 기초연구 환경의 기반이 되었다. 제삼자가 보기에는 이런 기본연구비와 그룹으로 교육과 연구할 수 있는 강좌제가, 우수한 연구자가 몰려드는 미국의 연구 환경과 다르지만, 일본에서 기초연구의 저력이 되었다고 생각한다.

지스트를 비롯한 한국의 출연기관에는 적은 예산의 기본연구비와 기관고유사업이라는 명목의 연구비가 주어진다. 기본연구비는 이미 유명무실해졌다고 언급했다. 물론 기관고유사업도 모든 기관에 일률적으로 배분되는 것은 아니다. 각 기관의 기획 능력과 연구개발에 대한 의지, 노력 등에 의해서 결정된다. 기관고유사업의 원래 취지인 기관의 목표 달성을 위한 연구 사업에 사용되어야 한다.

그러나 오랜 시간이 지나면 이 연구비가 마치 기본연구비처럼 변화되고, 기관고유사업의 취지와 달리 다른 연구내용에 사용될 때도 있다. 이렇게 활용할 경우, 비효율적이라고 지적하는 목소리가 있다. 이런 연구비가 있으니 연구비 수주에 나태해지고 개인적인 연구 경쟁력이 저하할 거라고 걱정한다. 심지어 이런 연구비는 기관에 필요 없다는 취지의 이야기를 하는 교수도 있다.

나는 이런 의견에 동의하지 않는다. 앞서 기본연구비와 기관고유사업의 기본 취지를 잘 이해하고, 효율적인 활용을 적극적으로 검토할 필요가 있다. 국가연구비에서도 총 연구비 3억 이하를 사용한 연구자는 최종 심사를 받지 않게 한다는 이야기다. 연구 결과의 성패를 따지지 않고, 성실하게 연구했는지를 보겠다는 것이다. 연 5천만 원 규모에서는 발표심사를 없앤 지도 오래되었으며, 총 연구비 3억 이하에도 적용하였다.

그런데도 신규 연구자들이 연구를 시작할 수 있는 연구비가 거의 제공되지 못하고 있다. 다행히 최근 한국연구재단 등 정부 관련 기관에서 앞에서 언급한 일본의 기본연구비 개념을 검토하고 있다는 이야기를 들었다. 한국의 경제 규모 등 연구비 규모의 증가에 따른 조처일 수 있지만, 개인적인 생각으로는 바른 방향이라고 생각한다. 대학에 초기 부임한 교수가 평생 하고 싶은 연구를 시작하여 연구 능력을 갖출 수 있고, 그 결과를 바탕으로 장차 장기적으로 연구할 수 있는 연구비가 주어졌으면 한다.

하물며 연구중심대학으로 시작한 과학기술대학의 기본연구비가 유명무실하게 줄어드는 것을 방치하지 말아야 한다. 그 방편으로 출연대학의 설립 초기에 구상했던 기본연구비의 확대뿐 아니라, 기관고유사업의 확대와 더불어 효율적인 활용이 적극적으로 검토되어야 한다. 4년이라는 짧은 기간을 운영하는 총장으로서 많은 성과를 내기 위한 욕심으로 사업을 망칠 수 있다. 따라서 다음 집행부에서도 지속가능할 수 있는 연구비 활용 정책을 심사숙고해 볼 필요가 있다.

적어도 연구 기간이 5~6년 정도는 되어야 연구 성과를 볼 수 있다. 총장 임기와 연구 기간의 불일치로 연구 결과를 보지 못하고 방향을 바꾸는 잘못은 하지 말아야 한다. 심지어 같은 집행부 안에서 적용 원칙을 바꾸는 정책을 펴서는 안 된다. 길게 보아야 할 교육기관에서 피해야 할 집행 철학이 되어야 한다.

그야말로 기관 고유사업은 방향이 정해져 있는 사업이고, 정해진 방향에 따라 성과도 내야 한다. 그런데도 미래연구를 탐색해야 하고, 교수들의 기본연구비에 대한 욕구도 충족시켜야 하니 집행부의 머리도 여간 아프지 않을까 생각한다.

기관고유사업의 방향유지, 기본연구비 취지 부여, 경쟁, 평가 우수 결과에 당근 제시, 새로운 연구사업의 유도, 미래 기초연구의 태동을 위한 기획 및 제안 기회 부여, 연구에 대한 욕구 충족을 위해 교수 개인별 기초연구의 지속가능성에 대한 동기부여가 필요할 때다. 〈2017.12.30.〉

한국도 외국 우수 연구인력을
적극 활용해야

　대학의 중요한 역할은 크게 교육과 연구개발이라고 할 수 있다. 두 가지는 뗄 수 없는 관계이다. 교육과 연구를 통해 첨단 과학기술을 접목할 수 있다. 과학기술은 계속 진보하고 있는데, 교육은 옛날 것을 가르치고 있을 수 없다. 연구중심대학, 지역거점대학, 서울 사립대와 지역 사립대는 모두 연구개발에서 얻어진 결과를 교육에 연계한다. 결국, 대학은 연구개발을 통해 기업과 연구소에서 일할 연구인력을 양성한다.

　현재와 미래의 한국 출생률 감소 문제는 긴급한 상황이다. 이미 2024년에는 수험생이 대학생 정원의 24%(12만/50만 정원)가 부족하다. 이미 지역의 대학, 특히 지역 사립대학의 학생 확보가 시급한 문제로 대두되고 있다. 2024년으로부터 4년 후는 대학 졸업생이 그만큼 줄어들어 일자리가 부족한 것이 아니라 구인난이 일어난다. 이미 일본에서 나타나고 있는 현상이다. 일본에서는 경기가 활성화되어서라기보다는 대학 졸업생의 감소로 구인난이 생겨, 한동안 한국 대학 졸업생이 일본에 취직하러 갔을 때도 있었다.

하루빨리 이러한 문제를 해결하기 위한 하나의 해결방안으로 체계적으로 우수한 외국인 연구인력을 유입해야 한다. 우수 외국 유학생을 선별하여 입학시키고 공부하게 하자. 그들을 모국으로 되돌려 보낼 일이 아니다. 장기적으로 구인난에도 대처해야 한다. 지금까지 학생 정원을 채우기 위한 궁여지책으로 외국 유학생을 모집해 왔다. 그러나 이제는 우수 거점대학 및 연구중심대학에서 과감하게 외국으로부터 우수 유학생을 받아들여야 한다.

경북대학교 이성준 교수는 '지방대학 연구역량 강화를 위한 정부 대학 지원 사업 개선방안 연구'를 진행했다. 저출생으로 대학은 정원 미달에 이르고, 인구의 수도권 집중화로 이미 2019년 수도권 인구가 전체 인구의 50%를 넘었다. 지역에는 양질의 일자리를 제공하는 기업 부족으로 우수 연구인력의 수도권 이동이 가속화하고 있다. 그에 따른 지역 소멸은 대한민국에서 해결해야 할 또 하나의 과제이다. 따라서 "지방대학의 연구역량 강화를 위한 정부의 대책이 시급하다."라고 주장하고 있다.

먼저 지방대학 연구역량 강화를 위해서 대학의 구조 조정도 같이 해결해야 할 과제이다. 특히 일반적인 평가 방법을 통한 대학 구조 조정은 수도권 집중화를 더욱 가속할 것이다. 따라서 지역과 수도권을 별개로 국가발전 계획과 균형발전에 맞춘 대학 구조 조정이 필요하다. 수도권 대학은 인구 감소에 따른 과감한 정원 조정을 해야 한다. 또한, 지역 대학은 지역의 환경에 맞는 대학 구조 조정을 협의하여 학생 교육과 연구, 산·학 협력 등의 역할 분담을 해야 한다. 즉 지역에 있는 연구중심 과학기술대학-지역거점대학-지역사립대학-지역 연구소의 역할 분배와 상호 연계를 구상할 때다.

과학기술대학에서는 기초과학을 중심으로 국가 및 지역 산업을 뒷받침해야 한다. 거점대학에서는 일본 국립대학의 기본연구비와 같이 연구비를 제공하여 연구역량을 강화해야 한다. 한국연구재단을 통한 기본연구비 제공이 전국 경쟁이 아니라 지역 내 경쟁도 좋겠다. 지역에서 필요한 산업, 인력양성을 위한 목표를 설정하고, 지역 대학 내에서 경쟁 또는 기본연구비로 제공하여 연구역량을 강화해야 한다. 여기에 별도의 사립대학의 역할이 필요할 것이며, 각 지역의 협의체들이 논의하고 결정하는 것이 바람직하다.

고령화와 출생률 저하로 고급 이공계 인력이 점점 줄어드는 상황에서 외국인 고급 과학기술 인력의 필요성이 날로 증가하고 있다. 우수 인재의 수도권 집중화로 지역의 연구개발 환경은 악화 일로에 있다. 따라서 '외국인 연구인력 지원 및 개선방안'을 주제로 한 본 원탁토론회는 시기적절하다고 할 수 있다. 많은 외국인 대학원생들과 연구원들이 지역의 연구중심 과학기술대학에서 연구하고 있는 상황에서, 한림원에서 외국인 연구 환경의 문제점과 개선방안을 논의하는 뜻깊은 토론회이다.

외국인이 유학생으로 한국에 와서 공부하고 한국에 남지 않으면 우리 학문과 경제에 아무런 도움을 주지 못한다. 지금까지 대학평가를 위해 외국인 유학생 정원을 채우기에 급급했던 경우에서 벗어나야 한다. 유학생을 연구인력 전문가로 육성하고 활용해야 한다. 그렇게 하기 위해서는 외국인을 위한 일자리 창출이 과제다. 아직 대기업에서 외국인 연구인력의 활용에 관한 관심이 적은 것은 문제이다.

대학이 우수한 유학생을 유치하고, 그들을 우수 연구인력으로 양성하면, 그 연구인력은 기업에서 환영받을 것이다. 결국, 기업에서 활동하는 외국인 연구인력을 통해 한국 경제에도 도움이 될 것이다. 따라서 기업, 대학 및 대학원에서는 외국 유학생 유치 때부터 관심을 두고 체계적으로 준비해야 한다. 정부에서는 유학생 관리를 대학에 맡기지 말고, 세심한 이민정책으로 우수 외국 유학생에 관심을 가져야 한다. 왜냐하면, 장기적으로 우수한 유학생을 유치하면 선한 사회인으로 한국 사회에 동참할 것이기 때문이다.

한국의 대학과 연구실에서는 한국 학생들이 편하게 유학생을 동료로 생각하고 돕기 위한 체계도 필요하다. 연구실에서 유학생을 환영하지 않는 이유가 단순하다. 유학생도 같이 분담해야 하는 역할을 하지 않아 한국인 학생 부담이 많아진다는 것이다. 나의 연구실의 경우 학생들이 많아 유학생이 20~30%를 차지해도 이러한 부담이 적어서 유학생 유입이 활발했다. 모든 외국 유학생 유치부터 외국인 연구인력 양성과 활용 체계가 확고하게 범국가적인 차원에서 확립되기를 바란다.

한국의 인구는 수도권으로 집중되고, 수도권으로의 인구 집중은 주택난이나 저출생률로 연결된다. 연구인력도 수도권으로 집중되고 있는 것이 사실이다. 따라서 지역에 있는 연구중심 과학기술대학은 유학생 유치 및 우수 인력양성과 함께, 외국인 연구인력이 지역사회에서 인재로 활동할 수 있도록 선도적인 역할을 해야 한다. 지역에서 벤처 육성과 함께, 외국인 연구인력과 소통 가능한 임원이 재직하고 있는 첨단 벤처기업이 외국인 연구인력을 우선 채용하여 활용하면 어떨까? 그렇지 않은 중소기업은 외국인 연구인력과 소통이 어려울 수 있으니, 구인난의 해결방안으로 은퇴 과학자와 함께 외국인 연구인력을 활용하면 어떨까.

우수한 연구인력의 활용과 열악한 일자리에 외국인 노동자의 고용은 최종적으로 밝은 한국 사회를 이루는 구성원으로 받아들여야 하므로, 미래의 선한 사회 체계를 위해 이민정책을 심사숙고할 필요가 있다.

이 글은 제189회 원탁토론회의 '외국인 연구인력 지원 및 개선방안'을 청취한 소감을 정리한 내용이다. 2021.06.30.

3분 회고담[1,2]

1994년 여름 52년 만의 최악의 폭염 속에서 우리는 바아중학교에서 개원 준비를 시작했습니다. 너무 더워 송종인 교수는 옥상에 올라가 물을 뿌려 온도를 내려주려고 노력했던 일이 선합니다. 저는 광주에 오기 전 서울에서 1개월간 KAIST 교수 아파트에서 합숙했었습니다. KAIST 서울 캠퍼스 화학공학과 건물 안, 임시사무실에서 원형 탁자에 모여 날마다 학사과정을 논의했던 것도 잊을 수 없습니다.

제1기로 임용된 22명이 이직했거나, 코로나19 팬데믹 전후로 거의 퇴직했습니다. 거창하게 퇴임식도 할 수 없이 학교를 사랑했던 초창기 마음만을 간직하면서 순수한 마음으로 사라져 갔습니다. 같이 수고했던 동료들의 이름을 부르고 싶지만, 짧은 회고담 시간으로 마음속으로 부릅니다.

신소재: 배유한, 성태연, 윤태호, 이재석
생명: 김도한, 박동은, 송우근

기계: 김용훈, 류제하, 안병하, 이선규, 이관행
정보통신: 김기선, 백운출, 송종인, 이동익, 이용탁
환경: 김인수, 문승현, 백종진, 유지수, 이규원

제1기 동료 중에는 이미 고인이 되신 분도 있습니다. 지스트 1호 교수라는 별칭을 쓰는 백운출, 이동익, 이규원 교수님이십니다. 지난 12월 8일에 열렸던 지스트 후원의 밤 행사장에서 백 교수님 사모님과 자리를 같이해 오늘 이야기해 드릴 회고담을 연습이라도 하듯 나누었습니다.

여러분도 잘 알고 계시겠지만, 호남지역은 농경시대에는 넓은 평야가 있어서 부자들이 많이 살았고, 인심도 좋을 뿐 아니라 아시다시피 음식문화도 발달했지요. 그만큼 좋은 음식 소재가 풍부했다는 말입니다. 지금도 호남 음식을 최고로 치는 이유도 여기에 있을 것입니다.

그런데 산업화 시대에 경제 상황은 급격하게 악화하여 버렸습니다. 그런 와중에 1980년 5 · 18이라는 불행한 역사가 있었고, 그 광주민주화운동의 보상으로 광주시민들은 창의적인 안을 내놓았습니다. 스탠퍼드대학교와 비슷한 교육기관의 필요성을 외친 것입니다. 스탠퍼드대학교 주변의 실리콘밸리 신화를 꿈꾸고, 학교 주변에서 벤처를 통한 산업발전을 기대했을 것입니다.

아직은 산업발전의 기운이 크게 나타나고 있지 않지만, 몇몇 졸업생과 교수님들께서 큰 성과를 올릴 것으로 기대합니다. 이미 KAIST 동문이 대전에서 성공한 예를 보더라도, 지스트 주변에서도 그런 성공사례가 도래하리라 생각합니다. 지역에 있는 6개의 과학기술대학이 지역 산업발전의 원동력이 되리라 믿습니다.

지난주 지스트 후원의 밤에 그때와 같은 마음으로 총장님과 보직자들께서 한 달치 월급을 기부하시더군요. 비록 다른 기관에서 받은 수억, 수입억, 수백억의 기부금은 아니지만, 마중물이 되어 큰 기부금이 모이게 되리라 생각합니다. 보직자들의 한 달 월급 기부를 보고, 새로운 기관 지스트에 제1기로 임용될 때 기억이 났습니다.

첫 월급을 받으면 어머니 속옷도 사드리고 쓸 곳도 많았지만, 초창기 교수들도 첫 월급을 학교 발전 기부금으로 보탰습니다. 취임 기념수를 남길 기회도 얻었습니다. 30년 전에 심은 나무 20그루가 캠퍼스 곳곳에서 쑥쑥 자라면서, 지스트의 성장을 바라보고 있을 것입니다. 〈사진 참조〉

1994년 부임 초기 초창기 교수로 기념식수(가운데 있는 느티나무)를 할 수 있는 기회를 얻었다. 오른쪽에 신소재공학부 건물이 보인다. 가운데 석기시대를 상징하는 바위를 배치했다.

임기철 총장이 "지스트 설립 30주년 기념 초창기/중기 교수초청 간담회"에 초창기 교수를 초청해주셨습니다. 더군다나 3분 회고담을 이야기할 기회가 저에게 왔습니다. 회고담을 이야기하기 위해, 5년 전 지스트에서 출간한 『GIST, 스물다섯 가지 이야기』를 다시 읽어 보았습니다. 한번 읽어 보시면 생생하게 그때의 초창기 지스트 모습을 회고할 수 있습니다. 다른 버전으로 『스물다섯 GIST, 이야기꽃을 피우다』로도 출판되었습니다. 또한, GIST PRESS의 요청에 따라 저도 책을 준비하고 있습니다. 다행히 원고를 집필하면서 오늘 회고담을 말할 수 있게, 기억을 되살릴 수 있었습니다.

기억 중에서 중요하게 느끼는 일들을 여기서 같이 나누도록 하겠습니다.

첫 입시면접, 광고효과를 톡톡히 보다. 다시 초기로 들어가면, 대학원 입시에서 일어난 일을 다시 회고하려고 합니다. 우리가 처음 학과 이름을 신소재공학과로 이름을 정하고, "물리, 화학, 화공, 재료, 바이오를 포함한 모든 학과 출신 입학 가능하다."라고 입시 안내를 냈습니다. 출신 학과 불문이라고 했더니, 신소재공학과는 15:1의 경쟁률을 보였습니다(평균 10:1). KAIST 서울 캠퍼스에서 저녁 늦게까지 면접을 봤던 기억이 납니다. 신생 기관의 홍보 효과를 톡톡히 보았다고 할까요?

영어 수업, 차별화와 국제적 교육연구기관으로 태어나기 위한 몸부림. 모든 과목을 영어로 수업하자고 결정했습니다. 아마 1998~1999년 사이였을 것 같습니다. 학사과정을 논의할 때, 원탁회의에서 대부분 정책이 결정되었습니다. 그만큼 한 사람의 의견 개진은 중요했습니다. 영어 수업은 지금도 논란이 많다고 알고 있지만, 저는 그 결정은 좋았다고 생각합니다. 『GIST, 스물다섯 가지 이야기』 책에도 언급되어 있지만, 제자 김재필(현재 한국광기술원, 박사) 학생과 미국 버지니아텍을 방문했을 때 이야기입니다. 맥그래스 McGrath 연구실 세미나에 참가하여, 김 박사가 영어로 자연스럽게 질문하는 것을 보고, 영어로 대화하는 일이 자연스레 몸에 배었기 때문이 아니었을까 생각했습니다.

저는 일본에서 유학했기 때문에 영어 수업이 어려웠던 것도 사실입니다. 1999년 미국에 연구 연수가 아니라 영어 연수를 떠나야 했습니다. 1년 미국 방문 후 지금까지 영어강의를 하고 있습니다.

SCI 논문에 의한 평가: 새로운 평가 방향을 제시하다. 2대 김효근 원장 시기, 정보통신공학과 소속 유필원 교학처장께서 가끔 평가 방법에 관해 물어 오셨습니다. 논문 수로 평가하던 방법을 바꾸어, SCI 논문 게재를 평가 기준으로 시작하자는 계획이고 정책이었습니다. 지스트가 한국에서 처음 실행했던 것입니다. 물론 SCI가 생소한 전산 분야에서는 불만도 있었습니다. 지금은 한국 전체가 논문을 잘 쓰기 때문에, SCI 논문 개수에 한정하지 않고, Impact factor 상위 순위나 인용 지수로 평가 기준을 바꾸고 있을 정도로 옛날 이야기입니다. 그런 시도를 지스트가 처음 했습니다.

SCI 논문 평가 방법을 통해 세계적 업적을 올리다, 세계 1% 연구자를 길러내다. 그 결과 2014년 지스트 박사학위 취득자가 졸업할 때, 평균 SCI논문 7.76편을 게재한 것도 기록입니다. 특히 신소재공학에서는 평균적으로 논문을 많이 게재하는 것으로 알려졌지만, 지스트 신소재는 다른 곳에 비해 앞서가는 편이었습니다. 새로 부임한 교수가 열심히 한 것도 있고, 학문 분야 덕이라고 할 수 있지요. 특히 바이오 소재에 특화한 것도 원인 중의 하나입니다. 확장되던 분야여서 많은 교수를 배출했습니다. 2017년 발표된 세계에서 가장 영향력 있는 과학자 상위 1% 한국인 28명 가운데는 GIST 동문 3명이 포함되어 있습니다.

한국두뇌21 Brain Korea, BK 21 프로그램, 교육개혁정책 (세계적 수준의 대학원 육성과 우수한 연구인력 양성)에 도전하다. 1999년 한국두뇌21 BK21 프로그램을 시작할 때, 정부에서는 KAIST와 지스트가 공동으로 지원하라고 했습니다. 그때, KAIST 3~4개의 학과에서 지스트 신소재공학과처럼 하기를 원했습니다. 결국 재료공학과와 공동으로 수행하기로 했지만, 주관대학을 누구로 할 것인가가 논쟁이 되었습니다. 한 분야에서 2~3개 대학만 프로그램에 참여 가능하므로 KAIST가 주관기관으로 했을 때, 위험하다는 것으로 설득을 했고 지스트가 주관기관으로 지원하는 것을 동의해 주었습니다.

이처럼 초창기 지스트 신소재공학과의 학문적 경쟁력을 인정하였습니다. SCI 논문에 있어서 강점이 있었다는 것입니다. 한국두뇌21 BK21 프로그램을 수행하는 동안 지스트 신소재공학과 교수가 초빙 목표가 되었습니다. 신소재공학부 교수 중 타 대학으로 이직한 교수가 15명(5명이 서울대로 이직)이라는 이야기는 SCI 논문 중심으로 평가할 때 당연히 우수할 수밖에 없었다는 방증입니다. 재미있는 것은 신소재공학과에 계신 교수의 전문분야에 따라, 초빙된 대학의 다른 학과에 이직했다는 것입니다.

교수들의 이직으로 다시 교수를 모집해야 하는 일이 힘들었던 것도 사실이었습니다. 역으로 좋은 교수를 다시 찾을 기회였습니다. 우스갯소리로 신소재공학과를 서울대 교수 양성소라고도 했습니다. 우리가 신소재라는 학과 명칭을 주도했으며, 모든 대학에서 재료공학과 이름을 신소재공학과로 바꾸는 동기를 부여했고, 한국 대학에서 재료 관련 학과 이름을 신소재공학과로 통일시켰습니다.

두 번의 국회 방문에 대한 이야기를 나누겠습니다. 그야말로 긴급한 상황에서 두 번의 방문 경험담입니다.

과학기술부를 교육부에 통합을 막아라. 1998년 김대중 국민의 정부 조직개편에서 과학기술부를 산자부나 교육부로 통합한다는 이야기가 급부상하였습니다. 지금도 과학기술 분야가 천대받는 분위기이지만, 항상 정부 조직개편에서 과학기술부를 없애고 통합하려 했습니다. 지스트 5개 학부장들이 박광태 국회의원을 방문하고, 통합 후 과학기술 분야의 발전 저하 등 폐해를 구체적으로 설명하여 이해를 구했습니다. 뒷이야기로 박 의원은 김종필 총리에게 전달했고, 김 총리도 충분히 이해하고 흔쾌히 통합을 취소했다는 후담입니다. 박 의원을 만나 그때 이야기를 되살리면, 목소리를 키우면서 그때 무용담을 이야기해 주셨습니다.

신재생에너지 연구개발의 중요성을 전달. 2010년경 제가 연구처장을 담당하고 있을 때, 선우중호 총장께서 히거 Heeger(2000년 노벨화학상 수상, 지스트 히거노벨센터장) 교수가 국회를 방문하여 강운태 국회의원을 면담할 예정이니 보직자가 한 명이 참석하는 것이 좋겠다고 말씀하셨습니다. 강 의원실에서 첫만남이 시작되었고, 여의도의 어느 높은 건물에 있는 고급 식당으로 옮겨 저녁 식사까지 계속되었습니다. 두 분께서는 화기애애한 분위기에서 러브샷까지 하셨으니, 서로 믿고 통한다는 느낌을 받았습니다. 유연태양전지 프로젝트와 신재생에너지연구소 건물이 그 결과물일 수 있습니다.

제 연구 활동하는 동안 두 분의 노벨 수상자를 만났습니다. 그 이야기를 이어가 보겠습니다.

2008년부터 WCU 프로그램. 저와 관계되는 노벨상 수상자로, 그륀베르그Grunberg 교수가 계십니다. 그는 2007년 거대 자기저항 연구로 노벨 물리학상을 수상하셨습니다. 지스트에서 2008년부터 수행한 세계 수준의 연구중심대학 육성사업World Class University, WCU 프로그램에 합류했습니다. 그륀베르그 교수도 국제적인 석학으로서 나노바이오 재료 및 전자공학이라는 융합학과의 교육에 참여했습니다. 지스트를 방문하여 계시는 동안, 우리 학생이 그륀베르그 교수를 찾아가 자성 관련 연구 결과를 논의했습니다. 논문이 완성되기도 전에 작고하셔서 그분께 그 논문을 헌정하였습니다.

지스트-칼텍 공동연구 프로그램. 또 한 분의 노벨상 수상자는 칼텍의 그럽스Grubbs 교수입니다. 그럽스 교수는 2005년 노벨화학상을 수상하셨습니다. 2012년 지스트에서는 칼텍과의 1:1 공동연구 프로그램을 시작했습니다. 저도 칼텍 측의 공동연구 상대를 찾았는데, 그럽스 교수 전문 분야가 저의 학문 분야에 가장 적임자였습니다.

저는 저의 연구 분야를 견고히 이뤄왔다는 자부심으로 노벨상 수상자와의 공동연구의 가능성을 올려놓았다고 생각했습니다. 특히 제가 20년 넘게 연구한 음이온 중합은 세계적으로 부끄럽지 않은 연구 결과를 내는 터였기에…. 그럽스 교수님의 세심한 배려도 있었지만, 우리 연구실의 음이온 중합과 그럽스 연구실의 개환중합의 공동연구는 새로운 연구결과를 기대할 수 있었습니다. 학교 프로그램인 지스트-칼텍 프로그램 역시 성공리에 마칠 수 있었습니다.

지스트의 미래를 기대하면서. 광주시민들이 창의적 발상으로 지스트의 설립을 요청했듯, 광산업의 발상지에서 AI단지를 꿈꾸는 것처럼, 지스트는 꾸준히 창의적 아이디어를 발휘해야 할 운명입니다. 우수 교수의 연구

기간을 연장하여 연구를 활성화하고, 지스트 졸업생의 자존감을 높여주기를 부탁합니다. 후배들이 선배가 이룬 성과를 보고 배울 수 있도록 안내하며, 그들 중 훌륭한 제자들이 지스트 교육 현장으로 돌아오게 하는 선순환이 이루어지길 바랍니다.

위 글은 '지스트 설립 30주년 기념 초창기/중기 교수초청 간담회'에서 저자가 회고담으로 발표한 내용이다. 2023.12.13.

---

1   광주과학기술원, 『GIST, 스물다섯 가지 이야기』, GIST PRESS, 2018.
2   광주과학기술원, 『스물다섯 GIST, 이야기꽃을 피우다』, GIST PRESS, 2018.

Part 6

한국의 산·학 협력 환경
- 과학자로서 한국의 산·학·연 상생과 발전을 기원하며

나의 전공은 고분자 합성이다. 고분자 합성은 화학에서도 응용으로 분류한다. 가끔 고분자 합성을 위한 촉매를 개발하여 노벨상을 받기도 한다. 따라서 고분자 관련 학문에서 고분자 합성 분야가 기초로 분류될 수 있다.

그러나 그 노벨상의 업적은 유기화학 반응을 위한 촉매를 개발하여 연속반응에 활용하여 얻어진 결과이다. 최종적으로 촉매 활성을 확인하기 위해 활용된 고분자 합성 자체는 기초분야가 아니다. 그러나 고분자 합성을 연구하면서 원천을 중요시하고 기초과학 연구에 대한 열망을 갖기도 했다.

고분자 합성에 의한 응용연구를 하면서, 나의 연구가 어떻게 실생활에 도움이 될까 고민했다. 그러나 산·학 공동 연구개발을 하면서 한국에서 응용연구가 보상받지 못하는 것을 목격했다. 나는 한동안 논문만 쓰는 연구를 한 적이 있다.

그렇지만 학생들에게 연구 결과가 응용과 연계하기를 요구했다. 새로운 고분자를 합성하는 것으로 만족하지 않고, 그 고분자의 응용으로 마무리하기를 원했던 박사과정 나카하마 지도교수의 영향이기도 하다. 이 장에서는 우리나라에서 경험했던 산 · 학의 어려움을 밝힘으로써 이를 반면교사 삼아, 산 · 학 협력이 발전하길 기대해 본다.

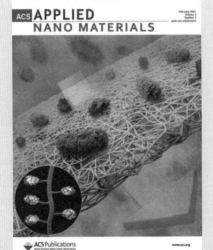

Santosh Kumar, *et al*. ACS Applied Nano Materials, 4(3), 2375 – 2385, 2021 (Front Cover Figure in Vol. 4(2))

한국에서의 산·학이란

　일본 고분자학회로부터 2012년 하계 고분자 포럼에 초청받은 적이 있다. 마침 연구처장과 산학협력단장의 임무를 수행하고 있는 터라, 한국에서 산·학 협력 성공사례를 발표해달라는 것이었다. 개인적으로 한국에서 산·학 협력이 잘 이루어지고 있다고 생각하지 않은 터라 어떤 이야기를 할까 고민했었다. 마침 한국표준과학연구원의 원장을 역임하고 국회의원으로도 일했던 신용현 박사와 나노기술연구협의회에서 산·학·연 관련 이야기를 나눌 기회가 있었는데, 자기의 경험을 들려주었다. 신 박사가 연구 발표한 '진공기술개발 분야 산·학·연 연계사례'를 전하기로 했다.

　한 분야의 산업이 발전하면 그 주변 산업을 선도하기 때문에 국제 표준화도 되고, 관련 산업이 국제적으로 앞서게 되는 사례였다. 우리나라의 반도체 산업에서 필수 기술의 하나가 진공기술이었다. 진공기술은 한국의 연구 능력 또한 앞서기 때문에, 학계와 연구계가 원천기술을 개발하고 국제 표준화까지 주도할 수 있었다. 현재 세계 1위를 이끄는 산업으로는 반도체뿐 아니라 배터리, 가전, 선박 등이 세계를 선도하고 있다. 따라서 이 분야의 관련 기술 또한 세계를 선도하고 있어서, 산·학·연 연계가 잘 이뤄지리라 연상할 수 있다.

그러나 지금까지 한국의 선도 산업은 Fast Follower로서 성장했다. Fast Follower로서의 기업 형태는 우수한 제조 능력으로 앞서가는 기업의 기술을 따라가면 된다. 대학과 연구소의 기초연구도 연구개발 결과도 필요 없을 수 있다. 이미 다른 나라 선도 기업의 결과나 노하우를 가져오면 되기 때문이다. 기술은 물처럼 흘러 선진국에서 개발도상국으로 흘러간다. 따라서 대학과의 산·학협력이 별로 필요 없었을 수 있겠다.

선도하고 있는 산업에서는 First Mover로서의 역할이 있는데, 새로운 영역을 개척해야 하니 스스로 원천기술부터 응용 기술까지 연구하고 개발해야 한다. 이제부터 한국에서 산·학·연 연계에 의한 기술개발이 원활하게 이루어질까? 그래서인지 대학의 기술이 활용할 가치가 있다고 생각하여 수억의 기술이전료를 내고 가져간 사례가 많아졌다. 그런데 그 기술을 현장에 적용했는데 재연이 되지 않아 실패했다고 매스컴에 대서특필한 적이 있다. 왜 성공하지 못했을까?

일본의 예를 들어보면, 학교에서 개발한 공정이나 물질의 기술이전의 경우, 기업의 연구원이 학교 연구실의 개발 공간에 직접 참가한다. 별도의 개발 경비를 사용하면서 기술 기법(노하우)까지 배워서 제조 현장에 가져간다. 그래야 기술이전이 성공한다. 그만큼 연구개발로 얻어진 결과의 재연이 쉽지 않다는 것을 의미한다. 그러나 한국에서의 기술이전은 특허 자료와 논문을 보면서 별도의 장소에서 재연하려고 하니 성공하기 쉽지 않다.

학교 연구자는 자기 기술이 최고라고 생각하고, 논문에 게재한 것으로 만족한다. 반면 회사 개발자는 위에서 설명한 기술이전의 경로에서 실패한 경험으로, 학교에서 받은 연구 결과를 신뢰하지 못한다. 물론 하나의 사물을 두고 다르게 생각할 수 있다. 또한, 기술을 재연할 때 조건이 다를 수 있다. 그래서 기술을 이전할 때 노하우까지 찬찬히 살펴 습득해야 한다. 비록 작은 규모의 생산에서는 성공하였을지언정, 큰 규모로 확장할 때는 생산 조건이 달라서 결과가 다르게 나타날 수 있다.

지금까지 대학의 연구개발 결과를 국가 경제 부흥을 위해 기업에서 우선 사용하게 한 개발도상국의 산·학 협력 생태계를 바꾸어야 한다. 선진국(2021년 진입)에 진입한 한국에서는 개발자의 지적 재산권에 대한 보상이 되지 않는 한 건설적인 산·학·연 공동 개발이 어렵다. 더불어 개발자는 책임 있게 기술이전 및 개발에 관해 성의를 보여야 한다.

원천기술의 응용 기술에의 전환이 쉽지 않다는 것을 상호 이해해야 한다. 최종 상품으로 선보이기까지 많은 기초과학에서부터 원천기술뿐 아니라, 공정기술, 제조기술에 이르기까지 총합하여 결실이 나타난다는 것을 이해해야 한다. 따라서 원천기술을 확보한 연구자도 최종 상품에 원천기술이 전부인양 생각해서도 안 된다. 또한, 기술의 사용자 측에서도 문서에 기재된 기술로는 재연성을 확보할 수 없다는 것을 되새겨야 한다.

2021년 선진국에 진입한 한국의 기업은 많은 산업 분야에서 세계를 선도하고 있다. 이제 Fast follower가 아니며 First mover로서 산업과 기술을 선도해야 한다. 산·학·연 연계에서도 한국 기업이 더는 타인이 개발한 기술을 무상으로 사용하려는 생각을 버려야 한다. 왜냐하면, 개발자가 온갖 노력으로 도출한 결과는 개인이나 기관의 재산이기 때문이다. 그래야 자본주의가 선한 방향으로 발전할 것이며, 경제 민주화도 꽃피울 것이다.

지역에서 산·학·연 협력관계의 구축

광주과학기술원(이하 지스트)은 국가의 과학기술 발전과 지역 산업 발전을 목표로 설립되었다. 따라서 기초과학에 관한 연구와 함께 산업계에서 요구하는 연구개발을 병행함으로써 지역 산업 발전에 공헌함을 목표로 한다.

광주는 오랫동안 농업을 위주로 한 호남지역의 교육 중심지로 자리 잡고 있다. 농업으로 풍족했던 지역이었음에도 공업화 산업 시대에 경제적 측면에서 많이 뒤처져 왔다. 따라서 지스트 교수들이 공동으로 연구 개발할 협력 기업과 연구기관이 적다. 광주에 소재하는 기업들은 중소기업이 대부분이다. 심지어 2010년대 중반의 산업구조 개편에 따라 LG이노텍, 삼성전자 등 대기업이 다른 곳으로 빠져나가 버린 최악의 산업 생태계이다.

다행히 광주지역 연구기관의 현황은 한국생산기술연구원 호남본부를 비롯하여, 중앙의 연구기관에서 지역본부를 설립해서 광주지역에 10개 이상의 연구기관이 있다. 그 후 2010년도 후반에 들어 지역 균형발전 정책의 하나로 나주 빛가람 혁신도시가 형성되었다. 현재 한국전력 관련 연구기관들이 이전하여 안정화시기에 들어섰다고 할 수 있다. 2021년에는 나주 혁신도시에 한국에너지공과대학교를 설립하여, 우수 인재 양성을 위해 노력할 것이다.

이렇게 형성된 지역의 산·학·연 기관이 산업 발전계획을 공동으로 기획하고 산업 기반을 조성해야 한다. 지스트 교수들이 광주지역에 배정된 연구개발에 참여하지 않고 지방대학의 교수들이 주도적으로 참여하게 하는 철학을 가질 수 있다. 그것은 국가와 지역의 미래 산업을 멀리 보지 못한 생각이다. 함께 협력하여 연구개발에서 역량을 보인다면, 이것이 지역에서 바라는 산업 발전을 위한 공동 연구개발의 모델이 되지 않을까.

기업은 연구개발 실증을 담당하고, 연구소는 산업체와 학교의 중간역할을 할 수 있다. 즉 기업이 필요한 기술이 무엇이며 어떤 것을 개발하여야 할 것인지는 누구보다 연구소가 많은 것을 인지하고 있다. 아무래도 대학교수들은 기초에 강하나 실질적으로 생산 공정이나 응용에는 약한 점이 있다. 산업체, 연구소, 학교가 가지고 있는 각각의 장점을 더하여 지역 산업의 연구개발에 시너지 효과를 발휘하여야 한다.

지스트는 다양한 분야의 교육 및 연구 필요성에 따라 교수 수는 점점 늘어남에도 불구하고, 정부 인력 배치와 학생 수 배정으로 학생 정원은 교수 수 증가에 미치지 못하는 실정이다. 현재 지역 연구소가 가지고 있는 연구원의 실질적 충원도 한계에 다다라 있다. 따라서 정규 연구원을 대신해서 지역 학생들을 교육하며 연구개발에 투입하여 활용하고 있다.

이런 학생연구원을 과학기술연합대학원대학교UST에서 선발하여 학위 수여와 함께 연구에 참여시키고 있다. 그와 별도로 전주의 한국과학기술연구원KIST이나 정읍의 한국원자력연구원의 연구원이 지스트에 입학하여 학위과정을 마치고 있다. 따라서 광주 소재 연구소에서도 이런 제도를 적극적으로 활용하여 우수 학생연구원의 확보뿐 아니라, 장차 지역 산업 발전을 위한 공동연구의 초기 결과를 마련하는 것도 바람직할 것이다.

중소기업에서 우수인력 확보의 어려움은 지역뿐 아니라 우리나라 전체의 고민이다. 지역의 중소기업은 우수인력을 확보하는 것은 더욱더 어렵다. 이는 대기업과 중소기업의 임금 격차가 큰 요인일 것으로 생각한다. 산업구조의 근본적인 개혁이 없는 한 이러한 대기업과 중소기업의 임금 격차나 인적 구조는 바꿀 수 없다. 대기업과 중소기업의 하도급 구조 아래 수출산업에 집중하는 정부의 수출 정책으로 낙수효과를 기대했지만, 거꾸로 임금 격차를 심화시키는 요인이 되었다. 그런데도 중소기업의 우수인력 확충을 심도 있게 고민해야 한다.

최근 지역에 배정된 창의인력양성사업에 참여한 적이 있다. 참가한 학생들이 지역 중소기업에 취업하는 것을 의무로 했다고 하면, 지스트는 아예 신청도 어려웠을 것이다. 마침 참여 학생이 협력 중소기업에 취업한다는 것이 원칙적으로 의무는 아니었으므로 사업을 수행할 수 있었다. 단 공동으로 수행할 지방대학의 학생이 취업한다는 조건으로 본 사업에 참여할 수 있었다. 그러나 지방대학의 대학원 졸업생도 지역의 중소기업을 선택하기는 사실상 어려운 실정이다.

그러나 성공한 예도 있었다. 기업과 대학이 공동연구를 수행하는 동안 계속된 회사 방문과 사장의 설득으로 본 사업에 참여한 학생이 참여 기업에 취업하게 된 것이다. 이러한 기회를 만든 것만이라도 인력양성 프로그램은 성공적이라고 생각한다. 장기적으로 지역 중소기업에서 우수인력에 대한 인건비 증액 등 조건이 좋아진다면, 이런 공동연구 등을 통한 접촉의 확대에 따라 중소기업과 학생 간 생각의 틈을 줄일 수 있다. 이런 프로그램을 확대하여 산·학·연이 참여하는 인력양성사업이 계속되기를 바란다.

신임 교수들은 산업체에서 요구하는 연구개발에 할애할 시간이 부족하다. 연구개발에서 어느 정도 시간적 여유를 가질 수 있는 교수들이나 응용을 연구하는 전공 분야의 교수들은 산업체가 실증할 장소가 될 수 있다. 지스트 교수들이 지역의 기업과 어려운 관계를 극복하는 하나의 시도일 수 있다. 서울지역에서 활약하는 교수들은 대기업의 사외이사 등으로 많은 산·학 활동을 한다. 지역의 대학 교수들도 중소기업과의 공동 연구개발에 참여하여, 산·학 협력이 활성화되었으면 좋겠다. 물론 중소기업의 대표들도 대학의 교수들을 산·학 협력에 적극적으로 활용하기를 기대한다.

지스트는 기초과학 발전을 위한 연구를 기본으로 하고 있지만, 그런 기초를 배경으로 응용이 필요한 분야에서는 적극적으로 산업체와 연구소와의 연계를 시도해 볼 만하다. 또한, 지역에 있는 지스트 집행부에서는 지역의 기업과 함께하는 프로그램을 기획하고, 지역 기업과의 산·학 협력 연구에 정책적 배려를 해야 한다. 지역 산업체와의 협력에 의한 금전적 보상뿐 아니라 학생 수급 그리고 산업체와 연계한 정책을 제안하고 공동 연구개발 과제를 수행해야 한다.

이런 산·학·연 연계 구조를 활성화하면, 산·학·연 공동 연구개발에 있어서 시너지가 나타날 것이다. 장기적으로 광주지역 산업 발전의 주된 개념이 될 수 있다. 그 결과가 되돌아와 지스트 존재 가치가 상승할 것이다. 〈2017.12.31.〉

광주·전남 벤처 생태계 고찰

2021 대한민국과학기술연차대회, 심포지엄 I '과학으로 건설하는 21세기 대한민국'의 주된 토론 목적은 지역을 활성화해 국토 개조를 염원하는 사람들이 목소리를 내기 위함이다. 그중 방법론으로 과학기술을 활용하자. 그리고 '원천기술을 개발하는 벤처가 육성이 답이다.'라는 생각이었다. 왜냐하면, 지역의 제조 산업의 형편상 대기업의 하청 구조 아래 중소기업의 열악한 인건비로 우수 인재를 담을 수 있는 그릇이 없다.

이희재 대표(㈜씨위드, 2019년 DGIST 학생 벤처 창업)가 지역에서 벤처를 가꾸면서 느꼈던 이야기 중, 지역에서 벤처 창업의 장점과 한계를 제시하였다. 장점은 최대로 살리고 단점과 한계를 극복하는 이야기를 주장할 수밖에 없다. "벤처 기업이 지역에 있을 때 혜택은 기업이 점차 성장하면서 줄어드는 것 같습니다. 동시에 투자사나 우수 인재의 서울 편중을 크게 느끼고 있습니다."

이러한 한계를 극복하지 않으면 지역에서 벤처기업을 육성하기 어렵다. 먼저 지역 산업 구조와 벤처 사업과 연계하지 않으면 안 된다. 광주에서는 1990년대 중반 부산의 신발산업과 대구 섬유산업을 제안한 것과 다르게, 창의적으로 광산업이라는 새로운 산업을 제안하였다. 광주를 중심으로 산업 발전에 관한 이야기를 해보면, 20년 전에 지스트를 중심으로 광산업을 발전시키기 위해 노력한 적이 있다. 광 관련 사업을 수행하는 동안만 수도권 기업들이 광주로 옮겼다가, 정부 사업비가 소진되면 대부분의 기업이 수도권으로 유턴하는 경우가 많았다. 광주에 남아 있는 산업체는 적었지만, 한국의 산업을 일으키는 데 공헌하였다.

2020년에는 다른 지자체가 SOC 관련 예산을 요청한 것과 차별하여, 광주에서는 AI산업 육성을 제안하였다. 인공지능을 지역산업으로 설계하고 기획하여 수행을 시작하고 있다. 이런 몸부림은 지역에 우수 일자리를 창출하려는 창의적인 생각에서 도출되었다. 지난번 광산업을 육성할 때 활성화의 실패를 거울삼아, 어떻게 하면 광주에서 육성한 기업이 광주지역에 뿌리를 내릴 수 있을까를 고민해야 할 때다.

AI산업은 우수 인재의 기술 집적에 의한 연구개발로부터 얻어지며, 과학을 산업과 접목해야 한다. 4차 산업과 연계, 에너지, 자동차, 헬스케어와 연계한 창업 생태계를 체계적으로 지원한다면, 장차 관련 산업에 큰 진전이 있을 것이다. 현재 과학기술을 바탕으로 인공지능 관련 연구개발이 다양하게 이뤄지고 있다. 가장 효과적으로 벤처 지원 시스템을 정비하여 벤처기업을 지원하여야 한다. 광산업에서 이루었던 성과가 지역의 산업 발전에 공헌하지 못한 경험을 반면교사로 삼아야 한다. 기술이 집적된 벤처기업의 활성화로 양질의 일자리 구축과 함께 청년이 남을 수 있는 자족도시를 만들어야 한다.

대구에서 시작한 이희재 대표처럼 과학기술원 출신 인재들이 지역에서 출발하여 지역에 남게 하는 산업구조로 탈바꿈해야 한다. 지역에 있는 과학기술대학 출신의 젊은 과학도로부터 탄생한 벤처기업은 대기업으로부터 하청받아 납품하는 중소기업보다, 장래성이나 직원 급료 면에서 우수 인재를 유인할 수 있기 때문이다.

박성진 포스코 산학협력실장은 '경상북도에서의 지역 소멸의 방지를 위해 과학 기반의 혁신 행정사례'를 발제하였다. 장기적으로 지역 소멸에 직면한 다른 지자체에도 큰 반향을 일으킬 것으로 보인다. 최근 제2단계 재정 분권을 시도하는 마당에 이러한 내실이 있는 기획은 지자체의 자율과 함께 책임지는 지자체의 모범이 될 것 같다.

지금까지 국가로부터 혜택을 받고 공부하고 연구하고 있는 한국의 동쪽 세 개 과학기술대학(DGIST, POSTECH, UNIST), 서쪽의 세 개 과학기술대학(KAIST, GIST, KENTECH)으로부터 국가 개조의 시발점이 되리라 믿는다. 1972년 개원한 한국과학기술원KAIST과 12년 후 개원한 포항공과대학교 출신들이 창업한 벤처기업들의 시총이 수십 조에 이르고 있다. 그로부터 10년 후에 개원한 지스트 출신으로 오석중 대표 등에 의해 벤처 창업의 기운이 싹트기 시작했다. 같이 토론하고 있는 이희재 대표는 대구경북과학기술원DGIST 출신으로 학생 벤처를 창업한 모범적인 경우이다.

과학이 과학으로 남지 않고 산업과 연결되면 나라는 부강해진다. 러시아에서 살고 있던 유대계 이스라엘 과학자가 과학을 산업으로 연결해 이스라엘을 부강하게 만들었고, 실리콘밸리의 신화를 만드는 데 일익을 담당했다는 이야기가 있다. 한때 이스라엘은 국민 1인당 국내총생산GDP이 한국과 비슷할 때가 있었다. 그러나 지금은 2배가 될 정도이다. 이것은 이스라엘이 과학을 혁신적인 기업가 정신으로 산업에 적용했기 때문이라고 한다.

대한민국에는 정치적이든 계획적이든 지역에 여섯 개의 연구중심 과학기술대학이 있다. 이제 싹트고 있는 과학기술대학 출신들의 과학을 산업에 접목하기 위한 시도가 꺾이지 않도록 지자체와 정부의 적극적인 응원이 필요하다. KAIST에서 시작한 벤처 창업 열기가 각 지역에 있는 다섯 개의 과학기술대학에 전파되리라 기대한다.

빛가람 혁신도시 나주에는 전력 및 에너지 관련 회사 500여 개가 모여들고 있다. 다만 자회사 및 연구소 회사나 지사의 이전에서 벗어나, 본사가 나주에 둥지를 틀게 하는 산업 생태계가 만들어졌으면 한다. 광산업에서 경험했듯이 언제든지 기업은 이익을 얻을 수 없으면 떠나게 될 것이다. 기업의 이익이 극대화될 수 있도록 기업, 지자체, 정부가 같이 노력해야 할 것이다. 지역에서 자생한 기업은 지역 문화와 철학을 배경으로 하고 있어서, 지역을 떠나지 않을 가능성이 크다.

지역이 살아남기 위한 몸부림도 이미 시작하였다. 기업하기 좋은 환경을 조성하는 것은 지역과 국가를 책임지고 있는 분들의 책무라고 생각한다. 광주형 일자리로 명명한 광주글로벌모터스(대한민국 제1호 상생형기업)가 출발하였다. 대기업이 지역에 내려오지 않기 때문에 크게 결단을 내린 도전이다. 대기업의 인건비 80%로 맞추어져 있다. 대기업의 하도급으로 운영하는 중소기업의 인건비가 50% 정도에 머물러서는 장기적으로 바람직한 산업체계로 남기 어렵다.

광주형 일자리는 대기업이 지역에의 이전은 고사하고 지역에 뿌리 내리지 못하고 수도권과 동남아로 이전하는 상황에서, 대기업의 임금에 미치지 못하지만 광주지역 노동자의 임금을 끌어올릴 궁여지책이었다. 전국적으로 2010년대 중반(2015년경)까지 수도권에의 인구 이동 비율이 줄어들다가, 산업구조 변화로 다시 상승하기 시작하고 있다. 최근 부산에서도 인구 유출이 크게 나타나고 있다.

왜냐하면, 중소기업의 인건비가 50%에도 미치지 않는 하청 기업(대기업의 급료 1/2 수준)이 지역 일자리의 대부분을 제공하고 있기 때문이다. 이러한 지역 일자리 생태계는 지역의 삶을 지속 불가능하게 할 뿐 아니라 지역 소멸에서 사멸에 다가설 것이다. 광주·전남지역의 대학 졸업생에게 물었다. "졸업 후, 어디에서 취업하고 싶냐?" 이에 대해 7%만 지역에 취업하고 싶지 않다고 하고, 90% 이상이 조건이 맞으면 광주·전남에서 취업하고 싶다고 답했다. 그러나 현재의 취업 조건이 맞지 않는다는 이야기이다.

대기업이 전국에 분포되어 있으면 좋겠다. 그래야 우수인력이 각 지역에 근무하기에, 수도권의 인구 집중을 막고 지역 소멸을 저지할 수 있다. 그러나 대기업이 지역으로 내려오지 못하는 것은 우수 인재가 지역에 오지 않기 때문이라고 한다. 그런 이야기는 내가 석사과정을 마치던 1980년대 초에도 있었다. 그러나 지금은 여섯 개의 과학기술대학이 지역에 있다. KAIST가 서울에 있을 때와 상황이 다르다. KAIST가 대전으로 옮겼고, 5개 과학기술대학이 전국의 지역에 분포되어 있다. 반도체 회사를 지역에 유치하고, 미국에서 기업에 제공하는 인센티브를 정부나 지자체에서 지역에 공장을 설립하는 기업에 제공하면 어떨까?

2030 35% 탄소감축, 2050 탄소중립, ESG를 수행해야 하는 사회적 기업은 지역에서 생산되는 신재생에너지가 필요하지 않을까? 우리나라가 2021년 선진국에 진입하였고, 우리의 대기업은 세계적인 기업으로 인정받

고 있다. 개발도상국이었을 때 산업 발전을 위해 시작한 전기료 차별 정책은 앞으로 기업에 제공한 저가의 전기료에 대한 시정이 요구될 것이다.

앞서 국민이 기업의 발전을 위해 공헌했듯이, 이제는 기업이 사회에 공헌해야 한다. 기업이 공헌한 만큼 인센티브가 회사로 되돌아가게 하는 선순환 체계가 되어야 한다. 앞으로 발전소에서 멀리 떨어져 있는 회사는 높은 가격의 전기를 사용할 수밖에 없을 것이다. 지역에 가까이 있는 공장이 지역에서 생산하는 전기를 사용하면 경쟁력도 올릴 수 있다. 규제를 풀어 서울에 있는 대학의 정원을 늘리기보다, 과학기술대학의 정원을 유연성 있게 조정하여 필요한 인력을 공급하면 어떨까.

대기업을 지역으로 이전한다는 것은 꿈에도 풀지 못하는 어려운 숙제일 것이다. 다시 벤처기업 육성으로 되돌아 가보자. 지역 지자체에서 지역에 있는 과학기술대학과 손을 잡고 벤처를 육성한다면 지역산업의 구조 개혁에 희망이 보일 것이다. 지역에서 벤처 산업을 육성해야 새 술은 새 부대에 넣는 격이 된다. 중소기업이나 벤처기업의 임금을 대기업의 80% 이상으로 지급할 수 있는 생산 구조가 중요하다. 독일이나 일본의 기업 임금 체계를 비교해 볼 필요가 있다. 그래야 모두 대학에 가려는 사회 현상과 수도권에의 밀집 현상이 해소될 것이기 때문이다.

지역에서 기업을 경영하기 어렵다고 하나, 벤처를 돕는 체계는 잘 준비되어 있다고도 한다. 창조경제혁신센터를 통한 대기업의 펀드를 포함하여, 광주에는 ㈜광주연합기술지주회사에서 기술창업을 지원하고 있다. 중소기업청에서는 지역인재들이 창업을 지원하기 위해 지역인재창업사관학교를 운영하고 있다. 벤처기업을 육성하겠다는 좋은 뜻을 가진 벤처 펀드 회사, 선보엔젤파트너스나 인나이트벤처스가 있다. 유망 기술을 보유한

(예비)창업자를 발굴, 지원하기 위한 팁스TIPS 프로그램도 있다. 광주-대구 달빛 펀드라든지 빛가람 펀드도 조성할 수 있을까. 건축업으로 부를 쌓은 호남지역 건설회사의 펀드 조성 또한 기대할 수 있다.

미국처럼 가능성이 있는 유망 벤처기업에 하는 엔젤 펀드가 한국에서도 조성되기를 바란다. 한국에서는 먼저 투기를 위한 벤처 펀드가 사라져야 벤처기업이 육성될 수 있다.

벤처 펀드가 잘 조성되고 있다고 하더라도, 이희재 대표의 이야기에서 알 수 있듯이 지역에 있는 벤처에는 우수인력이 모이지 않는다고 한다. 펀드 회사들은 투자한 벤처기업에 "본사가 서울에 있어야 성장할 수 있다."고 압박을 한다. 벤처가 지역에서 살아난다는 것은 개천에서 용 날 정도로 어려운 환경이다.

지역에서 상향식으로 국가 개조를 하겠다는 이석봉 대표의 생각은 허황하게 보였다. 그런데도 우리가 여기서 토론하는 것은 고착화된 지역 산업 구조를 바꾸지 않으면 대한민국은 지속할 수 없기 때문이다. 물론 지역 여섯 개 과학기술대학에서 교육받고 연구한 우수인력이 기초과학을 산업에의 적용하기 위해, 적극적으로 도전해 주기 바란다. 또한, 외국 우수 연구인력을 지역에 유치하기 위해 지역 과학기술대학에서 교육하고 지역에 남을 수 있도록 하는 이주 정책을 적극적으로 준비해야 한다. 이런 이주 정책을 기반으로 외국인 박사들을 활용한 지역 벤처의 육성 또한 생각해 볼 만하다.

스스로 돕지 않는 자는 기회도 힘을 빌려주지 않는다. -소포클레스-

이 글은 2021 대한민국과학기술연차대회 '과학으로 건설하는 21세기 대한민국(심포지엄 I)'에서 저자가 토론회에 참가하여 발표한 내용이다. 2021.09.10.

학교에서 상업화 개발이 가능할까

상처 치료용 드레싱Wound dressing 이야기. 대학에서 연구개발을 수행하고 있는 교수 중에서 자기가 연구하고 개발한 과학기술이 사회에 어떻게, 얼마나 활용될 것인가에 관심이 없는 사람은 없을 것이다. 나도 박사후 연구 과정을 마치고 한국에 들어올 때, 나름 좋다고 생각하고 준비한 개발과제 토픽이 'Wound dressing의 개발'이었다. 1994년에 지스트에 부임하였고, 1995년 첫 석사과정 학생을 받아 졸업시킬 무렵에는 IMF라는 어려운 시기를 거쳤다.

하여튼 그런 시기임에도 불구하고 보건복지부 선도기술G7 의료공학기술 연구개발사업을 수행하게 되었다. 매칭을 한 회사들이 IMF로 인력을 구조 조정하는 시기였으니, 과제를 그대로 유지하기 어려웠다. 지금으로부터 25년 전, 당시 G7프로젝트는 선진국으로 도약하겠다는 정부의 큰 의지가 담겼던 대형 프로젝트였다는 점도 여기에 부기한다. 다행하게도 개발과제를 다른 회사로 연결하여 연구개발을 수행할 수 있었다.

일본에서 박사후과정을 하는 동안 쿠로야나기 Kuroyanagy 교수와의 인연으로 인공피부에 대해 관심을 갖게 되었다. 쿠로야나기 교수가 주로 시도하고 있는 연구는 자기 피부세포를 배양해서 치료하는 것이었다. 그런 연구는 병원의 환경에서 의사가 담당할 부분이라고 생각하였다. 또 다른 방향으로 피부 재생 시 필요한 환경을 유지해 주기 위한 보조 수단으로 드레싱이 필요했다. 그때만 해도 드레싱의 대부분을 외국에서 수입했고, 드레싱이 필요한 환자는 개인적으로 구매해 피부 상처 보호에 사용하였다.

기본적으로 상처의 세포가 재생될 수 있는 환경을 만들어 주기 위해 수용성 고분자를 선택하였고, 협력회사의 도움으로 시작품까지 만들어서 제공하는 수준까지 개발 내용에 들어갔으니, 지금 생각해도 대단한 연구개발 경험이었다. 전남대학교 의과대학 윤택림 교수가 동물실험을 담당해 주어 성공리에 G7 과제를 완료할 수 있었다. IMF라는 경험하지 못한 시대의 우여곡절 끝에 마쳤으니, 더욱 가슴 뿌듯할 수밖에 없다.

물론 그 연구개발 결과는 벤처 회사에서 고생하면서 상품을 완숙시켜 M&A까지 마쳤다는 후문이다. 개인적으로는 과제를 완결한 것뿐이지만, 다행히 국가 과제로부터 개발된 상처 치료용 드레싱이 대한민국의 의료 현장에서 활용되고 있다는 점을 기쁘게 생각한다. 지금도 시중에 유통되고 있는 메디폼 Medifoam 시제품을 우리 연구실에서 만들었다.

기초연구 및 개발에서부터 실생활에 활용되는 상품이 만들어지기까지 많은 어려움을 거친다. 참여하는 사람들, 필요조건 각각이 아니라 그들이 협력하여 상업화가 이루어지는 것이기에 가치가 있다. 항상 그 가치를 서로 인정하려고 해야 한다. 기술, 자본 그리고 경영이 함께해야 개발된 상품이 비로소 세상에서 빛을 보게 되는 것이다. 상품에 해당하는 상처 치료용 드레싱의 개발이라는 아이디어가 있었고, 그 연구개발을 위한 연구비가 제공되었고, 그 기술이 개발되었으며, 그 기술을 상품화까지 끌어내고자 하는 기업가 마인드와 자본이 같이 하지 않았으면 상품화는 이뤄질 수 없다.

미국의 벤처 이야기. 나와 10여 년간 학문적 교류를 하게 된 미국 칼텍의 그럽스 Grubbs 교수께서 한국을 방문하여 ㈜일진그룹의 허진규 회장과 식사를 할 기회가 있었다. 허 회장이 "어떻게 5개의 벤처를 시작하였는가? 그런 아이디어는 어디서 나오는가?"라는 질문을 했다. 그럽스 교수는 "한 가지를 열심히 하고 있으면 사람이 아이디어를 가지고 찾아온다. 이런 것을 하면 어떻겠는가? 교수님의 연구로 이런 것도 가능한가?"라고 말해 준다는 것이다. 이제는 한국에서도 전문가가 필요하다는 의미로 들린다. 다 전문가이지만, 진짜 전문가는 얼마나 있을까?

또한, 미국에서는 엔젤 펀드 Angel Fund가 그야말로 엔젤 펀드라고 말할 수 있다. 실패해도 부담이 없는 사업화 자금을 지원해주는 펀드이다. 그러나 한국에서는 엔젤 펀드가 아니라 수익을 내지 못하면 압박에 시달려야 하는 악마의 손 Devil's Hand이다.

한국, 일본, 중국 사업화 이야기. 그런 상업화 자금뿐 아니라 생산, 유통을 포함한 기업 경영이 중요할 것이다. 특히 한국에서는 기업과 대학의 기술에 대한 인식차가 너무 크다. 기업에서는 아직 대학의 기술을 믿지 못하는 경향이 있고, 대학은 자기 기술이 최고인 것처럼 생각한다. 그 갭은 아직도 크다고 생각한다.

한국의 대학에서 나오는 논문은 몇 편이나 될까? 그 많은 논문이 다른 사람의 논문을 베낄 수 없으니, 그만큼 새로운 내용이 들어 있다고 생각하면, 당연히 기업은 대학에서 게재하는 수많은 논문과 원천기술을 인정할 때가 되었다.

비록 아직은 숙성되지 않은 땡감일 수 있지만 말이다. 대학에서 생각하는 최고의 기술은 모가 많이 나 있어서 아직 사용하기 어렵다. 그 기술을 다듬고 기존의 기술과 노하우를 첨가해서 비로소 상품이 된다. 아직 숙성되지 않은 기술을 고가에 기술이전 했는데, 기술이 재연되지 않거나, 학교에서 측정한 특성이 기업에서 다시 측정해 보면 같은 특성이 나오지 않는 예도 있다. 이처럼 한국의 산·학 협력이 잘 되고 있다고 말하기 쉽지 않다.

일본의 기업은 대학의 연구를 꿰뚫고 있다. 그래서 앞으로 가능성이 있을 것으로 생각하는 연구개발에 미리 참여한다. 그러면 우리나라에서 일어났던 것처럼 기술이전 후 논쟁이 없을 것이며, 연구개발 단계도 짧아질 것이다.

회사의 속성일 수 있으나, 다 된 기술을 가져가고 싶고, 한번에 돈을 주고 이전하고 싶으며, 다음에 돈을 얼마를 벌든, 매출이 엄청나게 생겨도 더는 개발자와 문제가 없게 하고 싶을 것이다.

최근 중국 학회에 참가할 기회가 많았는데, 만나는 교수마다 '벤처를 하나 이상을 경영하고 있는 게 아닌가?'라는 생각을 했다. 물론 한국에서도 교수 창업, 학생 창업을 권장했고, 지금도 그런 정책이 유지되고 있다. 한국은 남의 것을 베껴서 팔 수 없는 상황이기에 새로운 상품으로 앞서가야 한다.

아직 중국은 시장이 넓어서 여러 레벨의 상품도 수요처가 있을 수 있기 때문에 벤처 운영이 가능하지 않을까 하는 얕은 생각을 해보았다. 우리 학교에서는 김재일 교수가 오래전에 벤처를 설립하여 코스닥 상장 기업으로 일구었다. 물어보지 않았지만, 그가 얼마나 힘든 일정을 소화하고 노력을 배가했는지 의심하지 않는다.

미세먼지 마스크 이야기. 고분자 나노섬유를 활용한 필터 개발은 사업화를 위한 개발과제로 나의 정년 은퇴 전 마지막 6~7년에 걸쳐서 진행되었다. 상처 치료용 드레싱제 개발 후, 한동안 사업화 과제를 하지 않은 이유는 학교에서는 사업화 과제는 알맞지 않다고 나름 결론지은 이유이기도 하다. 다른 하나는 고분자 합성 나름의 기초연구에 집중하기로 한 이유였다. 바이오 메디컬 관련 소재 연구를 중단하는 계기도 연구 주제를 단순화하기로 한 동기에서다. 응용연구가 아니어서 연구비를 받기 어려웠지만, 이소시아네이트의 음이온 중합에 집중하기로 했다.

그러나 2015년경 한국에서의 미세먼지로부터 악영향은 극심했다. 그래서 미세먼지 관련 연구가 집중적으로 시작되었다. 지스트에서도 관심을 가지고 대형 국가과제를 기획하였다. 지금까지 고분자를 연구하였으니, 미세먼지를 제거하는 필터에 관심을 갖게 되었고, 지금과는 다른 기능성 필터 소재를 제안하여 참가하게 되었다. 물론 다른 분야의 연구비가 많았으면 신경 쓸 겨를도 없었겠지만, 사회적인 이슈, 고분자 전공자로서 필터와의 관련성을 열심히 설명하여 겨우 연구책임자인 박기홍 교수를 설득하였다.

그렇게 미세먼지 저감용 필터 소재의 개발에 발을 넣어 정년을 맞은 2020년까지 계속하였다. 교수는 몇 개의 전공을 만들 수 있지만, 그만큼 전공이 많으면 많을수록 깊이는 낮아지게 될 것이다. 이렇게 개발한 필터 소재를 마스크로부터 시작해서 공기 환기식 필터 개발, 주택 현장에 적용하여 실증까지 완료하였다. 실험실에서 소재만 합성한 사람이 소재를 만들고 부품까지 제작하여 공기 환기 시스템에 적용하기까지는 쉽지 않은 과정이었다. 하지만 시작품을 만들어 실제 현장에 적용해 보는 기쁨 또한 컸다. 사업 책임자 한국과학기술연구원KIST의 배귀남 박사는 이재석 교수가 이러한 과정을 다 이뤄낼 수 있을까 걱정했다는 후담이다.

다시 마스크 이야기로 되돌아가 보자. 미세먼지 저감용 마스크를 개발했으니, 사업화에 도전하고자 연구소기업 지스핀을 설립하였다. 참여 연구원이 CEO를 맡고, 나는 CTO 역할을 했다. 2016년경에는 일반적으로 마스크를 잘 사용하지 않아 업체는 영세하고 한 계절 생산하고 한 계절 판매하는 구조였다.

같은 시기에 미세먼지가 극심해지자 고 박원순 전 서울시장이 지하철 무임 승차를 시행하여 미세먼지의 악영향에 대한 이해도가 높아졌다. 점점 매출이 증가하였고, 언젠가 방송 판매가 이뤄질 것이고, 가격은 내려가고, 집안에 상비품으로 비치될 것이라 예상했다. 그 후 한국에서도 마스크 사용이 일반화되었고, 미세먼지 저감 마스크의 생산이 활성화되었다. 그러나 지스핀 제조를 위한 투자를 하지 않아 마스크를 직접 생산하지 못했다. 주문자 생산 방식으로 마스크를 제조하여 '자연숨결'이라는 상품명으로 판매했다.

이런 한국의 마스크 생산 체계는 2020년 코로나19 정국에서 빛을 발휘하였다. 비록 한동안 마스크 부족 현상이 빚어졌지만, 한국의 제조기술이 더해서 마스크 부족 현상은 금세 잠잠해졌다. 마스크를 바로 생산해 내지 못하는 나라에게는 한국이 마스크 부분에서 천국이었다. 비록 2020년 후

반에 들어서는 마스크 제조 설비가 넘쳐나 어려움을 겪었지만, 어떤 기업은 한국이 세계 마스크 공급처로 알려지기를 바랐다.

좋은 공기를 캐치프레이즈로 산업을 일으켜 보고자 했던 광주의 산업 지형에 호기이기도 했다. 더 나아가 지스핀은 기능성을 갖은 고급 필터로 미세먼지에 대응할 수 있다고 생각했다. 만약 연구소기업 지스핀이 마스크 제조를 위한 장치에 투자를 과감하게 했더라면 어떠했을까?

위에서 열거했듯이 나는 사업화 과제, 상처 치료용 드레싱과 미세먼지 저감용 마스크의 개발을 크게 두 번 경험했다. 그래서 돈을 모았는지 물어 보면, 없다고 답한다. 아까도 말했듯이 사업화는 기초연구, 연구개발과 또 다른 이야기이다. 기술뿐 아니라 연구비를 비롯한 자본이 필요하고 기업 마인드를 갖춘 경영이 필요하다. 그것을 모두 갖추지 못하면서 부까지 욕심을 낸다면 너무 과하지 않을까? 한국 사회가 어떤 고분자 소재를 필요로 할 때, 앞길을 제시하고 조그마한 해결책을 제시한 것으로 만족한다.

과학자들을 격려하기 위해 상을 마련한다. 상금이 있을 수도 있고 없을 수도 있다. 상을 받으면 기분이 좋은 것이다. 최근 한국고분자학회로부터 추천을 받아 모 기업이 수여하는 산학협력상에 응모하였다. 선도국가 프로젝트를 성공시킨 상처 치료용 드레싱 개발을 제시하면서, 지금까지 산업체 개발과제를 성실하게 수행한 점을 주장했다. 최종적으로 수상자로 선정되지 못했다. 상은 부수로 오는 것으로, 준비하는 데 수고스러웠지만 서운하지 않다.

Part 7

한국 사회와 나

- 사회는 발전하고 있는가

비록 과학자이지만, 한국 사회에 대해 관심을 버릴 수 없다. 정치적인 관심은 배제하더라도, 나와 관련이 있는 분야나 일반적인 생각에 대해 가끔 내 생각을 적어보기도 했다.

어떤 사물을 관찰할 때, 사람마다 생각이 다른 것은 당연하다. 다르다고 내 의견을 이야기하지 못할 것도 없다. 서로 다른 의견을 제시하면서 서로 다름을 인정하고, 공통점과 바른길을 찾아가는 것이 미래를 위해 바람직하지 않을까? 생각이 같아지면 좋겠지만, 의견이 수렴되기를 바라면서 말이다.

노벨상 이야기

　10월이 되면 뉴스에 귀가 쏠리는 시기이다. 세계적인 관심사인 노벨상 수상자 발표가 있기 때문이다. 스웨덴의 알프레드 베르나르드 노벨 Alfred Bernhard Nobel, 1833~1896 이 다이너마이트를 발명하여 많은 돈을 벌 수 있었는데, 그의 유언에 따라 평화로운 세계가 달성되는 것을 목표로 1900년 노벨상을 제정하여 지금까지 이르고 있다.

　우리나라에서는 김대중 전 대통령이 2000년 남북 평화에 이바지한 공로로 노벨평화상을 받은 것이 현재 처음이자 마지막이다. 노벨상 수상자는 10월에 발표하는데, 그래서 10월의 뉴스는 노벨상 발표로 세계를 달군다. 노벨상 수상식은 그가 사망한 날인 12월 10일에 이뤄진다. 우리나라 사람 중에는 문학상 부문의 후보에 몇 번 오른 적이 있으며, 특히 과학 분야에서 노벨상 수상을 열망하고 있다.

　세계적으로 유명한 상이기 때문에 재미있는 에피소드가 많다. 첫 노벨상 수상자는 제네바 협약 제안자인 장 앙리 뒤낭Jean Henri Dunant과 프랑스 국제 평화연맹 설립자인 프레데리크 파시Prederic Passy였다. 마리 퀴리Marie Curie는 방사능 연구로 노벨상을 받은 첫 번째 여성이다. 더불어서 퀴리 가문에서는 여섯 개의 노벨상을 받았다고 하는데, 퀴리 가의 창의적이고 전인교육을 중시하는 독특한 교육관에서 그 가능성을 찾고 있다. 수상자를 출생지별로 분류하면 1904년 부산에서 태어나서 1987년 노벨화학상을 받은 미국의 화학자 찰스 존 페더슨Charles John Pedersen이 출생지로 대한민국의 이름을 올렸다. 그만큼 노벨상의 위력은 대단하여, 노벨상이 발표되고 나면 그 뒤에서 일어났던 비화가 그야말로 난무할 정도이다.

수많은 과학자가 연구하고 있지만, 그중에 일부에게 노벨상이 주어진다. 박사학위만 하더라도 5~6년간 열심히 연구한 결과로 얻어지는 열매이다. 고등학교 성적을 놓고 보면 '내가 박사학위를 어떻게 했지?'라는 의문이 들 수 있다. 학문은 단순히 머리가 좋고 나쁘고 간에, 아니면 성적이 상위권 학생만 박사학위를 하는 것이 아니라는 것을 일찍이 간파했다. 물론 우수한 머리와 퀴리 가의 교육철학에 따라 공부했다면, 더 빠르게 창의적 학문의 경지에 오를 수 있다. 성취의 비결은 학문에 관한 관심과 열정과 끈기라고 생각한다. 김대중 전 대통령께서 남북 평화통일 운동을 하루아침에 시작했던 것도 아닐뿐더러 민주화운동을 하는 동안에도 남북이 하나가 되는 것을 쉼 없이, 꾸준히 꿈꾸어 왔다는 것을 인정했을 것이다.

광주과학기술원(이하 지스트)은 1994년 처음으로 교수를 임용했다. 나는 그중 한 사람으로 지스트에 참여할 수 있었던 점을 영광으로 생각한다. 지스트가 아직 역사가 미천하여 부임한 교수들이 관계가 좋은 학자들을 객원교수로 모시기로 전략을 만들었다. 그 제도는 아직도 운용되고 있다. 대부분이 지도교수를 모시게 되었는데, 나는 지도교수였던 나카하마

Nakahama 교수와 일본 이화학연구소에서 포스닥 과정을 지도해 주었던 사사베 Sasabe 박사를 모셨다. 그분들은 한 해에 한두 번 일주일 동안 지스트를 방문하여 학생들에게 특별강의를 했다.

나카하마 교수가 2000년 지스트를 방문한 10월 어느 날이었을 것이다. 전도성 고분자 연구로 히거 Heeger, 시라카와 Shirakawa, 맥다이머 MacDiarmid 가 노벨화학상을 수상하였다. 시라가와 교수는 Tokyo Tech 출신으로 지도교수 나카하마 교수와 같은 실험실의 가까운 선후배 사이었다. 2000년 당시 나카하마 교수가 일본고분자학회 회장직을 맡고 있어서, 일본에서 한국으로의 국제전화 인터뷰가 쇄도했던 기억이 난다. 시라카와 교수의 지도를 받은 한국 유학생이 "실험계획보다 많은 촉매를 넣는 실수로 얻은 결과가 폴리아세틸렌이었다."는 뒷이야기도 흥미롭다.

시라카와 교수는 Tokyo Tech 출신이지만, 츠쿠바대학에서 수상하여, Tokyo Tech에서는 노벨상 성과를 올리지 못했다. 그러다 외부에서 초빙한 요시노리 Yoshinori 명예교수가 2016년 노벨생리의학상을 수상하여, Tokyo Tech도 노벨상 수상 기관이 되었다. 이처럼 은퇴한 우수 교수를 모셔서 기관의 영광을 얻을 수 있으니, 나이 들었다고 무시할 일은 아니다. 지스트에서는 히거 교수의 제자였던 이광희 교수를 부산대학교로부터 초빙하고 지스트에 히거센터를 구축했다. 히거 교수가 직접 지스트를 여러 번 방문해 교류한 것도 노벨상 이야기에서 빼놓을 수 없다.

다양한 관계로 노벨상 수상자들과 사이(물리적)가 멀지 않다는 것과 우수한 연구를 할 수 있다는 동기부여를 하기 위하여, 수업 시간에 학생들에게 노벨상 수상자를 소개한다. 책에서만 만났던 유명한 과학자들을 학생들이 가까이 느끼도록 하는 의도가 크다. 내 강의 시작 부분에서 고분자 합성에 관한 역사를 가르친다. 많은 노벨상 수상자 가운데, 고분자를 합성한 과학자들의 이야기를 소개한다. 물론 책에는 나와 있지 않은, 구전으로 들었던 이야기를 흥미롭게 전달한다.

1963년에 노벨상을 받은 지글러Zigler와 나타Natta는 촉매 연구로 유명하다. 그들은 지금도 비닐백 소재로 실생활에 활용하고 있는 폴리에틸렌이나 폴리프로필렌을 합성하는 촉매를 개발하였다. 독일의 지글러 교수가 먼저 연구해서 폴리에틸렌을 개발하였다. 이탈리아의 나타가 제자를 독일로 유학을 보냈다. 촉매 구조도 조금 바꾸고 사용하는 단량체를 프로필렌으로 바꾸었다. 배워서 연구했으니, 노벨상까지 줄 정도가 아니었다고 이야기를 할 수 있다.

그러나 촉매와 단량체의 구조를 조금 바꾸었지만, 고분자의 입체규칙성의 발견과 함께 물성이 크게 진전하였으니 노벨상을 줄 수밖에 없었다. 가끔 학생들이 아이디어를 낼 때, 기존의 연구와 비교해서 아주 조금 바꾼 연구 계획을 세워오곤 한다. 그러면서 이렇게 다른 것을 하면 새로운 것이라 말한다. 물론 새로운 것일 수 있다. 나타 교수가 제안한 것처럼, 조금 다르지만 의미가 큰 새로운 것이면 당연히 노벨상까지 받을 수 있다.

10월이 되어 노벨상 수상자를 발표하는 동안, 기쁨을 나누느라 챙길 수 없었던 과학자도 많다. 그 대표적인 이야기로 스즈키−미야우라Suzuki−Miyaura 커플링 반응을 이야기하고자 한다. 이처럼 유기화학의 반응에서는 발명자의 이름을 넣은 학술적 이름이 생긴다. 연구자의 업적을 기리기 위한 것이다. 2010년 홋카이도대학의 스즈키 교수는 두 사람의 공동 수상자 네기시Negishi, 헤크Heck와 함께 노벨상을 받았으나, 미야우라 교수는 수상자 명단에서 빠졌다. 노벨상은 최대 세 명으로 한정되어 있기 때문이다.

따라서 가끔 같은 분야를 묶어서 노벨상을 주다 보면 서운한 사람이 생기기 마련이다. 수상자가 최대 네 명이었다면 미야우라 교수는 포함되었을까?

홋카이도대학에는 친구 교수들이 몇 명 있어서 가끔 방문하는데, 술 한 잔하면서 노벨상 수상 후의 뒷이야기를 들을 수 있다. 미야우라 교수는 기대 속에 관련 연구를 계속했고, 노벨상 발표 날에야 집으로 돌아갔다고 들었다. 그도 그럴 것이 그때까지 스즈키-미야우라 커플링 반응을 확장시키고 발전시키는 노력을 했으니 서운할 수 있겠다. 노벨상의 수상 기준을 확실하게 알 수 없지만, 세계적으로 오직 하나이어야 하고, 처음이어야 하고, 확장성이 커야 한다고 한다. 연구 영역을 확장하지 않으면 인정하지 않으니, 자기 스스로라도 계속 발전시킬 필요가 있다. 드디어 홋카이도대학에서도 노벨상이 나왔다. 1876년 홋카이도대학의 전신인 삿포로농학교의 초대 교장이었던 크라크 Clark 교수의 "Boys be Ambitious!"라는 철학에서 피어난 꽃일까?

스즈키 교수의 노벨상 수상 후 뒷이야기로 하나가 더 있다. 공동 수상자인 네기시 교수가 스즈키 교수에게 조언했다는 뒷이야기이다. 이미 "붕소 boron 화합물을 이용한 신규 유기합성법의 개발" 연구로 1979년 브라운 Brown 교수가 노벨상을 수상하였으니, "앞으로 붕소 관련 연구로 수상이 어려움이 있다."고 말했다고 한다.[1] 그러나 꾸준히 연구를 지속했던 스즈키-미야우라 그룹에게 노벨상의 영광이 돌아갔다. 노벨상 수상 요건인 세계적으로 오직 하나이어야 하고, 처음이어야 하고, 확장성이 커야 한다는 범주에 들어 있었으리라.

나와 관계되는 노벨상 수상자 한 분을 소개한다. 지스트에서 2008년부터 수행한 세계 수준의 연구중심대학 육성사업 World Class University, WCU 프로그램에 합류한 그륀베르그 Grunberg 교수이다. 그는 2007년 거대 자기저항 연구로 노벨물리학상을 수상하였다. 나노바이오 재료 및 전자공학이라는 융합학과를 개설하여, 그륀베르그 교수도 국제적인 석학으로 참여하여 같이 교육했다. 그동안 우리 학생이 그륀베르그 교수를 찾아가 자성 관련 연구 결과를 논의했다. 논문이 완성되기도 전에 작고하셔서, 그분께 그 논문을 헌정했다(ACS Applied Polymer Materials 2019).[2]

나와 관계를 맺었던 노벨 수상자가 한 분 더 있는데, 그 이야기를 하려고 한다. 2012년 지스트에서 캘리포니아 공과대학교(이하 칼텍)과의 공동연구 프로그램을 시작했다. 나도 칼텍 측의 공동연구 상대를 찾았는데, 그럽스 Grubbs 교수가 나와 공동연구를 수행할 수 있는 적임자였다. 교수는 2005년 노벨화학상을 수상한 분이었다. 나에게는 칼텍에 연고도 없을 뿐 아니라, 미국에서 유학한 것도 아니어서 문화면에서나 언어면에서 어려움을 안고서도 그럽스 교수와의 접촉을 시작하였다.

그래도 내가 하는 연구 분야를 견고히 이뤄왔기 때문에, 노벨상 수상자와의 공동연구 가능성을 올려놓았다. 특히 내가 20년을 넘게 연구한 음이온 중합은 세계적으로 부끄럽지 않은 연구 결과를 내는 터였기에…. 그럽스 교수님의 세심한 배려도 있었지만, 우리의 음이온 중합과 그럽스 연구실의 개환중합의 공동연구는 새로운 연구결과를 기대할 수 있었다. 지스트-칼텍 1:1 공동연구 프로그램을 성공리에 마쳤다.

지스트-칼텍 프로그램을 마치고, 2017년부터 노벨센터 프로그램에 참여하기로 하였다. 그럽스노벨센터를 설치하고 그럽스 교수는 센터장, 내가 부센터장을 맡았다. 홍석원 교수가 촉매 분야의 공동연구 파트너가 되었다. 그럽스 교수는 센터를 방문하여 발표도 하고, 젊은 학생을 위해 노벨상 수상자 강연에 흔쾌히 나서주었다.

6년 동안 그럽스 교수와의 교류는 활발하게 진행되었고, 2019년에는 칼텍을 방문하여 그동안의 연구 결과를 발표하였다. 바쁘게 연구 활동은 진행되었고, 시간이 종착점에 이르렀다. 그곳이 은퇴라는 시간이다. 공동 연구 결과로 그럽스 교수와 몇 편의 공동 논문은 나에게 영광이다. 2019년 칼텍 방문 시, 약속했던 2020년 가을 방문이 코로나19로 확실하지 않게 되었다. 결국 그럽스 교수는 코로나19와 병으로 지스트를 다시 방문하지 못하고 2021년 11월 하늘나라로 갔다. 그런데도 그럽스 교수와의 이야기는 내 연구 생활의 한 쪽을 장식하고 기억에 남을 것이다.

이처럼 노벨상 수상자를 배출해야겠다는 정부의 열망이 한국 과학자를 세계적인 석학이나 노벨상 수상자들의 주위를 맴돌게 하였다. 아마 그분들의 열정과 연구에 대한 방법론이 또 다른 노벨상을 잉태할지 모른다. 퀴리 가의 경우처럼 말이다. 한국에서 10월이 되면 노벨상을 열망하는 것과 같이 단발적인 관심에서 더 나아가, 한국의 기초학문에 대한 지원정책이 심도 있게, 지속해서 논의되어야 한다.

코로나19의 정국을 겪으면서 한국의 선진화된 코로나19 대처 방법은 세계적인 이목을 끌었다. 한류의 뒤에 나타난 의료, 사회시스템에 대한 국제적인 인정이어서 더욱 우리의 가슴을 뛰게 한다. '아직 한국은 아니다.'라는 생각에서 벗어나, 어느덧 경제 대국의 반열에 들어섰을 뿐 아니라 선진국의 냄새가 물씬 배 있는 느낌이랄까? 이제 젊은 세대들에게서 헬조선이라는 이야기가 나오지 않고, 자신 스스로가 한국을 대표하는 외교관이라는 생각이 몸에 배었으면 좋겠다.

노벨상도 언젠가 성큼 우리 주변에 도달할지 모른다. 그러나 과학 분야에서는 오랜 경험에 따른 노하우, 정부의 끈질긴 기초과학 지원정책이 같이 가야 한다. 많은 석학이 말한다. 노벨상을 목표로 하지 말라고. 그리고 노벨상에 목말라 하면서 조급해 하지 말라고. 박사학위 받는 것과 같이 짧은 시간과의 싸움이 아니고, 일생을 바쳐서 일관성을 가지고 하나에 매진하는 끈기야말로 노벨상을 받을 수 있는 지름길이 아닐까!

최근 들어 과학 분야에서 한국의 과학자가 노벨상 후보자로 거론되곤 한다. 거론할 수 있는 후보자마저 없으면 슬픈 일이지만, 한국 전체가 노벨상에 목매고 있는 것도 안타깝다. 한국연구재단은 논문 피인용 수 등 연구 성과를 바탕으로 한국의 과학자가 노벨상에 근접한 연구자로 꼽은 '노벨과학상 종합분석보고서'를 내놨다. 꼭 희망이 이뤄지길 기대한다. 그러나 우리의 연구 환경과 기초과학 지원정책을 분석해 볼 필요가 있다.

미국은 적어도 현재까지 세계 각국에서 인재들이 모여들어 하나의 토픽을 해결했다. 그래서 단기간에도 우수한 결과가 도출된다. 그리고 그 연구 환경은 지속되었고 당분간 미국에서 노벨상 수상자를 계속해서 배출하리라 생각한다. 미국의 우수한 과학자는 수많은 세계적인 과학자를 선별해서 활용한다. 거기에 충분한 연구비가 제공된다. 물론 연구과제도 선명하게 선정된다. 그야말로 우리나라 건축 시공자를 실명제로 하듯, 연구비를 기획하고 제공할 때 활동한 연구비 배분자도 실명으로 거론한다. 그만큼 연구과제에 대해 자부심을 가지고 선정하니 성공할 수 있지 않을까?

그럼 일본은 어떤가? 지금까지 유지해 왔던 대학의 강좌 제도를 최근 허물었다. 교수 간 경쟁 시대로 전환하여 개인의 연구역량을 최대한 끌어올리겠다는 정책이다. 그러나 일본의 강좌 제도하에서는 동일 그룹에서 단일 주제를 꾸준히 연구할 수 있었다. 이와 같은 강좌제 연구그룹과 지속해서 지원해주었던 기본연구비가 노벨상을 받을 수 있는 원동력이었다고 생각한다. 오랜 시간을 거쳐 연구함으로써 쌓인 노하우 위에 독창적인 아이디어가 나왔다. 강좌 제도 아래서 훈련받은 부교수가 교수로 승진함으로써 후속 연구로 확장성을 확보할 수 있었다.

일본의 경우는 각국에서 온 외국인 유학생은 제한적이고 우수한 박사 후연구생도 많지 않다. 또한, 강좌제에서 유지되었던 지금까지의 연구의 연속성이 끊어지는 것 같아서 아쉽다. 내가 유학한 1990년대 당시만 해도 교수, 부교수, 조교 2명과, 기관이라고 하는 기술직technician 인력이 한 명이 있었다. 이것이 소위 일본의 강좌 제도이다. 연구 결과를 논의할 때, 같은 연구실 내에서 모두 해결이 되었다. 물론 연구 주제도 대를 이어서 계속할 수 있었다. 앞에서 언급했던 대로 스즈키 교수의 연구를 미야우라 교수에 의해서 연구 분야 확장이 이뤄졌고, 최종적으로 노벨상을 끌어냈던 경우라고 생각한다.

독일의 기초과학 분위기는 미국, 일본의 체계와 사뭇 다르다. 이른 시일 안에 개인 연구의 결과가 정점에 이르는 분위기이다. 각 연구소의 실장이 노벨상의 후보군에 이르는 30~40대 과학자로부터 선정된다. 선정된 과학자는 이미 검증되었다고 생각할 수 있다. 그렇게 시작한 연구는 모든 정력을 쏟아 결과를 도출하고, 직장을 은퇴하는 시기에 큰 업적을 이루기도 한다. 그 결과가 노벨상일 수 있으며, 그래서 60대에 노벨상을 받는 독일 과학자가 많다.

한국의 연구 환경은 미국, 일본, 독일과 비교하면 무척 열악하다. 물론 열심히 하고 좋은 연구 결과가 있으면 한국처럼 연구비를 쉽게 수주하는 환경은 없을 것이다. 〈Nature〉나 〈Science〉지에 연구 결과가 실리면 연구비는 문제 없고, 연구비를 사용하는 데 시간이 필요할 정도로 연구비 환경이 좋다. 그러나 연구비의 과다보다는 지속 가능한 연구 환경이 중요하다. 불행 중 다행이지만 공부를 하는 학생들에게 병역 혜택이 있다. 젊을 때 쉬지 않고 연구에 매진할 수 있어서 연구 생활의 지속성이 유지되어서 좋다. 그러나 그 제도가 저출생률 등 한국의 악조건으로 얼마나 더 유지될 수 있을지 알 수 없는 상황이 당황스럽다.

그리고 한국에서 박사학위를 받은 박사들이 박사후연구원 과정을 외국에 가서 수료해야 하는 시간이 너무 아깝다. 다양한 연구 경험도 좋지만, 그만큼 자기가 하고자 했던 하나의 연구 주제를 지속하지 못하는 어려움도 있다. 특히 미국에서는 연구를 잘하는 교수는 정년이 없어서 연구비만 있으면 계속해서 연구 기간을 연장한다. 한국에서는 연구 기간의 연장이 불가능에 가깝다. 한국의 우수대학에서 정년 후 연구할 수 없다. 최근 서울대학교와 한국과학기술원KAIST의 연구 기간 연장에 대한 정책이 변하고 있다고 하여 다행스럽게 생각한다.

일부 석좌교수 제도가 있긴 하지만, 안정된 상태에서 연장되는 것도 아니다. 은퇴 후 연구 기간 연장에 대해 좋은 정책을 시행하고 있는 대학에서도 대부분 70세면 끝이다. 그동안 이루었던 연구가 혹시나 꽃을 피울 수 있다면 어떻게 해야 할까? 따라서 70세에 끝나는 한국의 연구 환경에서는 후속 연구를 계속하기 어렵다. 더구나 독립 연구를 원하는 제자 과학자에게 후속 연구를 기대하기 어렵다.

이처럼 한국 과학자가 자기 연구를 집중적으로 할 연구 기간은 상대적으로 짧다. 군 복무 기간을 포함하여, 박사후연구원으로 다른 과학자, 특히 외국인 과학자를 돕는 시간으로 장기간 보내기도 한다. 연구할 수 있는 위치에 정착하였다 하더라도, 목적이 있는 연구과제를 한참 동안 수행하면 은퇴 시기가 도래한다. 혹시라도 과학적 의미를 갖는 연구 결과를 얻었는데, 과학자가 은퇴하게 된다면 노벨상의 기회는 멀어지지 않을까?

최근 한국과학기술원의 어느 총장님의 후속 연구에 관한 정책이 바람직하다고 생각했다. 그러나 계속할 수 있는 분야, 교수를 결정하기가 어려울 것이다. 그래서 자원만 충분하면 미국처럼 계속하고 싶은 과학자는 누구나 계속 연구할 수 있으면 좋겠다. 그리하여 하나라도 꽃을 피울 수 있다면 얼마나 좋을까? 후세대와의 연결을 위한 연구교수의 채용이다. 많은 교수의 협조가 필요하다.

우수한 결과를 인정하고, 열심히, 꾸준히, 그리고 열정을 가지고 있는 과학자를 내외부의 평가로 판가름을 하면 인정해 주어야 한다. 그리고 평가한 학문이 지속 가능하고 확장되어 성과를 낼 수 있도록 해야 한다. 개인의 호기심과 끈기와 열정에 주위의 배려가 있어야 정책으로 살아남을 수 있다. 이것은 노벨상을 목표로 하는 것이 아니라, 학문을 진정 사랑하는 연구자에게 연구를 계속할 수 있도록 배려해야 결국 한국에서도 좋은 성과로 나타날 것이다.

1   https://www.nobelprize.org/prizes/chemistry/1979/brown/biographical
2   Hong-Joon Lee, *et al*. ACS Applied Polymer Materials, 1, 397–404, 2019.

미세 플라스틱, 미세먼지,
코로나19에 이르는 감상

미세 플라스틱에 대한 경고가 매스컴에서 나왔을 때, 플라스틱을 전공하는 나로서는 전공에 대한 자부심보다는 왜 이런 소재를 연구하여 세상에 어려움을 줘야 하느냐는 생각으로 무척 힘들었다. 석기시대를 대변혁시킨 철기시대 후, 플라스틱은 실생활에서 편리하게 사용할 수 있어서, 그동안 많은 생필품을 금속 재료로부터 대체한 획기적인 재료이다.

미세먼지의 주범이 자동차로부터 석유화학 연료가 연소 후 분출되는 가스와 화력발전소로부터의 배기가스라고 생각했는데, 이제 모든 분진이 플라스틱으로부터 나오지 않는지 의심이 들 수도 있다. 앞으로 미세 플라스틱이 미세먼지로의 전환도 걱정해야 한다.

다량의 플라스틱을 사용하고 버려서 바다로 흘러 들어가 모여진 태평양 플라스틱 섬이 1997년 요트항해사 찰스무어에 의해서 발견되었다는 기사가 있었다. 그 기사는 우리에게 큰 충격을 주었다. 오랜 시간 동안에 일어났었겠지만, 그 플라스틱은 미세하게 분해되고, 새와 물고기가 먹이로 착각하여 섭취하기 때문에 동물에게 2차 피해를 준다.

이런 문제는 한두 번 신문 지상에서 떠들다가 시들해지면 아무도 관심을 두지 않기 때문에 문제가 해결되지 않는다. 아무리 좋은 아이디어라도 정책에 반영되기까지 시간이 오래 걸린다. 이것을 해결해 보려는 공무원의 눈에 띄지 않으면 정책은 빛을 발휘하기 어렵다는 것을 교수 생활을 하면서 느꼈다. 하물며 당장 해결책도 없고, 해결하더라도 빛을 발휘하지 못하는 환경문제는 정책으로 채택되기 어렵다.

어떤 연구자는 내가 플라스틱을 연구하니 당장 미세 플라스틱을 저감하는 연구를 하자고 제안했고, 미세먼지 저감에 관해 연구하는 사람으로서 관심을 가질 수 있었다. 그러나 연구를 위해서는 인력과 연구비가 필요한 법이다. 마음만 가지고 할 수 없다. 사업에서 자본과 기술과 경영이 필요하듯이 말이다.

미세먼지는 정부뿐 아니라 지자체에서도 관심을 두고 있어서, 결국 노력하면 장기적으로 감소하리라 생각한다. 마스크로부터 공기 청정용 필터에 이르기까지 기능성 고분자 나노 필터의 개발도 중요하다. 몇 년 전만 해도 마스크를 생산하는 사업자는 경제적으로 매우 힘들었다. 미세먼지는 봄에 한동안 심했다가 주춤하면 마스크가 팔리지 않는다. 마스크가 공장 한쪽에 재고로 쌓여 있었으니, 자본이 선순환되지 않았다.

마스크 착용을 꺼렸던 사람들이, 서울시가 지하철 요금을 받지 않을 정도의 노이즈 정책으로 미세먼지의 위해성을 인식하면서 마스크는 필수품이 되었다. 그 후 홈쇼핑에서 판매가 되고, 할인된 가격으로 많은 양의 마스크를 한꺼번에 구매할 수 있었고, 자연스럽게 비상용 마스크를 집안에 비치하였다. 그때부터 마스크 사업자들은 운영에 숨통이 트이게 되었다.

미세먼지로 나라가 어려움을 겪고 있을 때, 2020년 코로나19가 온 세계로 확산하였다. 갑자기 마스크가 필요한 상황에서 우리나라는 미세먼지 방지를 위해 노력한 덕에 대처할 수 있었다. 2~3년 전부터 마스크를 집안에 비상으로 준비했던 사람들은 공적 마스크 판매에 줄을 서서 기다리지 않아도 되었다.

우연의 일치였지만 미세먼지의 피해를 막기 위한 마스크 제조의 활성화가 코로나19 유행 시기에, 한국에서는 마스크 대란을 해결할 수 있는 전화위복의 계기가 되었다. 마스크를 연구 개발했던 연구자로서 마스크가 K-방역의 일부를 담당했던 일로 조그만 보람을 느낀다.

플라스틱 쓰레기로 마음이 아프다

지금까지 몇 편의 나의 단상을 읽었으면, 이미 나의 전공이 무엇인가를 대충 짐작하리라 생각한다. 나는 강의에서 '소재가 그 시대를 반영한다'라고 학생들에게 가르친다. 구석기시대로부터 신석기시대, 그리고 철기시대, 나의 전공인 고분자의 중요성을 강조하기 위해서 현재를 '플라스틱 시대'라고 부른다. 화폐의 소재를 보면 이해할 수 있다. 처음에는 물물교환으로 필요한 물건을 조달하였으나, 교환의 매개 수단으로 물건 대신 화폐가 등장했다.

화폐는 물건을 사는 도구일 뿐 아니라 가치의 척도 및 부의 저장 수단으로 활용되었다. 제일 처음 화폐의 소재는 돌이었다. 그다음 인류가 금속을 사용할 수 있게 되어, 지금도 사용하고 있는 동전 형태의 주전이 화폐로 사용하였다. 현재는 고분자라고 할 수 있는 종이나 플라스틱이 화폐의 주 소재이다. 최근 화폐를 대신한 신용카드는 일부 금속 칩을 동시에 사용하고 있지만 대부분 플라스틱을 사용하고 있다. 그래서 현재는 '플라스틱 시대'라고 해도 과언이 아니다.

'플라스틱 시대'에 살다 보니, 쓰레기로 나오는 플라스틱의 배출량은 말로 표현하기 어려울 정도로 엄청나다. 전공이 고분자 연구이다 보니, 집에서 나오는 플라스틱 쓰레기를 분리하여 배출하는 일은 나의 몫이 되었다. 종이류와 병, 금속류는 누구나 쉽게 분리할 수 있다. 플라스틱류의 분리를 생각하면, 먼저 비닐과 플라스틱을 분리해야 하고, 스티로폼도 별도로 분리해야 한다. 분리할 플라스틱이 따로 있어서 쉽게 분리가 되면 그것은 다행이다.

고물(재사용 가능한 쓰레기)의 가격이 좋을 때는 충분히 인건비를 충당할 수 있어서 자연스럽게 수거가 잘 되었다. 그러나 고물이 많아져 가격이 낮아지고 가치가 떨어지면 쓰레기의 수거는 이뤄지지 않게 된다. 고물의 수요와 공급이 균형 있게 수거가 이뤄지기 때문이다. 쓰레기의 수거가 원활하지 않을 경우, 공적인 시스템에 의해서 쓰레기를 수거하고 폐기해야 한다.

그러나 우리가 사용하고 버리는 쓰레기는 너무 많아 자원의 낭비뿐 아니라 기후환경에 영향을 미친다. 쓰레기를 처리하는 비용뿐 아니라 쓰레기 소각 시설이 있는 지역의 주민과의 갈등으로 사회적 손실은 너무나 크다. 고형 폐기물 연료 Soild Refuse Fuel, SRF(쓰레기와 폐비닐 등을 압축한 연료) 열병합발전소에 대한 갈등이 대표적이다. 이런 문제를 해결하기 위해서는 쓰레기의 배출을 최소화하고 재사용을 최대화해야 한다.

그러기 위해서 쓰레기 재활용을 위하여 이해하기 쉬운 분리수거 안내가 필요하다. 환경부와 한국환경공단에서 '재활용품 분리배출 안내'를 나름대로 열심히 하고 있다. 하지만 플라스틱을 전문으로 하는 나도 가끔 플라스틱 분리가 이해하기 어려울 때도 있고, 정확하게 분리하고 있는지 의심을 하면서 쓰레기를 배출한다. 하물며 플라스틱 분리에 대해 정확하게 모르는 주민은 플라스틱 분리가 쉽지 않을 것이다. 이러한 생각은 내가 집 안에서 쓰레기 재활용 분리수거를 담당하면서 뇌리에서 떠나지 않고 있으며, 앞으로 해결해야 할 정부의 숙제이기도 하다.

아직 '재활용품 분리배출 안내'에 없는 것도 실천해야 한다. 먼저 플라스틱 음료수병에 붙어 있는 상표가 가장 문제이다. 기업 대부분이 상표를 잘 분리되도록 하고 있어서, 회사의 배려는 칭찬받아 마땅하다. 그러나 플라스틱 표면에 붙여 놓은 상표가 분리되지 않는 경우가 있는데, 상표가 병으로부터 쉽게 떼어질 수 있도록 누군가 회사에 요청해야 한다. 이런 경우 국가적인 차원에서 탈착이 쉬운 접착제를 개발하여 제공해야 하고, 공공부문에서 솔선수범하여 개선해 나가야 한다.

플라스틱에 붙어 있는 비닐 상표를 분리하는 것도 어려웠지만, 종이와 플라스틱, 종이와 비닐 등 두 가지 이상의 이물질이 붙어 있을 때도 분리하기 어렵다. 심지어 플라스틱에 붙어 있는 종이 상표를 물에 불려서 떼어도 떨어지지 않는 플라스틱 용기도 있다. 또한, 비닐 내부에 알루미늄을 코팅한 비닐봉지를 많이 사용하고 있다. 비닐봉지 표면에 분리수거 표시가 되어 있는데, 어디에 버릴지 난감하다. 알루미늄 호일은 상당히 많이 사용되고 버려지게 되는데, 아마 은박비닐로 구분하여 일반 쓰레기로 배출한다.

우선 유리병, 종이, 플라스틱, 비닐 그리고 캔을 분리한다. 그리고 혼합된 것들은 최대한 분리를 하여 각각의 재활용 장소에 분리한다. 환경부에서 제공하는 재활용품 분리배출 요령집의 빈병 보상금제도, 가전제품 무상방문 수거 방법을 활용한다. '재활용품 분리배출 안내'를 좀 더 자세히 하고, 두꺼운 안내판으로 가정에 상시 비치해 둘 수 있도록 했으면 좋겠다. 지금 정도의 안내로는 교육과정에서 벗어난 세대에게는 손에 잡히지 않는다. 또한, 각자의 분리수거 노력과 함께 손쉽게 분리해서 수거할 수 있도록 제조 회사도 같이 노력해야 한다.

최근 서울 은평구에서는 쓰레기의 재활용을 크게 향상했다고 한다. 재활용품 배출과 수거, 선별률 99%를 목표로 하는 은평구형 재활용 정거장 '모아모아 사업'의 결과이다. 혼합 배출된 재활용 쓰레기를 대행업체가 수거해서 재활용 집하장에서 다시 선별하는 것은 힘들고, 경제적으로 낭비적인 요소가 크다. '모아모아 사업'은 주택 주변에서 바로 선발하는 방법이다. 현장 리더들이 열성적으로 쓰레기를 재활용할 수 있게 분리한 덕분이라고 한다.

이러한 재활용 사업을 전국에 확대하려면, 시민들이 집에서 재활용할 수 있도록 솔선수범하여 한 번 더 생각하고 분리해 주어야 한다. 그래야 현장 리더가 없어도 재활용도를 높일 수 있다. 최종적으로는 지구환경 보존에도 힘을 보탤 수 있다. 그러나 분리수거한 쓰레기 중에서 폐페트병을 빼고는 재활용도가 그리 높지 않다는 뉴스는 열심히 분리 배출하는 자발적 참여자들을 실망하게 한다.

'내 손 안의 분리배출 앱'이 안내되어 있지만, 소재에 대한 전문 지식을 갖고 있지 않으면 분리배출을 잘하는 데 어려움을 겪을 것이다. 유치원에서부터 손쉽고 재미있게 재활용 놀이를 해야 할 것이다. 학교에서 기후환경에 대한 기초 지식으로 가르치면 좋겠다.

코로나19에 대한 단상

2019년 코로나19가 중국 우한에서 발생했다. 세계 대공황이 1929년에 있었으니까, 지금 우리는 약 90년 전의 세계적 경제 어려움을 비슷하게 느끼고 있다고 한다. 아니면 1997년 한국의 IMF금융 위기, 아니면 2008년 세계적인 금융위기에 비교하는 분들도 있다.

나에게도 코로나19에 대한 나름대로 다른 느낌이 있다. '욕심부리지 않기'를 실행하고 있지만, 내가 개발한 기술을 사업화해 보겠다는 취지로 코로나19가 밀어닥치기 3년 전에 회사를 설립했다. ㈜지스핀이라는 회사인데, 연구실에서 개발한 미세먼지를 줄이는 필터 소재 연구 결과의 기술을 이전하여 설립했다. 나 스스로 많은 자본을 투자했거나 투자를 받아서 필터나 마스크를 생산했다면, 이번 코로나19 발생 상황에서 사회에 공헌했을 뿐 아니라 대박이었을 것이다.

지스핀에서 제조한 마스크가 우리 한국인 얼굴에 잘 맞는데, 왜 생산을 안 하느냐는 집안사람의 아우성을 들어야 했었다. 그러니 코로나19는 나에게도 특별한 사연을 던져주었다. 기술이 있어야 하지만, 자본도 있어야 하고, 사업가 능력도 있어야 이익을 창출할 수 있다. 돈 버는 사람은 따로 있다는 것을 배웠다. 하지만 투자를 못 해서, 돈을 벌지 못했다고 잠을 못 이룰 정도로 어리석지 않아서 다행이다.

어떤 사람은 바이러스는 평등하다고 한다. 잘사는 사람이나 못사는 사람에게 공평하게 접근한다는 것이다. 또한, 어떤 사람은 코로나19 팬데믹 상황을 자본주의와 비교하기도 한다. 철저하게 빈익빈 부익부 속에서 어려운 분들이 먼저 바이러스로부터 상처를 입게 된다고도 한다. 그러나 돈이 있어도 치료를 받지 못하는 아프리카 사람들도 있다. 재미있는 것은 평소와 전혀 다른 시스템이 작동하기 때문이다. 유럽에 가서 치료를 받아야 하는데, 비행기가 뜨지 않을 뿐 아니라, 어느 나라에서도 돈 많은 환자라고 해서 평소와 같이 먼저 받아 주지 않는다. 그 나라에서는 병이 나면 유럽에 가서 고치면 그만이라고 공공 의료 시스템을 준비하지 않아서 문제가 생겼다.

우리나라에서도 비슷한 일이 발생할 수 있다. 혹시 어느 지자체에서 경제적으로 효율성이 없다고, 수익이 나지 않는다고 공공의료기관을 폐쇄했다면 어떠했을까? 생각만 해도 까무러칠 일이다. 이번 코로나19 상황에서는 이웃 지자체의 도움으로 발등의 불은 꺼서 다행이었다.

또 다른 관점에서 보면, 조류 독감Avian Influenza이 왜 빈번하게 발생할까? 조류 독감은 너무 과밀하게 기르고 있는 양계장에서 흔히 발생한다. 곧 인간의 식탁에 오를 대상이지만, 좀 더 동물답게 길러야 하지 않나 하는 이야기가 반짝 나오기도 했다. 우리가 어릴 때는 농촌에서 가정마다 몇

마리씩 닭을 기르던 시절인데, 그때 그런 병이 있었던가. 넓은 땅바닥에서 자라던 닭들에게는 그만큼 병이 없었다. 흙 밭에서 자라는 닭들은 자연스럽게 병원균을 모래로 씻어 내리는 습관이 있다.

이번 코로나19 팬데믹으로부터 인간 생활의 과밀 때문에 전염병의 확산이 극대화하는 것은 아닐까? 사람들이 일자리와 좋은 교육환경을 찾아서 도시로의 이동으로 서로 밀접하게 살게 되어 자초한 결과이다. 친척과 친구를 만나고 싶고 사랑하는 사람을 만나고 싶지만, 역발상으로 '사회적 거리두기'를 실천하여 겨우 코로나19 전염을 억제하고 있다. 아리스토텔레스는 "인간은 사회적 동물이다."라고 말했다. 그래서 '사회적 거리두기'라는 표현을 '물리적 거리두기'로 바꾸자고 한다. 물리적으로는 멀리 있어도 사회적 동물의 본연은 지속하기 위해 소통은 자주 하자는 것이다.

1929년 세계적 대 공황이 끝나고 세상이 많이 바뀌었다. 독일은 독재체제를 수립하여 세계를 전쟁으로 끌고 들어갔다. 미국의 뉴딜정책은 지금의 일자리 안정, 소득보장으로 개혁을 했다. 현재 세계에서 유일하게 집단면역으로 이번 코로나19 사태를 극복하고자 하는 스웨덴의 그때 상황을 주시해 볼 필요가 있다. 재미있는 것은 그때 개혁하여 복지국가의 틀을 만들고 지금까지 유지하고 있다. 그 결과 모든 사람이 직장을 가지고 있어서 사회적 거리두기로 학생들이 집에 있을 수 없는 환경이 되었다. 몇십년 후에 바이러스로부터의 대재난이 또다시 발생했을 때, 한국의 적극적인 대응 방법과 스웨덴의 집단면역을 용인하는 방법, 그리고 사회주의적 봉쇄 작전에 의한 바이러스의 소멸 방법 중, 어떤 방법이 모델로 채택될까 흥미진진하다.

이 코로나19의 팬데믹 사태로부터 세계가 어떻게 변할까? 예측해 볼 필요가 있다. 당장 이번 코로나19에 의한 피해를 복구하는 데 필요한 정책뿐 아니라, 전문가들이 3~4년 주기로 더 강한 전파성을 갖는 바이러스가 발생할 수 있다고 경고하기 때문이다. 당장 국내외의 회의 일정이 늦춰지고 취소되는 일은 다반사이지만, 어떻게 내년 일정을 정할 것인지도, 우선순위를 정하는 것도 일상이 되었을 뿐 아니라, 모든 대학 강의나 학교 수업이 비대면식 온라인으로 수업이 진행되고 있다.

누구나 가지고 있다고 생각했던 컴퓨터를 많은 학생이 소유하고 있지 않았다. 긴급재난지원금의 배분 방식에 대한 의견 또한 다양할 것이다. 긴급재난지원금 정책을 뉴딜정책처럼 한시적인 정책에 머물지 않고 장기적인 정책으로 수립할 필요가 있다. 수도권 집중을 완화할 수 있는 정책도 인구 과밀에 의한 어떤 바이러스 팬데믹으로부터도 국민을 보호할 수 있는 해결책의 하나일 것이다.

이번 코로나19 사태로 안내서가 없는 새로운 길을 걸어 보았다. 전 세계를 혼돈 속으로 빠뜨리게 한 이번 코로나19 사태 후에는 공공시스템의 재정비를 요청하는 목소리가 커질 것이다. 재난으로부터 피해를 최소화하기 위해 안내서를 정비하고, 상호이해를 바탕으로 개인의 안전뿐 아니라 집단의 안전을 위한 배려도 중요하다. 많은 것을 잃은 것 같지만, 소중한 경험과 자랑스러운 미담도 많았다. 이런 것들은 우리나라가 세계에서 살아가는 데 소중한 자산이 될 것이다.

처음 겪어보는 사태에 대한 대응 미숙으로 일부 비판의 목소리도 있었다, 그러나 마스크의 사적인 자본체계의 생산에서 공공재로의 '빨리빨리' 전환, 세계적인 찬사를 받은 진단시스템의 첨단화, 드라이브스루 진단의 아이디어는 우리 민족의 자긍심을 심어 줄 것이다. 적과의 싸움에서 의견과 비판은 필요하지만 반대를 위한 반대는 적과의 싸움에서 자중지란을 일으킬 뿐 아니라 사태를 크게 키워 해결할 수 없는 지경에 내모는 꼴이다.

앞으로 저성장은 세계적인 추세로 당연할 것이며, 인공지능을 활용한 4차 산업혁명의 시대에서는 일자리의 대변혁이 일어날 것이다. 특히 2019년 말 시작된 코로나19 팬데믹 후의 산업 변화는 스스로 감내할 정도가 아닐 수 있다. 따라서 기본수당에서 전 국민 고용보험이라는 정책이 힘을 받고 있다. 더 나아가 프랑스 경제학자 피케티는 기본자산 정책을 내세우기도 한다. 코로나19 전부터 보였던 세계적인 불황이 한국을 짓누를 수 있으며 고통은 심할 수 있다. 다행이라고 할 수 있을지 모르지만, 코로나19 팬데믹 정국을 잘 대응한 한국은 오히려 세계 어느 국가에 비해서 경제성장 저하가 낮을 수 있다는 전망은 그나마 우리에게 희망을 준다.

위와 같은 위기에서 의사와 간호사들의 활약은 빛이 났다. 숨어 있었던 히포크라테스와 나이팅게일 선서의 의미를 보여주었고, 코로나19 상황이 의료인이 생활을 우선해서 직업을 택했다는 선입견을 씻어 주는 계기가 되었다. 모두 접근하기 무서워하는, 바이러스가 존재할 수 있는 가까운 곳까지 접근하여 검사와 치료를 도맡아 주는 사람이 의사와 간호사들이었다.

병원이 바이러스가 많을 거라는 선입견을 품는 중증환자를 어떻게 맞이할까? 하는 고민을 해야 할 때다. 원격진료가 대형병원만 살찌게 할 거라는 선입견도 없어질 수 있다. 이제 중증환자가 비대면으로 진료받을 수 있다면, 그것이 차라리 마음이 편할 수 있다. 이 어려운 코로나19 팬데믹 정국에 정부에서 발표한 공공의료기관의 설립과 의대 입학정원의 증원은 사회에 큰 파장으로 이어졌고, 의료인들의 파업으로 연결되었다.

남미의 한 의대생처럼 의료인이면서 혁명가이기를 요구할 순 없지만, 의사가 되기 전 히포크라테스 선서를 했던 것처럼, 코로나19 팬데믹 정국에서 솔선수범해서 전염병의 확산을 막은 것처럼, 어느 교수의 의대생에게 고함처럼, 각자의 직업이 사회에 어떤 역할을 해야 하는지 생각하는 계기가 되었으면 한다.

대한민국은 어느덧 선진국에 성큼 다가섰다. 수치로는 2021년에 선진국에 진입했고, K-pop이 그렇고, K-방역이 그렇듯, 이제 코로나19 팬데믹 후에 어떤 모양의 대한민국으로 남을 것인가? 마음속으로부터 실행에 이르기까지 준비를 해야 한다.

나는 부자를 좋아한다

나도 부자를 좋아한다.

돈도 잘 벌고, 잘 쓰고, 세금도 잘 내고, 봉사도 잘하는 그런 부자를 좋아한다. 어차피 자본주의 국가에서 태어나서, 나는 경쟁의 사회 환경과 황금만능주의에 물들어져 있다.

그러나 돈이 있는 곳에 항상 부패, 사치, 낭비가 같이하는 사건들을 수없이 보아왔다. 많은 대기업이 그랬고, 유명한 사람들이 그러했다.

돈 잘 벌어서 잘 쓰면 누가 무어라고 하나? 존경해야 한다.

돈은 편리한 것, 어려운 사람을 멋있게 도와줄 수도 있는 도구!!!

가끔 젊은이들을 만나면 미래의 불확실성에 불안해한다. "너무 불안해하지 마세요."라고 말했다. 일자리가 있고, 애들을 낳아 가족이 있으면 얼마나 행복하냐? 라고.

벌어 놓은 돈 다 쓰지 못하고 죽는다. 길거리에서 죽은 거지도 호주머니에 몇만 원, 아니 몇십 원을 가지고 있다고 하지 않는가? 춥고 배고파도 자기 몸 장사지내줄 분들의 어려움을 덜어주기 위해 돈을 남겨둔다고 한다.

그렇다고 게으르게 살지는 말자. 내 주변의 환경이, 시대가 나를 도와줄 수도 있지만, 그 자리, 그 시간에서 최선을 다하자. 최선을 다해도 안 되는 것을 탓할 수 없다. 그러나 그것은 나의 영역이 아니었다고 생각하자. 이웃이, 사회가, 그리고 정치가 나를 움직이고 있다. 지금 젊은 청년들이 미래를 걱정한다. 아직 다가오지 않은 시간을 걱정할 이유가 없다. 걱정할 시간에 할 일이 많지 않은가?

옛날 임금님도 백성의 배고픔을 해결하지 못한다고 하지 않았나!

그런데도 일자리가 없어서, 내일 먹을 것이 없어서, 편안하게 저녁에 쉴 수 있는 잠자리가 없는 사람이 있을 때, 지나가면서 당장 배고픔을 달랠 수 있는 빵, 한 끼 밥을 대접할 수 있는 사람이었으면 좋겠다. 그래서 부자를 나는 좋아한다.

일흔이 가까운 지금 생각하면, 건전한 종교, 모두를 아우르는 정치, 그리고 같이 고민을 이야기할 수 있는 친구들이 있으면 행복할 것이다.

나는 책을 많이 읽지는 못한다. 그러나 책을 읽는 분들을 존경한다. 그리고 소중한 책 한 권을 읽을 때 행복하다. 지혜의 부자가 되기 때문이다. 그러나 책을 읽고 실천하지 않으면 머리에 무엇으로 남을까?

가족들이 좁은 아파트를 탓하지도 않지만, 가끔은 작은 아파트 평수를 가족에게 미안하다고 생각한 적도 있다. 그러나 좁은 공간도 나에게 충분하다. 부자가 되지 못한 것을 숨기는 마음속의 허구일 수 있다. 그리고 가끔은 편리하게 개조한 좁은 아파트를 좋아하는 가족에게 감사한다.

최근 코로나19 재난지원금을 받지 못하는 옛날 직장 동료들을 볼 때, 상위 20%가 겨우 그럴듯한 양질의 일자리를 가진 사람들의 수준이라는 것을 알았다. 얼마나 많은 중소기업체나 하청업체에서 일하는 사람들, 자영업자들이 왜 재난지원금을 받아야 하는지 이해할 기회이기도 했다.

나는 대기업을 운영하는 기업 대표나 상위 20%에 들어가는 옛날 동료나, 그래도 공부하여 우수 일자리에 근무하는 전문직과 창의적인 생각으로 회사를 잘 운영하는 자영업자들도 좋아한다. 그러나 하위 80%에 해당하여, 이번 재난지원금을 받으면서도 마음이 부자인 사람을 더 좋아한다.

나는 다행인지 불행인지 모르지만, 베이비붐 1세대에 해당한다는 1955년생이다. 전쟁이 끝나고 먹을 것이 없을 때, 어머님은 몸을 녹여서 나를 낳았다. 내가 아플 때, 병원이 없는 시골에서 나를 업고 10리 길을 멀다 하지 않고, 가짜 의사에게 가서 단방약을 바르고 병을 낫게 했다. 그리고 숱한 어려움을 겪으면서 용케 살아남았다.

그 와중에 희망은 교수직, 모질게 견디어 내서 다른 방향으로 가지 않고 오래 기다리던 덕분에 기다리고 기다려서 교수가 되었다. 내가 우수한 업적을 쌓아서도 잘나서도 아니었다. 시대를 잘 만나서, 경제나 인구가 팽창했기 때문에 일자리도 확장하여, 딱 그 시기, 그 자리에 내가 있었다. 그래서 이것으로 충분하다.

지금 그 20%에 해당하는 사람들이 학생 시절에 반독재를 외쳤고, 개혁을 부르짖어 이제는 상위권에 있다. 배고픔을 알았던 사람이지만, 지금은 다른 사람의 배고픔을 알고 있을 때다. 부자에 휩쓸려 살지 않으려 노력한다.

나는 부자를 좋아한다. 다른 사람들의 배고픔을 아는 그런 부자를 좋아한다. 마음의 부자를 더 좋아한다. 〈2021.08.18.〉

우연히 발견한 결과가 한 분야를
끌어낼 수 있을까?

과학문화에서 결과로 나타나는 것을 일반적으로 문명이라고 한다. 또한, 이들 중 우수한 것을 우리는 발명이라고 말한다. 하지만 이미 알려진 수많은 지식을 뛰어넘어 새로운 것을 창출해내는 것은 무척이나 어려운 일이다.

그런 면에서 볼 때, 우수한 결과들이란 수많은 노력 끝에 우연히 발견되는 것이 아닐까? 이를 나는 우연히 찾아온 행운이라는 뜻인 serendipity로 종종 표현하곤 한다. 이러한 행운은 훌륭한 발명이라는 평가를 끌어내 노벨상으로 이어지기도 하고 반대로 쉽게 잊히기도 한다.

현재에 이르기까지 한국기초과학지원연구원KBSI과의 동행에 있어 많은 에피소드가 있었지만 그중에서도 분자레벨의 배열을 초고전압 투과전자현미경HVEM으로 공동 연구하는 과정에서 있었던 이야기를 해 볼까 한다.

연구는 의도하지 않은 결과로부터 시작되었다. 운 좋게, 생각지 못한 결과였지만 얻어진 규칙배열을 놓치지 않았다. 그것을 시작으로 다른 비슷한 계에 적용하여 같은 결과를 얻었다. 자세하게 말을 하면, 보통 연구하는 양친매성 블록공중합체(poly(n-hexyl isocyanate)$-b$-poly(2-vinylpyridine))를 가지고 마이셀을 제조하였고, 마이셀 안정성을 위해 가교를 시켰다.

그후 KBSI의 HVEM을 사용하여 분자 크기의 화학구조를 관찰하였는데, 생각하지 못했던 분자 규칙성을 발견하였다. 그 발견을 시작으로 우리는 단일고분자 homopolymer인 poly(2-vinylpyridine)에 적용하여 같은 결과를 찾아냈다. 좋은 잡지에 논문을 싣기 위해서 많은 연구 시간이 필요하고, 주장하는 과학적 증거로 아주 많은 연구 결과가 필요하다. 6개월가량의 시간이 걸렸는데도 결국은 우리가 생각하는 우수 잡지에 출판하는 것은 실패하고 말았다.

더 나아가 본 연구가 분자 수준에서의 배열뿐 아니라 독립된 고분자 사슬의 구조와는 다를 수 있지만, 최종적으로 비록 아탁틱 atactic한 고분자 사슬이지만 규칙적인 구조(예를 들어 syndiotactic)로 잡아둘 수 있는 에너지는 가교로 가능하리라는 문제를 풀어야 할 것이다.

이 연구는 KBSI의 김윤중 박사 등이 협조하여 이뤄졌는데, HVEM에 의한 고분자의 분자수준 배열을 관찰할 수 있다는 가능성을 믿지 않았다면, 아무리 새로운 문화를 추구하고자 하는 열망이 있어도 관찰하는 연구는 계속될 수 없었을 것이다.

이처럼 KBSI의 세계적 장비 인프라 구축은 국내의 많은 연구자의 혁신적인 과학기술 발명에 크게 기여하고 있다. 지금까지의 KBSI 30년처럼 앞으로도 대한민국의 과학기술 발전에 밑거름이 되어주기를 기대해 본다.

이 글은 『KBSI가 걸어온 길 나아갈 길』 259쪽, "한국기초과학지원연구원 30년사에 붙여"에서 재인용하였다. 2018.05.17.

Part 8

연구 인생 30년
- 고분자 합성 분야의 획을 긋다

교수의 역할은 크게 세 분야로 나눈다. 교육, 연구, 봉사이다. 연구중심대학에 재직하였으니, 연구 활동을 가장 중요한 덕목으로 삼아야 했다. 이 장에서는 연구와 학회 활동에 관한 이야기를 기술하였다.

분주한 연구 생활을 잠시 떠나 외국에서 열리는 학회에 참가하여, 그동안의 고통을 떨쳐버릴 때의 만족감이 힘들게 지내는 교수의 일상을 보상해 준다. 그것이 '박사 또는 교수에게 주어진 특권이 아니겠느냐.'고, 박사후연구원으로 일본 이화학연구소에 들어갔을 때, 노년의 과학자께서 귀띔해 주었던 말이 기억난다.

Ho–Bin Seo, *et al.* Journal of Polymer Science, 58, 2159–2167, 2020 (Front Cover Figure)

고분자 합성으로 일본에서
학문의 싹을 틔우다

　고분자 합성을 과학자로서의 전문 분야로 결정한 것도 하나의 중요한 선택이었다. 모교에서 조교 생활을 하다 1984년 유학을 결심하였다. 그 시기에 고분자 분야와 관련한 석유화학공업이 붐을 이루었다. 이미 석사과정에서 폴리에틸렌테레프탈레이트PET라는 고분자의 원료인 Bis(2-hydroxyethyl) terephthalateBHET의 합성 공정에 대해 1979년부터 1981년까지 2년간 한국과학기술원KAIST 이원규 교수의 지도로 연구했다. 따라서 석유화학 붐과 함께 실생활에 필요한 고분자에 관한 관심이 커졌고, 따라서 연구 분야에 대해서도 고분자 관련 연구에 눈이 모였다.

　고분자 연구 분야는 고분자 합성, 고분자 물성, 고분자 가공, 고분자 응용으로 크게 나눌 수 있다. 그중에서도 합성이 기초학문으로 흥미를 끌었고, Tokyo Tech에서 고분자 합성을 전문으로 하시는 나카하마Nakahama 교수가 박사과정 학생으로 받아 주겠다고 연락이 왔다. 나의 학문의 길이 고분자 합성으로 결정되는 순간이었다.

Tokyo Tech에서의 연구는 알콕시실릴기를 갖는 스타이렌을 리빙 음이온 중합을 하고 이소프렌과의 블록공중합체를 합성하는 것이었다. 고분자 합성에서는 약간의 진보는 있었지만, 새로운 단량체도 아니었기 때문에 순수한 고분자 합성 연구는 아니었다. 이미 블록공중합체는 상분리가 일어난다는 것은 잘 알려져 있다. 하나의 블록인 알콕시실릴기는 가교 가능하여, 안정한 가교 필름을 제조할 수 있다. 또 다른 블록은 이소프렌 고분자로, 폴리이소프렌 주쇄의 이중결합이 오존첨가 반응으로 분해되어 없어진다. 따라서 블록공중합체 필름의 상분리 구조를 활용하여 다공성 필름을 제조할 수 있다.

리빙 중합으로 고분자 블록의 분자량을 제어하여 필름을 제조하면, 이소프렌과 스타이렌 유도체의 분자량에 따라 상분리된 블록 도메인의 크기가 제어된다. 최종적으로 크기가 제어된 이소프렌의 도메인을 분해하면, 다공성 필름의 공간 pore을 제어할 수 있다. 이렇게 제조된 다공성 필름을 사용하여 글루코오스 양을 측정하는 글루코오스센서에 적용하였다. 지도교수가 이 연구 주제를 제시했으며, 이 연구 내용을 이해하고 실현한 것이 나의 연구 업적이다.

박사과정의 연구를 통해서 새로운 고분자를 합성하려면 새로운 단량체 합성이 중요하다는 점을 이해했다. 고분자 합성 방법으로는 음이온 중합이라는 방법을 배웠고, 중합에 필요한 개시제의 준비에 대해서도 이해하고 학습했다. 물론 음이온 중합에 대한 이론과 실기 관련 노하우를 축적할 기회였다. 박사과정을 마쳤다고 새로운 아이디어가 기다리고 있지 않다. 박사과정에서 연구를 수행하면서 얻은 연구 지식뿐 아니라 다른 과학자의 많은 연구를 접하고, 논문을 읽고 이해해야 비로소 독창력 있는 새로운 아이디어를 제안할 수 있다.

연구 분야에서도 어느 정도 지도교수와 연구실 선배로부터 노하우(기능, 기술에서부터 기초 지식까지)를 전수하는 과정이 있다. 그 위에 새로운 자기 아이디어를 첨가한다. 가끔 학생이 제안한 연구 아이디어로부터 획기적인 결과가 나올 때, 새로운 분야를 열 수도 있다. 음이온 중합에서는 진공 환경이 필요한데, 내가 전수한 음이온 중합 장치와 다른 연구실의 장치와 다를 수 있다.

우리 학생들이 박사후연구과정으로 방문했던 테네시대학교의 메이스 Mays 교수 연구실에서는 결국 우리 학생이 전수한 진공 장치를 활용하여 학생들을 지도하기도 했다. 연구 분야에서도 새 입학생이 연구실에 들어가면, 그 연구실만의 특수한 노하우를 먼저 읽히고, 새로운 것을 첨가하는 방향으로 연구가 진행되고 있다. 하물며 노하우뿐이겠는가, 연구실의 모든 지식과 연구 결과를 공유하게 된다.

우리 연구실에서도 유리세공에 관한 재미있는 일화가 있다. 20년이 지나니 학생들이 진공장치 제작을 누가 가르쳤는지 의아하게 생각했는가 보다. 한 학생이 "교수님도 진공장치를 만들 수 있어요?"라는 질문을 해 왔다. 내가 진공장치 제조기술을 전수했다는 것을 몰랐던 것 같다. 질문한 학생 앞에서 유리세공으로 진공장치를 제작해 보여주었더니, 다시는 말을 잇지 못했다.

유리세공도 자전거 타는 것과 마찬가지로 한번 몸에 읽히면 언제든지 기능이 쉽게 발현된다. 그렇게 몸으로 때우고 장치를 만드는 연구실은 3D(dirty, difficult, dangerous) 연구실로 낙인 찍힐 가능성이 있다. 따라서 앞으로 그런 방법으로 실험하는 연구실은 살아남을 수 없겠다. 이제는 쉽고 정밀하게 진공을 제어할 수 있는 장비가 없으면, 음이온 중합 연구는 어렵지 않을까 걱정된다.

박사과정에서 연구를 진행하는 동안 항상 좋은 결과가 나왔던 것은 아니었다. 가끔은 맑은 날도 있었고 흐린 날이 많았다. 박사과정은 고난의 연속이고, 그 난관을 극복하여 박사학위를 받게 된다. 기체 투과도를 측정하기 위해 두 시간 정도 떨어진 메이지대학을 방문하기를 여러 번 했다. 최종적으로 좋은 학술잡지에 게재되는 것이 연구자의 기쁨이다.

같은 연구실에서 다른 분야를 연구하고 있던 조수는 "이 정도의 연구 결과는 미국화학회 학술잡지인 〈Journal of American Chemical Society JACS〉에 게재될 만한 기초화학에 해당할 것 같다."라고 덕담을 해주었다. 고분자 분야의 최상위 학술잡지에 실려서, 박사과정 후반부에는 연구 내용에 대해서 만족했고, 결과도 좋아서 행복한 학교생활을 했다. 박사과정 지도교수 Nakahana와 부지도교수 Hirao께 감사하고, 연구실 동료들께도 아무 탈 없이 지냈던 것이 고마울 뿐이다.

박사학위 취득 후, 연수생으로 들어간 ㈜일본합성고무 도쿄연구소에서는 별다른 연구개발보다 액정 분석에 참여했다. 연수하는 동안 츠쿠바 Tsukuba 연구소로의 이동이 있었다. 츠쿠바연구소에서는 졸겔 연구팀에 소속되어 실리카 졸의 입자 제어 연구에 참여하였다.

이후 이화학연구소 RIKEN에서 박사후연구원으로 본격적인 연구를 시작하였다. 사사베 Sasabe 박사가 생체고분자연구실의 실장이었는데, 고분자 전자재료와 생체재료 두 분야에 관해 연구하고 있었다. 카이바라 Kaibara 박사가 주도하고 있던 생체재료 분야에 합류하여 고분자와 생체물질(혈액 및 세포)과의 상호 관계를 연구하였다. 돌이켜보면 고분자 소재 표면에 세포를 배양하여 상관관계를 연구한 것은 그 당시로는 선진 연구이었다.

특히 고분자 표면을 이온 빔으로 이온을 조사하여 표면 수식하고 세포의 성장을 제어하였다. 그 표면 위에 신경세포의 덴드론dendron 성장을 제어하는 연구는 흥미로운 일이었다(Applied Physics Letter, 1994).[1] 주변 연구환경을 활용한 연구 주제이지만, 나의 독창성을 발휘한 연구의 시작이었다. 이 연구 결과는 크놀Knoll 박사가 책임자로 있었던 프론티어 연구그룹의 연구, 신경세포에서 신호를 측정하고자 하는 연구와 연계되었다. 따라서 1993년 6개월의 미국 유학을 마치고 이화학연구소에 복귀하여 같은 주제의 연구를 계속할 수 있었다. 이 연구는 광주과학기술원(이하 지스트)에서 세포배양실험실을 구축하는 계기이기도 하다.

이화학연구소에서 수행한 또 다른 연구 주제는 혈액의 응고 과정을 측정하는 연구였다. 물론 혈액과 고분자 재료 표면과의 상관관계를 측정하는 것이었다. 그때 의료용 소재 중, 인공혈관 개발을 위한 소재 연구가 활발했었다. 6개월의 오클라호마대학교 University of Oklahoma 방문 연구는 바이오 레올로지를 연구하는 오레아 O'Rear 교수 연구실에서 수행하였다. 마침 이화학연구소에서 개발한 레오메터를 사용해서 연구하고 있었기 때문에 어려움이 없었다. 날마다 의무실을 방문하여 내 피를 채취하여 혈액 응고 과정을 측정한 일이 머리에 생생하다.

박사과정에서의 4년 반, 이화학연구소에서의 기초과학특별연구원과 프런티어 연구원으로 4년 반, 그리고 미국 방문연구 6개월, 9년 반의 외국생활을 마치고 한국으로 돌아오게 되었다. 교수로 임명되기 전까지의 학문의 길은 순탄치 않다. 박사과정과 박사후연구원 과정을 마쳤다고 해서 자기가 원하는 교육, 연구직의 자리가 마련되어 있는 것도 아니다.

많은 도전을 통해 최종적으로 자기의 길과 자리가 결정되는 것이다. 자기가 택한 길을 묵묵히 걸어왔기에 주어진 길에 대해서 후회하지 않았다. 지금 다시 학문의 길의 초입으로 되돌아간다면, 이 길을 다시 택할까? 단지 하고 싶어서 프로스트의 '가지 않은 길'을 걸었을 뿐이다.

1   Jae-Suk Lee, *et al*. Applied Physics Letter, 65, 400–402, 1994.

지스트에서 학문의 꽃을 피우다

지스트는 1993년 설립되었다. 이 사건도 나에게 행운이었다. 기존의 대학에 임용되었더라도 음이온 중합 실험실을 설치하기 어려웠을 텐데, 지스트 초창기에는 우리 스스로 실험실을 자유롭게 설치할 수 있었다. 그래서 음이온 중합 맞춤형 실험실을 준비할 수 있었다. 장비 구매할 예산도 책정되어 전반적인 분석기기를 사들이었다. 고분자 분석기기를 완벽하게 갖출 수 있었던 것도 행운이었다.

다행스럽게도 음이온 중합 조건의 극한 실험실임에도 많은 학생이 연구실을 찾아 주었다. 내가 미국 연구 연가 중일 때 실험실 폭발사고가 일어났다. 실험실 견학을 하던 입학생이 그것을 목격하고 말았다. 그해 우리 연구실을 지원한 학생이 한 명도 없었던 그때를 빼고 말이다. 배출 학생 100여 명 중에서 무려 50여 명이 음이온 중합이라는 주제로 졸업했다.

연구 중 미처 생각지 못한 어려움이 생겼다. 고분자 합성의 주제로 삼았던 폴리이소시아네이트는 특이한 나선형 구조로 딱딱하여 용해성이 낮다. 따라서 기존의 겔 침투 크로마토그래피 Gel Permeation Chromatography, GPC 로는 정확한 절대 분자량을 측정할 수 없다. 다행히 동료 교수들께서 학과에 배정된 장비 구입비에서 광산란 측정 장치가 부착된 GPC GPC with Multi-angle Light Scattering 장비를 구매할 수 있도록 동의해 주었다. 자그마한 학과 결정임에도 나에게는 고분자 합성에 대한 정열을 쏟을 수 있는 큰 계기가 되었다. 이처럼 이 세상에 나타난 결과들이 혼자의 힘으로 이뤄지지 않는다는 것을 이해해야 한다. 이 자리를 빌려 학과 동료들께 깊이 감사드린다.

이러한 연구 주제를 어떻게 결정할까? 나의 전공 분야는 박사학위 과정에서 수행했던 고분자 합성이고 음이온 중합이라는 방법론을 계속 활용하고자 연구계획을 세웠다. 연구를 어떤 방향으로 접근할 것인가는 나의 연구 철학이다. 새로운 단량체의 중합 기구를 연구할 수 있고, 이미 알려진 고분자를 합성하여 응용으로 갈 수 있다. 단지 음이온 중합을 활용한다는 것을 기본으로 세웠다. 따라서 연구실을 꾸릴 때, 진공 시스템을 갖추었고, 유리세공 방도 준비하였다.

지스트 부임 전 비선형광학 소재 제조를 위해 사용했던 이소시아네이트를, 부임 후 음이온 중합용 단량체로 선정하였다. 지스트 대학원 1기 김도균 학생에게 석사과정 논문 연구 주제로 제안하였다. 이소시아네이트의 중합은 1960년경에 사쇼아 Shashoua 교수가 시작하였다. 그러나 지금까지 폴리이소시아네이트의 리빙 특성을 찾아내지 못해 중합 제어가 어려웠다. 슈바르츠 Swarz 교수가 리빙 음이온 중합을 성공시킨 1956년도와 비슷한 시기이다. 드디어 류상욱 교수(현재 충북대학교)가 1999년 폴리이소시아네이트에 관한 논문을 〈Macromolecules〉에 게재하여, 폴리이소시아네이트의 리빙 특성이 처음으로 발표되었다(Macromolecules, 1999).[1] 일본 고분자학회지에 연구 내용을 소개할 정도로 새로운 연구 결과였다.

이소시아네이트와 비슷한 구조 카르보디이미드carbodiimide나 이소시아니드isocyanide를 새로운 단량체를 음이온 중합 연구 대상으로 고려할 때도 있었다. 질소 함유 이중결합을 갖고 있어 이소시아네이트와 유사한 단량체이기 때문이다. 이소시아네이트의 리빙성을 찾는 데 심혈을 쏟았던 연구 과정이 주마등처럼 머리를 스쳐 갔다. 이소시아네이트 중합과 같은 반응기구로 중합할 수 있을지 모른다. 금광에서 금맥을 찾아 헤매는 광부의 심정으로 30여 년을 이소시아네이트의 중합과 리빙성을 찾는 데 힘을 기울였던 것을 생각하면, 다시 그 일을 해낼 수 있는 자신이 없었다. 그래서 포기했다. 그러나 누군가가 도전하면 고분자 합성 중 음이온 중합에서 독창성 있는 연구 주제로 남을 것으로 기대된다.

연구하면서 자기 흔적을 남기는 것은 연구자의 보람이다. 유기화학 반응은 발견한 연구자의 이름을 붙여 공헌에 감사 표시를 한다. 자기 이름을 붙여 교과서에 남은 반응의 주인공은 대부분 노벨상을 받았다. 내가 운 좋게 공동연구를 수행할 수 있었던 칼텍Caltech의 그럽스Grubbs 교수는 환상 이중결합을 갖는 단량체를 중합할 수 있는 촉매를 개발하였다. 그 공적으로 2005년 노벨화학상을 받았다. 그 촉매를 그럽스 촉매라고 명명한다. 홋카이도대학에 2010년 노벨화학상의 영광을 남겼던, 스즈키Suzuki 교수는 탄소-탄소 사이의 유기화학 반응에 필요한 촉매를 개발하여, 스즈키-미야우라 탄소-탄소 커플링 반응Suzuki-Miyaura C-C coupling reaction이라는 영광을 얻었다.

그런 연유로 새롭게 얻어진 나의 연구 결과에 나의 이름을 붙이고 싶었다. 그러나 연구 결과에 이름을 남길 수 있는 분야도 아니고, 크게 공헌할 수 있는 기초연구도 아니어서 이름을 남길 가능성이 작았다. 따라서 내 연구 논문에 몇 개의 과학 용어를 남겼는데, Double Covalent Chiral Domino DCCD effect, Governing Initiation—Supporting Termination GIST effect, Self—emulsion Polymerization SEP, Two—monomer—connected Precursor TMCP에 대해 소개한다.

고분자 합성 중 이소시아네이트의 음이온 중합이 나의 기초연구였다고 여러 번 언급했다. 폴리이소시아네이트는 단백질이나 DNA처럼 나선형 구조를 갖고 있어 흥미로운 구조이다. 따라서 이소시아네이트의 리빙 음이온 중합 시, 카이랄 단량체나 개시제, 종지제를 사용하여 고분자의 나선형 구조를 제어하는 학문 재미도 톡톡했다. 폴리이소시아네이트의 리빙성을 처음으로 발견했기 때문에 많은 후속 연구가 가능했다.

지금까지 발견하지 못한 개시제와 종지제를 같이 사용하여 나선형 구조를 제어한 적이 없어서, '이중 공유 카이랄 도미노 DCCD 효과'라는 새로운 과학적 용어를 만들었다(Macromolecules, 2012).[2] 하나는 종지제가 아무리 카이랄 특성이 강하다고 해도, 개시제의 카이랄 특성에 지배된다는 의미로 '개시지배—종지보조 GIST 효과'를 제안하였다. GIST는 광주과학기술원 Gwangju Institute of Science and Technology의 약자로, 심사위원 중에는 GIST 효과에 대해 거부감을 표시하기도 했다. 다행히 편집자가 최종적으로 통과시켜 주어 GIST라는 과학 용어가 남게 되었다(Chemical Communications, 2012).[3] 이러한 효과가 후속 연구로 나오고, 중요한 생체물질에 적용되어 의미 있는 연구가 진행되기를 기대한다.

연구 주제의 중요도가 크든 작든, 항상 연구하는 가운데 중요한 결과가 발견된다. 그리고 연구 중 갑자기 발견된 현상을 놓치지 않을 때 훌륭한 연구 결과를 도출할 수 있다. '자기유화중합SEP'도 유화중합 관련 연구를 하다 얻어진 연구 주제가 아니었다. 음이온 중합을 전공으로 하는 과학자가 양친매성 블록공중합체로부터 나노입자를 제조하는 과정에서 아이디어가 도출되었다. 위와 같이 양친매성 블록공중합체가 아니더라도, 단량체의 측쇄에 극성기가 있으면, 양친매성 단독 고분자에서도 나노입자를 제조할 수 있다는 것을 처음 알았다. 이 연구 결과로부터 양친매성 단량체(소수성의 단량체가 친수성 그룹을 갖는 화학구조)가 물에 녹을 수 있다면, 개시제만으로 유화중합이 가능하여, 나노입자를 제조하였다. 유화에 필요한 화학물질 없이, 중합 과정에서 생겨난 저분자의 중합체가 자체적으로 유화 역할을 한다는 의미로 자기유화중합이라 명명했다(Macromolecules, 2013).[4]

네 번째 과학 용어로 '두 단량체 연결 전구체TMCP'를 들 수 있다. 이것도 음이온 중합에 의해서 합성된 양친매성 블록공중합체로부터 나노입자를 제조하는 과정에서 운 좋게 아이디어가 도출되었다. 이 블록공중합체로부터 나노입자를 제조하고, 안정화를 위해 고정화(가교)하는 과정에서 우연히 발견한 결정구조를 그냥 지나치지 않고 재현해 보았다. 단독 고분자에서도 가교 시 비슷한 결정구조를 형성할 수 있었다. 더 나아가 두 개의 단량체를 연결하여 중합할 때도 고분자 결정구조를 확인하였다. 이때 사용한 단량체를 TMCP로 명명하였다. 이 연구 또한 처음부터 계획에 의해 연구를 수행한 것이 아니다. 우연히 발견된 신기한 연구 결과를 지나치지 않고 재현해 보고, 새로운 연구의 주제로 삼아 도출해 낸 결과이다(Nature Communications, 2016).[5]

폴리이소시아네이트 합성을 위한 새로운 개시제 합성으로 고분자 논문상(Journal of American Chemical Society, 2005)[6]을 받고, 제1회 LG 고분자 학술상을 받을 수 있었던 것도 폴리이소시아네이트 합성에 관한 연구를 체계적으로 정리한 업적 때문이다. 한국고분자학회에서 기조 강연의 기회도 주어졌다. 내가 주로 참가했던 IUPAC International Symposium on Ionic Polymerization[IP] 학회의 초청강연으로 폴리이소시아네이트 관련 연구 결과를 발표하였다. 본 연구는 좁은 범위의 고분자 합성 분야이어서, 따로 본 연구에 관한 서적은 저술하지 않기로 했다. 초청 논문(Perspective Paper, 28쪽)을 Macromolecules에 게재하는 것으로 폴리이소시아네이트 합성에 관한 연구를 마무리하기로 했다(Macromolecules, 2022).[7]

1   Jae-Suk Lee, *et al*. Macromolecules, 32, 2085-2087, 1999.

2   Priyank N. Shah, *et al*. Macromolecules, 45, 8961-8969, 2012.

3   Priyank N. Shah, *et al*. Chemical Communications, 48, 826-828, 2012.

4   Santosh Kumar, *et al*. Macromolecules, 46, 7166-7172, 2013.

5   Hong-Joon Lee, *et al*. Nature Communications, 7, 12803-(1-6), 2016.

6   Jun-Hwan Ahn, *et al*. Journal of American Chemical Society, 127, 4132-4133, 2005.

7   In Gyu Bak, *et al*. Macromolecules, 55, 1923-1945, 2022.

이소시아네이트와 30년 학문 여행

이소시아네이트는 우레탄수지를 만드는 유용한 화학물질이다. 이소시아네이트의 강한 반응성으로 쉽게 반응하는 성질과 다양한 합성 방법을 활용하여, 우레탄뿐 아니라 우레탄 폼, 가죽 등의 제품은 우수한 특성이 있다. 따라서 생활에 밀접한 다양한 재료를 제조할 수 있다. 나는 우연히 이소시아네이트를 고분자 소재의 가교에 활용하는 만남을 가졌다.

RIKEN에서 특별과학연구원으로 연구하고 있을 때, 알콕시실릴기를 갖는 이소시아네이트 화학물질 중, 이소시아네이트와 수산기를 반응시켜 우레탄 결합하여 가교 가능한 비선형광학 소재를 제조하였다. 그러나 이소시아네이트가 한 과학자의 30년 동안 주된 연구 주제로 이렇게 결정되었다는 것은 아무도 상상하지 못했을 것이다. 이소시아네이트의 중합에 관한 연구 주제가 오래전에 계획되었거나 예정된 것은 아니었다.

또한, Tokyo Tech 박사과정에서 알콕시실릴기를 갖는 스타이렌 유도체의 음이온 중합을 수행한 적이 있어서, 알콕시실릴기의 구조 특성도 잘 이해하고 있는 터였다. 우연치고는 필연에 가깝게 연구 주제가 내 주위를 맴돌고 있었다고 할까. 그런데도 내가 잡지 않았으면 그 이소시아네이트가 아무런 가치를 발휘하지 못했을 것이다. 박사학위를 수행했던 Tokyo Tech 연구실의 연구 주제와 중복을 피하고, 새로운 주제를 찾아야 한다는 것도 연구자의 숙명이다.

지스트 부임 전 그냥 소재로 사용하였던 가교 가능한 이소시아네이트가, 지스트 부임 후 음이온 중합의 대상이 되어 새로운 연구 주제로 탄생했다. 기존에 음이온 중합에 활용된 단량체를 다시 활용한다면 연구의 독창성을 주장할 수 없다. 음이온 중합은 박사과정에서 활용했던 고분자 합성 방법의 도구로 사용하기로 했다. 나의 연구 경험과 이소시아네이트와의 만남에서 새로운 연구 방향과 주제가 결정되었다.

나는 항상 후배 연구자들에게 '새로운 연구 아이디어는 멀리서 또는 공부해서 나오는 것이 아니고 내 주위에 있다'라고 말해준다. 학회에서 연구 결과를 발표할 때, 청중이나 고분자 합성 수업 시간에 학생이 가끔 이런 질문을 한다. '어떻게 이소시아네이트를 연구 주제로 삼았는지?'라고. 이런 질문이 없을 때는 내가 질문을 하고, 내가 답을 한다. 왜냐하면, 연구 주제가 연구자의 주변에서 그리 멀리 있지 않다는 것을 강조하고 싶어서다.

이소시아네이트 중합 연구는 1960년경에 사쇼아 Shashoua가 처음 시작하였다. 1995년 우리 연구실에서 이소시아네이트 중합에 관한 연구를 시작할 때 그들의 연구 조건을 먼저 답습했다. 그 결과를 분석하고, 지금까지의 음이온 중합에 대한 경험, 지식, 지혜를 더해 알콕시실릴기를 갖는 이소시아네이트 중합에 있어서 리빙성에 관한 새로운 결과를 얻었다. 그 새로운 연구 결과에 관해 잘 설명한 결과, 1999년 드디어 좋은 연구로 인정받았다(Macromolecules, 1999).[1]

연구는 한 분야를 집중적으로 해야 하고 지속할 수 있어야 한다. 그래야 한 분야에서 누구나 인정하는 결과를 결집하여 완성할 수 있기 때문이다. 이처럼 1차로 얻었던 결과(우리는 차후 이 결과를 1세대 중합이라고 불렀다)를 확인하는 과정에서 새로운 아이디어를 찾아냈으며 2차로 성공적인 결과(우리는 차후 이 결과를 2세대 중합이라고 불렀다)를 도출하였다(Macromolecules, 2001).[2]

이러한 결과들을 총괄하여 다시 새로운 아이디어를 도출하였다. 고분자의 활성화된 말단 그룹의 화학구조를 모사하여 새로운 개시제를 합성하여, 이소시아네이트의 리빙 음이온 중합을 성공리에 마쳤다. 이에 대한 합리적인 설명으로 기초화학적인 결과로 인정받아 미국화학회의 공식 학술잡지에 실리게 되었다(Journal of American Chemical Society JACS, 2005).[3] 이를 통해 이소시아네이트 연구를 3차로 완성하였으며 3세대 중합으로 명명하였다. 지금까지 얻어진 이소시아네이트의 연구 결과들을 분류하여 자연스럽게 1차로 얻은 결과를 1세대 중합, 2차로 얻은 결과를 2세대 중합으로 명명하였다.

1, 2차 연구결과는 〈Macromolecules〉에 등재되었는데, 이 학술잡지도 미국화학회의 공식 학술잡지이다. 고분자 연구가 주로 등재되고 화학의 응용으로 분류된다. 응용으로 분류되는 고분자 합성의 연구 결과는 보통 JACS에 게재하기가 어렵다. 3차 연구 결과를 JACS에 게재했다는 것은 3세대 중합으로 얻어진 고분자 합성 내용이 기초화학으로 인정받았다는 것

이다. 학문하는 사람으로 영광이었다.

이러한 연구 결과는 기초화학으로 독창성을 갖고 있으므로, 이소시아네이트의 연구를 확장하는 데 큰 동력이 되었고 독창성 있는 논문을 게재할 수 있었다. 이소시아네이트의 중합으로 얻어진 폴리이소시아네이트는 우리 몸에서 중요한 역할을 하는 펩타이드와 비슷한 나선형 구조로 되어 있어서 흥미를 느끼기에 충분하다. 먼저 60여 년 전에 이소시아네이트의 중합을 시작하였지만, 이제야 우리 연구실에서 처음으로 이소시아네이트의 리빙 중합을 성공적으로 이룬 것이다. 폴리이소시아네이트의 리빙성을 발견함으로써 다양한 연구에 활용할 수 있었다. 그 논문들의 중요한 내용을 간략하게 정리한다.

첫째로 폴리이소시아네이트 블록공중합체의 합성이 가능했다. 이소시아네이트-이소시아네이트 로드-로드, 이소시아네이트-비닐 단량체 로드-코일, 양친매성 로드-코일, 이소시아네이트 멀티 블록공중합체로부터, 교대 폴리이소시아네이트까지 다양한 블록공중합체를 합성하였다. 물론 이들 블록공중합체를 활용하여 자기조립과 나노구조제어 연구를 동시에 수행하였다.

둘째로 폴리이소시아네이트의 카이랄 특성 제어가 가능하였다. 폴리이소시아네이트의 리빙성을 확보했기 때문에, 카이랄 말단기를 도입할 수 있었다. 폴리이소시아네이트의 한쪽뿐 아니라 개시제와 종지제에 카이랄기를 도입하여, 합성한 이중 공유 카이랄 도미노Double Covalent Chiral Domino, DCCD 구조와(Macromolecules, 2012)[4] 개시지배-종지보조Governing Initiation-Supporting Termination, GIST 효과를 제안하였다(Chemical Communications, 2012).[5]

기초연구는 아무리 재미있게 수행하더라도 생활에 활용되지 않으면 비슷한 학문을 하는 동료뿐 아니라 일반인들에게 관심을 받기 어렵다. 결국, 우리가 수행하고 있는 연구도 일반인과 가까이 해야 확장성이 크다. 여러 가지 응용을 생각해 보았지만 응용에 접근하기 어려웠다. 우리 연구 결과를 보고 멀리 노르웨이의 스타방에르대학교 켈랜드 Kelland 교수로부터 연락이 왔다. 자기가 연구하고 있는 물 응축 방지제로 폴리이소시아네이트를 적용해 보자고 했다. 석유화학 산업에서 원유를 수송관을 통해서 수송하는 과정에서 물 응축이 일어나 관을 막을 수 있는데, 물 응축 방지제는 이런 현상을 방지하는 화합물이다. 이 연구로부터 물에 녹을 수 있는 폴리이소시아네이트의 합성에 관심을 두게 되었다.

또한, 폴리이소시아네이트가 유기 용매에서 알파 헬릭스가 베타시트로 가역적으로 변하는 연구를 포항공과대학교(이하 포항공대) 이문호 교수와 공동연구를 수행하였다. 이 폴리이소시아네이트가 물에 녹는다면, 물 안에서 치매 기작의 하나로 알려진 나선형 구조가 베타 아밀로이드 구조로의 전이하는 모델로 사용할 수 있지 않을까?

폴리이소시아네이트 관련 논문 60편, 고분자 합성으로 〈Journal of American Chemical Society (JACS)〉(2005)[3]와 〈Angewante Chemie International Edition〉(2022)[6]에 각 1편을 게재함으로써 고분자 관련 기초 과학자로서 영광이고 기쁘게 생각한다. JACS 논문은 폴리이소시아네이트 합성을 위한 개시제 합성에 관한 연구였고, 지금까지 수행했던 폴리이소시아네이트 합성 연구의 총합으로 리빙 음이온 중합을 성공시킨 기초 학문적 결과였다. 〈Science〉나 〈Nature〉 잡지에 게재할 주제는 아니었지만, 고분자 합성으로 미국화학회지에 실린 것은 기초연구에 접근하려는 노력의 결과였다. 왜냐하면, 미국화학회에서는 일반적인 고분자 합성을 응용학문으로 간주하기 때문이다.

학술잡지 〈Angewante Chemie International Edition〉에 실린 논문은 교대 고분자의 합성에 관한 연구 내용이다. 수용성과 소수성의 이소시아네이트가 교대로 첨가된 폴리이소시아네이트를 합성하였다. 이러한 야누스 구조는 수용성을 향상하는 데 목적이 있었고, 최종적으로 항균성 물질로의 응용 가능성을 확인하였다. 동물실험이나 임상에 적용 가능한 항균성을 보였다면 더 좋은 평가를 받았을 것으로 생각한다. 야누스 구조의 양친매성 나선형 구조의 물질이 항균성이 나타났고, 그 메커니즘을 제시한 것으로 만족한다. 야누스는 앞뒤가 다른 두 얼굴을 갖는 로마 신화에 나오는 신이다. 무엇보다도 우리가 꿈꾸었던 물에 녹는 폴리이소시아네이트를 합성하였다.

수용성과 소수성의 교대 폴리이소시아네이트에 관한 연구는 박인규(Los Alamos National Lab. 박사후연구원) 박사가 주도하였는데, 박 박사는 2010년 지스트 대학의 화학 전공 1기생으로 입학하였다. 펩타이드에 관한 연구를 하고 싶어서 4학년 때 인턴으로 우리 연구실을 노크했으며, 나는 흔쾌히 맞아 주었다. 박 박사는 어려운 합성 연구에도 불구하고 끝까지 참고 견뎌냈으며, 기초학문으로 의미 있는 결과를 성취함으로써 박사학위를 취득하였다(매일경제, 2022).[7]

마침 본 연구를 마무리하면서 리뷰 논문을 작성하려는 차에, 〈Macromolecules〉 편집장 힐마이어 교수로부터 Perspective 리뷰 논문을 투고해주라는 초청을 받았다. 그동안 폴리이소시아네이트 연구논문을 정리하여 총설로 게재하였다. 30년 이소시아네이트 학문 여행을 마무리하는 논문이기도 하다. 학문적인 저술은 그동안 발표한 학술지 논문으로 대체하고 별도의 저술은 하지 않기로 했다. 이 논문으로 학문적 동료나 제자에게 고마웠다는 내 마음을 전하려고 한다(Macromolecules, 2022; 헤럴드경제, 2022).[8,9]

또한, 박 박사는 연구실을 마지막까지 지켜주었으며, 연구실 마무리를 위해 각종 시약품을 안전하게 처리해 준 것을 감사하게 생각한다. 박 박사의 앞날이 훤하게 열리리라 기대한다. 폴리이소시아네이트 관련 연구를 함께한 제자들에게 감사하고, 고통스러웠던 석·박사 과정이 인생의 좋은 경험의 시간이 되었기를 바란다.

1 Jae-Suk Lee, *et al*. Macromolecules, 32, 2085-2087, 1999.

2 Yeong-Deuk Shin, *et al*. Macromolecules, 34, 2408-2410, 2001.

3 Jun-Hwan Ahn, *et al*. Journal of American Chemical Society, 127, 4132-4133, 2005.

4 Priyank N. Shah, *et al*. Macromolecules, 45, 8961-8969, 2012.

5 Priyank N. Shah, *et al*. Chemical Communications, 48, 826-828, 2012.

6 In Gyu Bak, *et al*. Angewante Chemie International Ed. 61, e202212398, 2022.

7 매일경제, 지스트, 항생제 내성 문제 대안 신규 고분자 물질 개발, 2022.12.20. https://n.news.naver.com/article/009/0005062880?sid=102

8 In Gyu Bak, *et al*. Macromolecules, 55, 1923-1945, 2022.

9 헤럴드경제, [GIST]새로운 펩타이드 모사 고분자 플랫폼 리뷰 논문 게재, 2022.05.12. https://n.news.naver.com/article/016/0001965216?sid=102

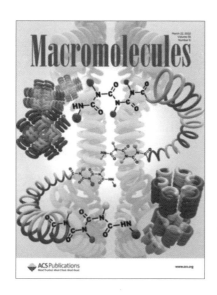

In Gyu Bak, *et al.* Macromolecules, 55, 1923–1945, 2022 (Perspective paper, Supplementary Cover Figure)

4차 산업혁명과 고분자 합성

내가 전공으로 하는 고분자 합성은 연구자들이 꺼리는 분야 중의 하나다. 사람이 시약을 직접 사용하니 냄새도 나고, 만들어진 고분자를 처리해야 하는 과정이 쉽지 않기 때문이다. 그런 힘들고 어려운 연구는 일본과 중국을 중심으로 많이 수행했다. 우리나라뿐만 아니라 다른 나라에서도 대부분 연구자는 머리를 써서 결과를 얻는 연구 분야를 좋아한다. 거기에 좋은 직장과 연계되는 연구 분야이면 더욱 좋다.

그래서 고분자 합성을 전공하는 사람들이 적을 수밖에 없어서, 나는 한편으로 동료들이 적어서 불만이면서도, 다른 한편으로는 잘한다는 칭찬을 받을 수 있다. 그래서 고분자 합성을 전공으로 선택한 것을 후회하지 않는다. 고분자 합성으로 얻어진 고분자 소재를 자랑하면서 재료를 이야기한다. 재료는 시대를 나누는 바로미터이다. 오래전 역사를 석기시대와 철기시대로 나누고, 다시 신석기시대와 구석기시대로 구분한다. 그리고 철기시대를 청동기시대와 구분하기도 한다.

이처럼 우리가 사용했던 소재들은 시대를 가르는 기준이 된다. 언젠가 19~21세기를 플라스틱 시대라고 부를 것으로 생각한다. 왜냐하면, 아직도 금속으로 만든 동전이 있기는 하지만, 돈이 종이와 플라스틱으로 되어 있어서다. 종이도 셀룰로스라는 고분자이다. 시대마다 그 시대의 중심 재료로 돈을 제작하였기 때문이다.

이제 바야흐로 4차 산업혁명의 시대라고 한다. 대학교 전공으로 신소재를 택하고 싶어서 몇 가지 질문을 해 온 학생이 있었다. 요즘 인공지능을 전공으로 선택하는 학생들이 대부분인데, 다른 사람이 하기 싫어하는 신소재 분야를 선택하겠다고 하니 좋았다. 내가 해 보지 못한 의구심을 가지고 자기의 진로를 택한다는 것, 그 고등학생의 태도가 더욱 마음에 들었다. 그 학생이 마음이 변해서 앞으로 어떤 선택을 하든 관계는 없다. 이렇게 고민을 하면서 자기의 진로를 결정하는 태도 자체가 멋있고, 그 고등학생의 장래가 기대된다.

그럼 4차 산업혁명 시대에 고분자 합성이라는 분야는 남아 있을까? 어떻게 전개될까? 아까 말했듯이 다수의 연구자가 꺼리는 일로써 깨끗한 실험 결과를 이른 시간 안에 낼 수 없으니 사람들로부터 멀어져 가지 않을까 하는 노파심이 앞선다. 지금은 모두 연구실에서 냄새 나는 가스를 밖으로 배출하면서 실험하기 때문에 그런 위험도는 낮아졌다. 그런데도 고분자 합성 실험실은 항상 좋은 환경은 아니기에 걱정이 된다.

그리고 대부분의 유기 화합물은 위험 물질이다. 물론 위험 물질이 아니라고 하더라도 화학물질을 많이 섭취하면 몸에 좋을 리는 없다. 실험실을 방문하는 분들께 냄새가 나느냐고 항상 묻는다. 방문객이 "아니, 아무런 냄새가 나지 않는데요!"라고 답하면 안심이 된다. 발명은 필요의 어머니라고 했다. 4차 산업혁명 시대에서는 우리 인간을 위해서 스마트공장에서 고분자 합성을 하면 좋겠다.

다시 아까 나를 찾아온 고등학생 질문으로 들어가 보자.

"4차 산업혁명이 우리의 삶을 윤택하게 해줄까요?"

"신소재는 4차 산업혁명과 어떻게 연계하여 발전할까요?"

"고분자 합성은 4차 산업혁명에서 어떻게 발전되고, 인공지능의 적용이 가능할까요?"

아주 진지한 질문으로 당황했다. 이런 학생을 제자로 두면 좋겠다고 생각했다. 물론 내가 그 학생을 내 연구실로 유인할 수는 없지만, 그리고 대답하기도 어려웠지만, 새로운 과학에의 도전을 꿈꾸는 젊은 과학도를 놓치기 싫었다.

독일연방지능연구소의 츌케 소장이 제창했고, 그리고 독일의 메르켈 수상이 응원했던, Industry 4.0은 우리 인간에게 필요한 좋은 작업환경을 가져다줄 것이다. 또한, 수요자의 다양한 요구에 맞게 공급자는 대응해야 한다. 그러기 위해서 다품종 다량 생산을 위한 스마트공장이 필요할 것이며, 주문하면 바로 배달하는 체계, 생산자와 사용자가 직접 연계되어야 한다. 스마트공장을 구축하기 위해 사물인터넷, 인공지능, 빅데이터와 3D프린팅도 필요할 것이다. 3D프린팅을 위해서는 장치뿐 아니라 잉크 역할을 하는 소재가 필요한데, 그중 하나가 고분자 소재이다. 3D에 필요한 고분자 소재는 고분자 합성으로 제조한다. 이러한 신소재를 4차 산업혁명에서 변화를 이끄는 뿌리 기술이라 일컫는다.

고분자 합성을 위한 맞춤형 스마트 합성 공장이 있었으면 좋겠다. 앞에서도 언급했지만, 고분자 합성을 위해 유기 화합물이 필요한데, 그러한 물질을 과다하게 노출된다면 인간에게는 쾌적한 작업환경이 아니다. 연구자에게 유해 물질이 직접 노출되지 않도록, 멀리서 작업을 제어하여 합성할 수 있어야 한다. 그동안 쌓여 있는 노하우, 즉 고분자 합성에 관한 데이터가 많이 쌓여 있어야 한다. 이것이 초보 단계이지만 고분자 합성을 위한 스마트공장이고 4차 산업혁명 시대로 한걸음 접근하는 길이다.

병원에는 지금까지 진료한 내용이 각 병원에 산더미처럼 쌓여 있다. 개인정보 보호를 위해 의료계 빅데이터 사용에 반대도 있지만, 그 빅데이터를 사용하면 좀 더 환자 치료에 좀 더 빠르고 정확한 해답을 찾을 수 있을 것이다. 감성이 들어가지 않은 치료라면 인공지능 의사 '왓슨'의 제안을 참고할 수 있다. 의사와 왓슨의 의견을 함께 고려한 결정으로 병을 치료한다면 앞으로 완치를 보장받을 수 있지 않을까?

신소재와 4차 산업혁명, 고분자 합성과 4차 산업혁명은 어떻게 연계시켜 우리의 삶을 윤택하게 할 수 있을까? 신소재는 스마트공장을 근간으로 하는 4차 산업혁명의 뿌리 기술이라고 언급했다. 신소재 분야는 모든 산업의 바탕을 이루는 산업으로써 꼭 필요하고, 없어서는 안 된다. 일본의 반도체 관련 소재 수출 금지에서 절실하게 나타나지 않았던가? 누가 뭐라 해도 뿌리산업은 차근차근 지속할 수 있게 키워나가야 하는 산업이다. 코로나19 팬데믹 상황에서 나타났지만, 마스크의 제조는 한국과 중국에서만 대응이 가능한 제조산업이라고 한다. 포스트 코로나19 시대와 비슷한 위기에 대비하여 국가 차원에서 뿌리산업 발전계획을 세우고 키우는 것을 잊어서는 안 된다.

화학을 공부하는 사람은 열역학을 중시하는 것 외에 반응속도론을 더 생각해야 한다. 반응속도론은 다양한 환경에 지배되어 같은 고분자를 합성하더라도 결과가 달리 나온다. 그러한 최적의 합성 조건을 채택하기 위해서는 얼마나 많은 데이터베이스가 필요할까? 인공지능을 가진 로버트가 합성할 수 있도록 많은 데이터가 필요하고 최적의 실험조건을 쉽게 찾을 수 있도록 그 데이터를 주입해 주어야 한다. 그러나 합성을 전공으로 하는 사람으로서 쉽게 접근하기 어렵다. 간단한 화학구조를 가진 물질이라도, 열역학으로 계산하여, 필요한 물질의 합성 시뮬레이션이 아직 정확한 결과에 미치지 못한다고 생각한다. 하물며 거대한 고분자의 합성에 관한 계산 시뮬레이션이 만족할 만한 결과를 도출해줄 수 있을까 하는 의구심이 남게 된다.

수학만큼이나 어려운 물질 합성을 연구하고 있는 나는, 이런 대답으로 고등학교 대입 수험생에게 만족할 수 없는 대답을 하고 끝맺고 싶다. 누구나 접근하기 쉬운 분야를 공부하는 것보다, 경쟁하지 않아서 재미는 없을망정, 아무도 찾지 않는 희귀성을 갖는 직업은 언젠가 보람을 느낄 수 있다고 말해 주었다. 인공지능 시대에 인공지능으로 해결하지 못하는 고분자 합성을, 의구심을 담뿍 지니고 질문했던 고등학생이, 전공으로 선택하기를 기대해 본다.

한국고분자학회를 중심으로
연구·학회 활동을 하다

　　지스트 부임 후 학생들 모집을 위해서라도 학회 활동은 빨리 시작해야 했다. 화학공학과 출신이어서 먼저 한국화학공학회를 참가했고, 고분자 합성을 전공하기 때문에 대한화학회에도 참석했다. 일본에는 고분자학회가 있었는데, 한국에서도 일본과 비슷하게 한국고분자학회를 별도로 조직하여 운영하고 있었다. 미국에서는 고분자 학문 분야가 미국화학회에 속해 있어서 학회 구조는 달랐다.

　　한국화학공학회에서 유기·무기 복합체나 미생물의 폴리우레탄폼에의 고정 등을 발표하였지만, 고분자 합성 분야 활동이 활발하지 않아 자연스럽게 한국고분자학회에 집중하였다. 또한, 고분자 합성을 전공으로 하는 나로서는 화학과 출신들이 주로 참석하는 대한화학회 고분자화학분과회에서 활동하는 것도 좋겠다고 생각하였다.

　　고분자 합성에서 새로운 연구 주제의 단량체로 이소시아네이트를 선정했던 것이 운 좋게 의미 있는 연구 결과가 나오면서 더욱 흥미를 갖게 되었다. 또한, 한 분야에 연구를 집중함으로써 지속할 수 있게 되었다. 지금 생각하면 연구 주제를 선정하는 것도, 선정하는 과정도 귀신에게 홀렸거나 행운이라고 치부할 수 있다. 세렌디피티 serendipity(우연히 찾아온 행운)를 여기에 적용하면 좀 건방지지 않을까. 그러나 우연한 것은 없다. 도올이 주장했던 시민으로서의 지식이나, 걸어온 길에서 만났던 경험들이 축적되어, 나만의 지식으로 홀연히 나타났던 것은 아닐까? 새로운 고분자 합성에 대한 재미있는 결과가 나오면서 학회 활동을 활발하게 했다. 기초연구로 연구실을 유지할 수 없을 때는 응용연구도 병행해야 했다.

고분자 합성을 전공으로 하면서 장기적인 계획이 있었던 것이 아니다. 문제가 있으면 해결하고, 다시 주제를 확장하여 나갔다. 그 과정에서 과학적 문제를 발견하고, 그 문제를 해결하면 새로운 길이 열렸다. 물론 단시간에 해결되어 웃음만 지을 수는 없다. 가끔은 학생들과 머리 아프게 고민도 하고, 문제가 해결되면 같이 웃기도 했다. 좋은 결과라고 웃을 수만 없다. 새로운 결과를 과학적으로 설명을 해야 하는 과정은 무척 힘들다. 우선 학회 활동으로 자랑하듯 발표도 잘해야 한다. 학회에서 질문도 받고 연구 결과를 수정하기 위한 실험도 반복한다.

마침내, 연구 결과를 영어로 설명하고 결론짓는 과정이 논문 작성이다. 그래야만 드디어 학문 세계에서 인정을 받게 된다. 아무리 좋은 결과라도 발표하지 않으면 인정하지 않는 것이 학문 세계이다. 2002년 노벨화학상 수상자 다나카Tanaka 연구원은 많은 논문을 발표하지 않았다. 학회 발표 프로시딩 proceeding이 인정되었다고 들었다. 그는 노벨상 수상자를 발표할 때, 자신이 수상자로 호명되자 "내가 노벨상을요?"라고 외쳤다. 논문 작성 과정에서 평가자의 질문을 받고 수정하고 보충 실험도 한다. 가끔은 심사위원과 토론도 하고, 증거를 제시해야 한다.

좋은 학술잡지에 논문을 게재할 때는 심사위원과 장기간 논란을 거쳐 최종 게재 판정이 난다. 세계적으로 좋은 학술잡지라고 하면 〈Nature〉, 〈Science〉, 〈Cell〉 등이다. 내 경험으로 그중 하나인 학술잡지에, 심사위원의 요청으로 6개월 동안 실험 결과를 확보하여 증거를 제시했지만, 게재에 실패한 적이 있다. 그만큼 좋은 학술잡지에 게재하기 어렵다는 것을 경험하였다. 날마다 학술잡지 홈페이지에 들어가 결과를 기다렸다. 오랫동안 피 말림이 계속되었다.

위와 같이 과학자 한 사람 한 사람이 연구 현장에서 노력하고 있다. 처음 연구 주제가 큰 임팩트를 줄 수 있지만, 노하우가 쌓여서 좋은 논문을 쓸 수가 있다. 고분자 합성에서 한 분야를 집중했고, 기초화학에 바탕을 둔 연구 결과를 냈다. 그것이 기초화학 업적으로 인정되어 미국화학학회지(JACS, 2005)에 게재할 수 있었다. 한국고분자학회에서도 인정하였고, 한국고분자학회 논문상을 받았다. 나도 그랬듯이 과학자들은 응용연구를 하면서도 기초 과학적 의미를 갖는 연구 결과를 얻기를 바란다. 그런데 하필이면 화학 쪽에서 보면 고분자 합성을 응용 분야로 여기는 경향이 있어서, 경쟁하기가 더욱더 어렵다.

이렇게 초기에 얻은 연구 토픽은 멈추지 않고 확장하여 고분자 합성에서 하나의 분야를 일구었다. (내가 스스로 말하기는 쑥스럽지만) 이렇게 연구를 집대성하여 정리한 연구 논문이 제법 자랑할 만큼 되었다. 마침 ㈜LG화학에서 한국고분자학회 고분자학술상을 2013년 제정했는데, 응모시기가 적당하다고 생각하여 학술상 응모 서류를 제출하였다. 한국의 대표적 화학기업이면서 소재 산업을 선도하는 LG화학에서 제정한 제1회 고분자학술상을 수상하게 된 것을 영광스럽게 생각한다.

지스트 내에서는 그동안 훌륭한 업적을 도출한 교원에게 격려하는 차원에서 '특훈교수'라는 명예스러운 이름을 붙이기로 했다. 물론 나는 1차 공모에 대응하지 않았고, 같은 학과 훌륭한 교수님을 추천했다. 1차 공모가 원활하게 진행되지 않아, 2차 공모에서는 전체 교수의 업적을 평가하여 특훈교수를 임명했다. 운 좋게 나의 이름을 넣을 수 있었다. 평가라는 것이 얼마나 차이가 있겠는가? 단지 좀 잘하는 사람에게 격려하는 차원이라고 생각하면서, 2015년 지스트 1회 특훈교수에 임명된 것을 감사할 따름이다. 이러한 영광 또한 한 분야의 연구를 집중해서 얻어진 결과이다.

이러한 학회 활동과 학문적 배경으로, 한국과학기술한림원 회원이 되는 것이 꿈이었다. 응용보다는 기초 학문 수행을 즐거워했고, 나름대로 한 분야를 집대성한 연구 경력을 스스로 자랑스러워했다. 그러나 고분자 합성 중에서도 독특한 고분자 합성을 연구한 학문 분야 성격상, 인용 지수가 생각보다 낮았다. 바로 회원에 선정되기는 어려웠다. 세 번 도전 끝에 2016년 정회원이 되었다. 한국과학기술한림원 정회원으로의 선정은 박사가 되고 교수가 되어 연구하는 과학자의 보람이라고 생각하여 무척 기뻤다.

이제는 학회 활동에 대해 칭찬받을 필요가 없는 나이가 되었다. 그런데도 내가 나이가 들었지만 업적이 훌륭한 회원들을 배려한다는 차원에서 한국고분자학회 펠로우 Fellow가 제정되었고, 1회 펠로우에 선정되어 영광스럽다. 그래서 아직도 학회행사에 적극적으로 참여하고 있다. 영광스럽게 생각하는 또 다른 학회활동을 말하고 지나가고 싶다. 2020년 〈Macromolecules〉 학술잡지 편집장 힐마이어 Hillmyer 로부터 한 통의 이메일 연락을 받았다. Editorial Advisory Board의 일원으로 이름을 올리겠다는 것이다. 학문했던 사람으로서 얼마나 영광스런 일인가? 〈Macromolecules〉에 논문을 많이 게재(총 60편)했던 덕분이리라.

세월은 흘러 은퇴를 해야 하는 시점에서, 한국유연인쇄전자학회를 새로 설립하는데 수석부회장을 맡아달라고 한다. 거절할 수 없는 관계로 제2대 한국유연인쇄전자학회 회장이 되었다. 인쇄전자와의 인연은 오랜 세월을 거슬러 올라가야 한다. 순천대학교에 근무하는 공동연구자 조규진(현재 성균관대학교) 교수와의 만남에서 시작된다. 1992년 오클라호마대학교 오레아 연구실에 초빙연구원으로 방문했을 때 조 교수를 처음 만났다. 그인연으로 조 교수가 순천대학교에 부임한 후 공동연구를 하고 있었다. 그런데 갑자기 연구 주제를 인쇄전자 분야로 바꾸겠다고 한다. 가끔 인쇄전자 소자에 들어가는 소재에 대해 논의도 하고, 과제 심사도 하고, 학생 학위논문 심사를 하면서 운명적으로 인쇄전자 분야에 합류하였다. 한국고분자학회를 운영하고 싶었지만, 회장에 선출되지 못했던 아쉬움도 한편에서 작용했을 것이리라.

2020년 이제 은퇴하고 학교를 떠나야 하는 시간이 되었다. 마침 초빙석학이라는 자리가 생겨서 후배 교수들의 배려로 임용되었고, 가끔 강의하고 혹시 연구를 논의할 수 있으면 논의한다. 초빙석학이라는 자리가 한국고분자학회나 한국유연인쇄전자학회, 한국과학기술한림원 호남교류회 등의 모임에 여전히 참석하는 데 배경이 되고 있다.

국제학회 활동을 통해
세계 학자들과 교류하다

세계적인 학회 활동도 외교와 비슷하게 상호 주고받는 관계이다. 물론 훌륭한 연구를 해서 노벨상을 받았다든지, 받을 가능성이 있는 연구 업적을 쌓은 과학자는 별개다. 박사과정 지도교수인 나카하마 Nakahama(Tokyo Institute of Technology, TIT, 최근 Tokyo Tech로 불림) 교수는 학문의 방향을 제시했다고 하면, 부 지도교수였던 히라오 Hirao 교수는 내가 세계적인 학회 활동을 하는 데 도움을 주었다. 일본의 대부분 대학 연구실이 강좌제로 운영하던 체계가 독립적인 체계로 바뀌었다. 내가 박사학위를 수여 받은 연구실에도 변화가 예상되었으나, 이시조네 Ishizone 교수가 Tokyo Tech에 교수로 남게 되었다.

같은 연구실 후배이기도 하고 고분자 합성 연구 동료이기도 하는 이시조네 교수가 모교에 남게 되어, 모교를 방문하며 편하게 교류할 수 있었다. 이시조네 교수는 내가 박사학위 과정을 위해 유학하였을 때, 대학 4년차로 연구실에 합류하였다. 수석 졸업생에 걸맞게 책임감 있게 연구실을 관리하였으며, 연구도 열심히 수행했다. 그가 학교에 남았기 때문에 일본과의 공동연구나 세계적 학회 활동에 도움을 받았다. 그런 관계로 학생 교류가 빈번했으며, 안준근 박사, 강남구 박사, 감범구 박사, 민준근 박사가 학생일 때 방문 연구를 수행했다. 일본에서는 히가시하라 Higashihara(현재 Yamagata Univ.) 교수, 마츠오카 Matsuoka(현재 Nagoya Institute of Technology) 교수, 하라구치 Haraguchi(현재 Toyohashi Univ. of Technology) 교수가 지스트를 방문하여 공동연구를 수행하였다.

지스트에서 연구 시작 초기, 나 스스로 학생들과 함께 얻어낸 고분자 합성에 관한 연구 결과를 한국고분자학회에서 발표했다. 외국학회로는 일본고분자학회와 미국화학회를 주로 참가하여 발표하였다. 음이온 중합 분야에 전문화된 국제학회로는 IUPAC International Symposium on Ionic Polymerization IP 학회가 있었는데, 2년마다 세계 각국을 돌며 개최했다. IP 학회는 오래전 양이온 중합을 주제로 시작하여, 음이온 중합, 최근에 라디칼 중합까지 포함하여, 제어된 고분자 합성을 주제로 발표한다. 지스트에 부임한 후 처음에는 좋은 연구 결과가 없어서이겠지만, 구두 발표로 IP 학회에 참여하는 것도 어려웠다. 얼마 후 히라오 교수의 추천을 통해 구두로 발표할 기회를 얻었다. 그때까지 IP 학회에서 활동하는 유력한 한국 과학자가 없었기 때문에 한국인으로부터 직접 추천을 받을 수 없었다.

다행히 음이온 중합에 대한 독창성 있는 연구 결과가 얻어진 후, 2000년경부터 2022년 벨기에서 열렸던 IP 학회까지 초청발표자로 참가했다. 아쉬운 것은 IP 학회에 한국인 초청발표자가 거의 없다는 것이다. 물론 유행하는 연구 분야의 발표장에는 한국인 과학자로 넘쳐난다. 응용연구를 중시하는 한국 연구 환경의 결과라고 이해할 수 있다. 한국인 과학자가 기초와 응용, 이 두 분야에서 동시에 활발하게 활동할 때, 세계적인 연구 결과가 도출되지 않을까.

일본은 '가깝고도 먼 나라'라고 한다. 지리적으로는 가깝지만, 심리적으로는 가깝기 어려운 면이 있기 때문이다. 우리는 일본이 침략하여 일제강점기를 겪은 역사가 있다. 그런데도 일본에서 유학했고, 일본 지인들의 도움을 받았다. 친하게 지내야 할 사이이지만, 항상 정신을 차리고 역사를 되새긴다.

먼저 일본에서 유학한 경험을 살려 한국과 일본의 고분자 합성 분야를 연결고리로 발표 모임을 하기로 했다. 그것이 나의 사명이라고 생각했다. 2007년 Korea-Japan Joint Forum KJJF을 조직하고 지스트에서 첫 모임을 열었다. 물론 1회 모임에서는 경비 등 부족함이 많아 유학했던 TolyoTech 연구실의 히라오, 이시조네 교수를 일본 연사로 초청했다. 한국에서는 김상율, 김진곤, 차국헌 교수가 주 연사였다. 그 후 한국과 일본의 고분자 관련 과학자들이 호응하여, 2020년 코로나19로 중지할 때까지 15여 년 동안 한국과 일본을 오가며 12회를 개최하였다. 일본에서는 주로 고분자 합성 분야 학자들을 초청하였고, 한국에서는 고분자 합성 분야가 활성화되지 않아 주로 합성된 고분자를 활용하는 학자를 중심으로 초청발표가 이루어졌다. 코로나19 팬데믹 상황이 종료되었으니, 곧 다시 참여 동료들이 KJJF 학회를 부활하리라 생각한다. 〈사진 참조〉

1990년 일본의 이화학연구소 RIKEN에서 기초과학특별연구원으로 연구하고 있을 때, 나에게 진로에 대한 고민과 연구 생활에서의 행복함이 동시에 있었다. 사사베 Sasabe 교수가 고분자물리연구실장이었는데, 후배 과학자를 양성하고자 하는 철학을 가지고 있었다. 친절하고 호탕한 성격으로 한국 과학자와도 친분이 두터웠다. 한국과학기술연구원 KIST의 김낙중(나

| 지스트에서 10차 KJF를 마치고, 담양의 죽녹원에서 즐거운 한때.

중에 한양대학교 교수로 이직) 박사는 사이타마에 있는 RIKEN을 자주 방문했다. KIST 원장 김은영 박사도 RIKEN을 방문하였는데, 유창한 영어 연설은 인상이 깊었다. 김낙중 박사가 서울원에서 불고기와 술을 사주면서 박사후연구원으로 연구하느라 고생이 많다며 격려해 주던 기억이 생생하다. 박수영 박사도 RIKEN을 방문하여 연구했다. 다수의 한국인 방문 과학자가 연구하느라 고통스러운 시간에도 가끔 모여 서로를 위로했다.

김낙중 교수와 사사베 교수가 비선형광학 고분자 소재 연구로 교류하면서, Korea-Japan Forum KJF 첫 모임을 KIST에서 시작하였다. 나는 사사베 교수와 함께 참석하였고, 햇병아리 박사후연구원이었던 나도 관심을 받았다. 지스트에서는 김장주 교수와 함께 KJF를 개최하였고, 최근에는 후배 교수들이 개최할 때 초청 강사로 발표한 적이 있다. 나의 연구주제가 고분자 합성으로 바뀌면서 KJF의 주제와 달라서 참석이 뜸했다. KJF는 지금도 계속 유지하고 있는 한일 과학자의 고분자 관련 교류 모임

중 하나이다.

일본의 홋카이도대학의 카쿠치 Kakuchi 교수는 히라오 교수의 절친한 친구로, IP 학회와 KJJF를 통해서 친하게 지냈다. 그래서 공동연구를 위해 홋카이도를 여러 번 방문하였고, 카쿠치 교수와 사토 Satoh(카쿠치 교수와 같은 연구실 운영, 현재 연구실 주임교수) 교수도 한국을 자주 방문해 주었다. 교수뿐 아니라 박사과정, 석사과정 학생 교류도 활발하게 했는데, 샤 Shah, 유용근, 채창근, 이승제, 김보람 학생이 홋카이도대학을 방문하여 연구한 결과를 공동 논문으로 게재했다. 홋카이도대학의 와타나베 Watanabe와 요시다 Yoshida는 지스트 연구실을 방문하여 연구한 결과를 논문으로 게재하였다. 이렇게 교류하는 가운데 지스트의 윤명한 교수가 홋카이도대학 교수와의 교류에 적극적으로 합류했다. 내가 가고 싶었던 홋카이도 구시로 습지 방문의 꿈을 윤 교수가 이루어 주었다.

와세다대학 Waseda Univ.의 니시데 Nishide 교수는 2008년 우리 정부가 설계한 세계 수준 대학 World Class University, WCU 프로그램의 방문 교수로 참여하여, 매년 주기적으로 지스트를 방문하여 강의하였다. 우리 연구실의 박사과정 학생 이수빈, 민청민, 안민균이 와세다대학을 방문하여 공동연구를 수행하였다. 물론 일본으로부터 하라 Hara 학생이 지스트 연구실을 방문하여 연구하기도 했다. 니시데 교수는 레독스 반응이 가능한 라디칼을 함유한 단량체를 우리 연구실의 전문 분야인 음이온 중합으로 고분자를 합성하고자 하였다. 니시데 교수와 공동으로 연구한 결과가 학술논문으로 남았다. 그런 관계로 와세다대학을 여러 번 방문했고, 지스트 동료 교수들도 와세다대학을 방문하여 학문 교류를 했다.

그 외 국제학회 활동에서 또 다른 일본 교수를 만날 수 있었는데, 카와 카미 Kawakami(Japan Advanced Institute of Science and Technology, JAIST) 교수가 2004년 조직한 International Symposium on Advanced Material in Asia-Pacific Rim ISAMAP를 개최하여 초청 연사로 참가하면서였다. 한국에서는 부산대 하창식 교수가 이 학회의 주 조직 위원이었다.

ISAMAP 학회에서 베트남 노이 Noi(Science Univ. of Hanoi) 교수와 교류할 수 있었다. 따라서 노이 교수가 베트남에서 학회를 개최하여 초청받아 참가했을 뿐 아니라, 지스트가 베트남의 대학과 교류가 있을 때, 베트남을 방문하여 연구에 관해 이야기를 나눌 수 있었다.

타이완은 일본과 관계가 좋은 편이어서 타이완-일본 과학계 교류도 활발했다. 일본에서 학위를 마쳤던 나는 자연스럽게 타이완 과학자와의 교류가 가능했다. 타이완 첸 Chen(National Taiwan Univ.) 교수와 교류를 활발하게 할 수 있었다. 특별히 히라오 교수의 소개가 관계를 더욱 끈끈하게 했다. 그 후로 첸 교수의 동료와 교류할 수 있었을 뿐 아니라, 그의 제자들과 만남도 계속되었다. 그가 『Electrical Memory Materials and Devices』라는 전문 서적을 편집하고자 하였으며, 공동 저자로 초청하였기에 '기억 소자 소재'에 관한 연구 내용을 종합하여 게재하였다. 첸 교수는 연구에도 열정적이어서 많은 업적을 냈고, 대학 총장직을 수행하고 있다고 들었다.

한일 과학자 교류에서 카쿠치 교수 제자인 중국 교포 센 Shen(한국명 심) 교수를 만났다. 센 교수는 하얼빈공과대학 Harubin Engineering University에서 고분자공학과를 새로이 신설하는 역할을 했다. 그를 통해서 중국과 교류하게 되었고, 일본 교수들과 함께 하얼빈공과대학에서 객원교수로 활동하였다. 센 교수가 창춘과학기술대학교 Changchun University of Science and Technology로 이직한 후에도 활발하게 교류하였다. 센 교수는 한국과 교류를 원했지만, 코로나19 팬데믹으로 교류가 계속되지 못했다. 다행히 센 교수의 제자 주왕Zuwang을 지스트 석사과정 학생으로 보내 나의 은퇴와 함께 석사학위를 마쳤고, 현재 윤명한 교수의 지도하에 지스트 박사과정을 수행하고 있다.

베이징대학교Peking Univ.의 물리학과 공Gong 교수는 일본 이화학연구소에서 만났는데, 베이징대학교에 초청해주어 큰 환대를 받았다. 그때 처음으로 중국의 수도 베이징의 곳곳을 다녀볼 수 있었다. 그 후 2008년 올림픽 게임을 거침으로써 많은 환경 변화가 있었지만, 아직 중국의 근대화되지 않은 모습도 관찰할 수 있었다. 공 교수가 지스트 고등광기술연구소를 방문하여 만날 수 있었는데, 그것이 그와 만남으로 마지막이었다. 연구 분야가 달라 이제는 교류하지 않고 있다.

푸단대학교Fudan Univ.의 헤He 교수와의 교류는 IP학회를 통해서 시작하였다. 상하이에서 국제학회를 유치할 때도 초청해주었고, 상하이 주변에서 열린 다른 학회에 참석할 때도, 푸단대학을 들러 연구 결과를 발표하고 논의했다. 헤 교수가 베이징에서 IP'19를 개최하면서 초청해주어 만났고, 코로나19 팬데믹으로 만남이 중지되었다. 2022년 9월 벨기에서 개최한 IP학회에서도 헤 교수를 만나지 못했다.

코로나19 팬데믹은 과학자의 모임에도 크게 영향을 미쳤다. IP'22 학회 초청 연사로 아시아에서 유일하게 나만 참석하는 기이한 현상을 만들었다. 벨기에서 개최한 IP'22 학회에는 아시아 각국에서 외국 여행을 금지하는 시기였기 때문이다. 그때까지도 아시아인만 마스크를 사용했다. IP학회에 참석한 대부분 외국인은 노마스크 상태였지만, 나는 마스크를 사용했다. 그러나 결국 벨기에 IP'22 학회에 참석하는 동안 코로나19에 감염

되고 말았다. 아마 코로나19 감염자의 출입국 규정이 바뀌지 않았다면, 상당한 비용을 치른 후 귀국할 수 있었을 것이다.

유럽에도 지인이 많지만, 특별히 독일의 뮐러 Mueller(Univ. of Bayreuth) 교수가 기억에 남는다. 오래된 고성 안에서 숙박하면서 진행하는 IP 학회를 개최했기 때문이다. 뮐러 교수의 제자 중에서 한국인 여성과 교제하는 학생이 있었는데, 그를 지스트에 보내 방문 학생으로 연구할 수 있도록 했다. 그 독일 학생이 사귀는 한국 여성(초등학교 교사라고 들었음)과 더욱 긴밀하게 만날 기회를 주기 위해서였다. 지도교수는 학문 외에도 학생의 신변에 대해 신경을 쓰면서 지도한다고 생각하게 한다. 아마 지금은 결혼하여 행복하게 살고 있으리라 생각한다.

프랑스의 캐로티 Carlotti(Univ. Bordeaux) 교수는 다수의 IP 학회에서 만났고, 프랑스 보르도에서 IP 학회를 개최할 때 초청해주었다. 포도주의 고장 보르도를 둘러볼 수 있었다. 넓은 포도 농장을 직접 방문하여 다양한 포도주를 시음해 보았기 때문에, 한국에서 보르도의 포도주를 구매해서 마실 때 생각이 남다르다. 보르도가 큰 도시가 아니어서 그럴 수도 있겠지만, 트램으로 학회가 열리는 대학과 파티 장소를 자유롭게 다닐 수 있어서 좋았다. 가족이 동행한 유일한 학회이기도 했다. 시청 앞의 분수대, 발만 담글 수 있는 물 높이, 거기에 시청사가 비추는 환상적인 그림은 잊을 수 없다. 아마 광주, 아니면 지스트 앞 호수공원에 그런 시설이 있다면, 아이들이 좋아하고, 아름답지 않을까. 캐로티 교수가 중국 상하이에서 열리는 IP'19 학회에 참석하는 기회에 지스트를 방문해 주어 교류를 지속했다.

튀르키예의 야치 Yachi(Istanbul Technical Univ.) 교수가 생각이 난다. 전공 분야가 음이온 중합이 아니어서 그와는 별도로 긴밀한 교류는 없었지만, 항상 IP 학회에서 2년마다 만났다. 보스톤에서 IP 학회가 열릴 때였다. MIT에서 류상욱 교수(지스트 석사학위, 현재 충북대 교수, 그 당시 MIT 박사후연구원)의 지도교수를 만나러 갔을 때, 그도 같은 연구실을 방문하여 처음 만나게 되었다.

그리스의 하지크리스티디스 Hadjichristidis(전 Univ. of Athens, 현재 KAUST, 이후 하지) 교수와 교류할 기회가 많았는데, 하지 교수는 Tokyo Tech의 부지도교수였던 히라오 교수와 친분이 깊었다. 좋은 연구 결과를 인정받아 현재 KAUST의 교수로 이직하여 마지막 정열을 쏟고 있다. 그는 크레타섬에서 IP학회를 개최하여 초청해주어 문명의 발상지라고 하는 곳을 방문할 수 있었다. 그 후 은퇴 당시 학회를 개최하고 초청해서 다시 그곳을 방문하였다. 또한, 그가 히라오 교수와 공동으로 『Anionic Polymerization』이라는 전문 서적을 편집할 때, 나도 초청받아 하나의 장을 게재하여 공헌하였다. 위 전문 서적에 게재한 내용은 이소시아네이트의 중합에 관한 연구 결과이다. 음이온 중합 연구 분야의 전문 서적이기도 해서, 책으로 남을 수 있다는 것은 매우 영광스러운 일이다.

이소시아네이트의 중합에 대해서 새로운 결과를 내고 있어서, 관련 학자와의 교류도 활발하게 진행되었다. 일본에서 카이랄 고분자의 대가인 오카모토 Okamoto(Nagoya Univ.) 교수의 은퇴 모임에 초청발표자로 참가하면서 교류를 시작하였다. 일본에서는 오래전부터 이소시아네이트 관련 연구를 지속적으로 수행하였고, 야시마 Yashima(Nagoya Univ.) 교수가 뒤를 이었다. 물론 오카모토 교수의 몇몇 제자들도 이소시아네이트에 관한 연구를 계속하고 있었다. 오카모토 교수가 하루빈공과대학에서 초빙교수로 학생들을 지도하고 있어서, 매년 하루빈공과대학에서 개최한 심포지엄에 초청발표자로 참석하여 계속 교류를 했다.

미국의 그린 Green(New York Polytechnic Univ.) 교수도 폴리이소시아네이트의 키랄 특성에 관해 집중적으로 연구하고 있는 터라, 일본에 폴이이소시아네이트 분야의 대가인 나고야대학의 오카모토 Okamoto 교수를 비롯하여 학문적 지인이 많았다. 그린 교수가 마침 일본을 방문할 기회가 있었는데, 일본 지인을 통해 지스트를 방문하고 싶어 했다. 지스트 초창기 폴리이소시아네이트의 첫 열매가 1999년 〈Macromolecules〉에 게재된 후이기도 하여, 지스트를 알고 있었다. 아마 폴리이소시아네이트 관련 우리의 첫 논문을 보고 같이 논의하고 싶었던 것 같다. 귀국 후 그린 교수는 초청받은 보답으로 나를 뉴욕으로 초청해주었고, 교수 초빙과정의 후보자들과 식사하는 자리(UC Berkeley로 이직하려 계획하고 있던 Balsara도 만났다)에 함께하여 미국 교수 초빙 문화를 경험했다. 물론 그때 그린 교수 연구실의 학생이었던 박지웅 교수(현재 지스트 교수)도 만날 수 있었다.

직접 만나진 않았지만, 이소시아네이트를 중합했던 노박 Novak(North Carolina Univ.) 교수와도 이메일로 교류할 수 있었다. 노박 교수가 그 당시 〈Macromolecules〉의 편집위원이었기에 논문 심사 과정에서 서로 메시지를 왕래할 기회가 있었는데, "너희 연구 결과를 유심히 살피고 있다."라고 전언해 주었다. 그는 우리와 다르게 배위중합으로 폴리이소시아네이트를 합성하였지만, 그의 논문의 중요성을 인식하고 인용하였다. 이소시아네이트의 중합은 까다로운 중합 조건으로 세계적으로 확장하지는 않았다. 다행히 그리스 하지 교수의 전 연구실(Univ. of Athens)에서 이소시아네이트 중합에 관해 관심을 두고 계속 연구하고 있다.

연구실에서 석·박사 학위를 마친 학생들은 각각 박사학위를 하든지, 박사후연구원 과정을 거치게 된다. 주로 전공이 같아서 교류가 잦았던 외국의 대학에서 연구하게 되는데, 일본 Tokyo Tech에서 박사학위를 했던 제자로는 류상욱(지도교수 Hirao), 유희수(지도교수 Hirao), 한석(지도교수 Ishizone) 박사가 있다. JAIST에서 김선영(지도교수 Kawakami) 박사와 Kyushu Univ.에서 홍진혁(지도교수 Tanaka) 박사가 학위를 마쳤다. 이미 고인이 된 신영득 박사가 JAIST(지도교수 Kawakami)에서 박사후연구원 과정을 수료했다. 이 자리를 빌려 제자들을 지도해 준 교수들께 감사드린다.

제자 중 미국에 있는 대학에서 박사후연구원 과정을 수료한 학생도 많다. 내가 2000년에 미국 맥그래스 McGrath(Virginia Polytechnic Institute and State University) 교수 연구실에서 방문 연구 후, 양이온교환막 관련 연구로 박사학위를 마친 이관수 박사가 박사후연구원 과정으로 맥그래스 교수의 지도를 받았다. 지금은 Los Alamos 국립연구소에서 재직하고 있다.

양이온 중합을 전공으로 한 파우스트 Faust(Univ. of Massachusetts) 교수는 샤 Shah(Chevron Corp.) 박사와 강남구(Merck Electronics) 박사를 초청하여 박사후연구원으로 지도해주었다. 또한, 주로 음이온 중합에 관련 연구를 했던 메이스 Mays(Univ. of Tennessee) 교수 연구실에서 제자(강남구, 강범구, 샤 박사)가 박사후연구원 과정으로 연구를 했다.

나는 열려 있는 마음으로 외국 유학생을 받아들였다. 처음 박사후연구원을 중국인 친구 소개로 받았지만, 만족할 만한 결과를 도출하지 못해 실망한 적이 있었다. 그래서 박사후연구원에 대해 신뢰가 적어졌고, 연구 생활 전반부에는 박사후연구원을 활용하지 않았다. 후반부에 박사후연구원을 활용했는데, 돌이켜 생각해 보면 박사후연구원을 적극적으로 활용하는 것이 바람직하지 않았을까 싶다.

인도, 이집트, 베트남, 방글라데시, 중국, 몰도바, 멕시코로부터 유학

온 학생들이 석·박사 학위를 받고 고국 또는 미국으로 가서 교수나 연구원으로 활동하고 있다. 멕시코, 몰도바에서 유학 온 학생들은 석사를 수료하고 귀국하였다. 방문 학생도 많았는데, 본국에서 학위를 하는 과정 중 일본, 이란, 이집트, 인도, 독일 학생이 우리 연구실을 방문하였다. 연구 결과를 얻어 귀국하여 본국에서 학위를 받았다. 본국의 학위과정 학생들을 지스트 내 연구실에 보내 같이 공동연구를 한 지도교수께도 감사한다.

Brain Pool 프로그램을 활용하여 외국 과학자를 초빙하여 국제교류를 자주 했다. 한국에서는 통상 연구비가 박사후연구원을 활용하기에 충분하지 않다. Brain Pool 프로그램은 별도로 초빙 우수 학자의 인건비를 보조받을 수 있어서, 교수들에게 장려할 만한 프로그램이다. Brain Pool 프로그램은 좋은 외국 연구자를 나와 함께 연구할 수 있게 해주었다.

몇몇 방문 교수(특히 사말 Samal) 교수는 연구는 물론, 영어 작문 실력이 좋아 학생들의 투고 논문 교정을 부탁하여 도움을 받았다. 학생들에게도 영어로 대화할 시간이 많아져서, 영어 생활에 도움이 되었으리라 생각한다. 인도의 머티 Murthy(M.S. Univ. of Baroda) 교수와 샤 Shah(M.S. Univ. of Baroda) 교수, 인도에서 근무하던 대학을 멀리하고 방문 교수로 오랫동안 나와 공동 연구한 사말 교수께도 감사한다.

지금 오만에서 교수로 근무하고 있는 창지 Changez(Univ. of Buraimi) 교수도 좋은 논문을 작성하는 데 공헌했다. 창지 교수는 원래 수학으로 박사학위를 취득했다. 그런데도 고분자 관련 연구를 빨리 습득하여 6개월에 한 편씩 좋은 논문을 게재하였다. 크마르 Kumar 박사는 방문학생과 박사후연구원으로 방문하여 많은 시간을 내 연구실에서 같이하고, 훌륭한 업적을 남겼다. 지금까지 지스트에 남아 연구하고 있는 크마르 박사께도 감사한다.

이집트의 엘세아위 El-Shehawy(Kafr El-Sheikh Univ.) 교수는 내가 Tokyo Tech을 방문했을 때 만났는데, 그가 한국에서 방문 교수로 연구하기를 바랐다. 그는 Brain Pool 프로그램과 연구과제를 활용하여 많은 시간 지스트에서 연구 생활을 했다. 또한, 엘세아위 교수를 통해 많은 이집트 학생을 지스트의 방문 학생으로 소개받을 수 있었다. 또한, 몇몇 학생은 석사과정, 박사과정 학생으로 입학하여 학위를 마치고 귀국했다. 이 자리를 빌려 엘세아위 교수와 학생들의 지도교수였던 엘바바리 El-Barbary(Tanta Univ.) 교수께 감사드린다. 방문 학생들은 유기화학 전공자였는데 유기합성 면에서 우수했고, 고분자 합성을 전공하는 우리 연구실에 많은 도움이 되었다고 판단한다.

30여 년 동안 교육의 결과로 100여 명의 제자를 양성한 것을 보람있게 생각한다. 더불어 여러 나라로부터 유학 온 30여 명의 유학생(지스트 학위 취득자 10명 포함) 방문 연구자가 열심히 연구해주었다. 최근 몰도바에서 유학하러 왔다가 석사학위를 마치고, 헝가리에서 박사학위를 마친 신카리 Sincari 학생으로부터 미국 박사후연구원 지원을 위한 추천서를 부탁해 왔다. 친절하게 이력서 작성법도 지도해 주고, 시간을 내 추천서를 작성해서 보냈다. 이런 일들이 교수의 역할이고 즐거움이 아니겠는가. 지금 대학은 정원에 미치지 못하는 학생 수와 어려운 공부나 연구를 꺼리는 환경에 봉착해 있다. 내국인 석박사 입학생이 감소하는 상황에서 우수한 외국 유학생의 활용을 머릿속에 두어야 한다. 외국 교수들과 국제교류를 통해서 연구 성과를 올리고 세계화할 필요가 있으며, 우수한 외국 유학생을 활용해 연구 업적을 극대화할 필요가 있다.

이처럼 대학교수의 생활에서 국제교류가 많은 부분을 차지한다. 물론 좋은 업적이 뒷받침되어야 발표를 할 수 있기에 그런 결과를 내준 학생들이나 박사후연구원, 공동 연구하는 교수들의 협력이 중요했다. 세계적인 교수들과의 교류는 연구 결과를 배경으로 우수한 발표력도 향상해야 한다. 국제 활동을 위해 영어 실력도 갖추어야 했지만, 영어 발표 능력이 우수하지 못했던 것에 후회가 있다. 우리 후세대들은 훌륭한 연구 결과와 우수한 영어 실력에 무시하지 못하는 국력을 바탕으로, 세계 우수 과학자와의 교류가 더욱 활발히 이루어지리라 기대해 본다.

일본고분자학회에서는 외국 과학자 중에서 일본과 협력하면서 훌륭한 업적을 쌓은 외국인 고분자 관련 과학자에 수여하는 '고분자학회국제상'이 있다. 일본에서 박사학위를 했다는 것을 강조하고 싶지는 않다. 다만 고분자 합성에 관해 나만의 업적을 평가하기를 바란다. 첨가하여 일본에서 학위를 해서 가능했던 일본 과학자와의 교류에 공헌했다는 점을 강조하고 싶다. 또한, 학생들 교환 프로그램을 활성화해서 고분자 분야의 학문 발전과 국제교류에 공헌했다고 생각한다. 홋카이도대학의 사토 교수가 추천해주었다. 결과가 어떠하든 추천을 해준 사토 교수께 감사하고 영광으로 생각한다. 내가 주장하고자 하는 업적의 명칭은 '이소시아네이트의 리빙 음이온 중합 확립 및 확장Founding and utilization of living anionic polymerization of isocyanates'이다.

일본 학술여행

한국에서 석사학위 과정을 마치고 일본에서 박사학위를 받았다. 일본에서의 유학 생활이나 연구 생활은 즐거웠고 만족스러웠다. 그리고 박사과정을 마치기까지 어려움을 여기서 일일이 다 표현할 수 없지만, 그 과정을 잘 마쳤기에 오늘에 이르러 교수로서 은퇴할 수 있게 되었다. 그리고 이 연구 생활을 어떻게 마무리 하느냐도 중요한 일이리라. 나는 2020년 은퇴하기 전에 일본의 스승과 친구들을 만나기로 했다. 그래서 홋카이도로부터 규슈까지 방문(2019년 4월 8~20일)하기로 결정하고, 방문할 대학을 찾았다. 물론 유학 시절에 만난 동료도 있지만, 한국에 돌아와서 대학 생활을 하면서 만났던 과학자도 있다.

내가 졸업한 연구실은 유학 시절에 4학년 연구생으로 합류한 이시소네 Ishizone 교수가 연구실의 대를 이어가고 있다. 일본에서는 고분자 합성 분야가 인기가 있었는데, 우수한 대학생 4명이 진학했고, 이시소네 교수가 우수한 학생이었다고 칭찬하는 이야기를 들었다. 일본의 교수 승진체계가 변화하는 과정에서도, 이시소네 교수는 전문 분야의 중요성이 인정되어 교수로 승진하여 고분자 합성 연구실을 운영하고 있다. 지금도 후배 이시조네 교수가 있어서 도쿄 또는 Tokyo Tech을 쉽게 방문할 수 있다. 이것 또한 나에게는 행운이다.

일본과 한국의 고분자 합성에 관한 국제교류 학술대회 Korea-Japan Joint Forum, KJJF를 GIST와 Tokyo Tech이 2007년 조직하였고, 오랫동안 유지할 수 있었던 것도 이렇게 후배 교수 연구실이 유지되고 있어서 가능했다. 이시조네 교수가 이번 일본 학술여행의 중심이 되었고, 다른 과학자들과의 일정도 조정해 주었다. 그래서 최종적으로 6개의 대학 방문과 강연 일정이 쉽게 결정되었다. 모교 Tokyo Tech 연구실 출신 교수와 KJJF에서 만났던 교수가 주축이 되어 초청해주었다.

방문 시작을 홋카이도대학으로 결정하였는데, 초청한 과학자는 사토 Satoh 교수로 카쿠치 Kakuchi 교수와 연구를 같이 수행했고, 학술 활동을 같이하면서 교류했었다. 특히 연구실 교류가 빈번했던 연구실이라 초청 일정이 쉽게 결정되었다. 사토 교수의 연구실은 고분자 합성을 연구하고 있어서 최근 거대 분자량을 합성한 결과를 발표했다. '광결정을 위한 고분자 합성에 관한 연구'를 강연하고 비행기로 도쿄로 이동했다. 일본열도를 횡단해 본다는 의미로 열차 여행도 생각해 보았지만, 기차비가 의외로 비싸고 시간도 많이 소요될 것으로 예측되었다.

다음 도쿄 일정은 이시조네 교수가 초청해주었다. 일본에서 고분자 관련 연구를 활발하게 수행하고 있는 대학이기 때문에 많은 교수님과 대학원생들이 연구 결과에 관심을 두었다. 박사학위 졸업 동기인 안도 Ando 교수와 실리콘 함유 고분자에 관심을 갖는 하야카와 Hayakawa 교수도 참석하였다. 발표 주제는 내가 30년간 관심을 갖고 주전공으로 했던 '이소시아 네이트의 리빙 음이온 중합'에 관한 것이었다. 일정상 바로 야마가타대학 Yamakata Univ. 으로 가기로 했다.

야마가타대학은 Tokyo Tech과 긴밀한 관계를 맺고 있었다. 일본의 북서쪽 지역에 있고 기차로 3시간 정도 걸렸는데, 원전 폭발로 우리나라에 잘 알려진 후쿠시마에서 갈라지는 야마가타 신간선을 타고 간다. 이곳에서는 고분자 관련 학과가 왕성하게 연구를 수행하고 있다. 미국의 메사추세츠대학교나 애크런대학교가 주위의 고무 산업 발전으로 고분자 분야 연구가 활발했듯이, 야마가타대학도 주변에서 인견, 섬유산업이 발달하여 고분자 분야가 왕성했다는 연유를 들었다. 나를 초청해 준 모리 교수는 야마가타대학을 나와서 Tokyo Tech에서 박사학위를 받았다. 내가 좋아하는 우에다 교수도 이런 과정을 거쳐서 최종적으로 Tokyo Tech에서 정년퇴직을 했다. 이외에 Tokyo Tech의 같은 연구실 출신인 하라구치 Haraguchi 교수도 야마가타대학에 재직하고 있어서, 이번 학술여행에 모리 Mori 교수와 함께 초청해주었다.

야마가타대학은 지역에 있으면서 고분자 합성에 대해서 중점을 두고 있었다. 전자회사의 연구소를 대학 내에 설치할 정도로, 유기디스플레이 소재 및 소자 분야를 특성화하고 있다. 따라서 '전도성 고분자 합성과 분자 레벨의 결정화에 관한 연구'에 대해서 발표를 하였다. 도쿄와는 다르게 지역의 특성을 살리며 발전해 나가고 있었다. 한국도 마찬가지이지만 일본의 지역 산업이 언제까지 버텨줄지 알 수 없다. 그래도 변방에 있는 야마카타 지역의 산업 발전 방향을 광주 지역에서 벤치마킹할 필요가 있다고 생각했다.

숙박은 온천지에 있는 여관(저녁 식사와 함께 숙박이 가능한 호텔)에서 묵었다. 사우나나 목욕을 즐기지 않지만, 오랜만의 기회에 저녁과 아침에 일본의 온천 문화를 느껴 보았다. 멀리 떨어진 온천지여서 후배 교수들이 되돌아갈 때, 대리운전을 해야 할 정도로 상당한 양의 사케(정종)를 같이 마셨다.

다시 도쿄로 돌아와 고분자 합성의 스승이신 나카하마Nakahama 선생님을 저녁 식사를 하면서 만나기로 했다. 그 식사 시간에는 뵙고 싶었던 축합 중합 연구의 선두 주자이셨던 우에다Ueda 교수뿐 아니라 안도 교수, 하야카와 교수도 합류했다. 지금은 다른 대학의 정규직 교수가 된 고세키Gseki(현재 Kogakuin Univ. 교수) 조수도 참석하였다. 유학 시절의 Tokyo Tech의 스승과 동료들이 환영해 주었고, 좋은 저녁 시간을 보냈다. 지난 박사학위 유학 시절부터 일본과 국제교류를 하면서 나누었던 후담이 꽃을 피웠다. 이 모든 행사를 준비해주고 지원해 준 이시조네 교수께 감사한 마음이다. 〈사진 참조〉

월요일에 나고야공업대학으로 이동하였다. 한때 Tokyo Tech에 재직하였던 스즈키Suzuki 교수를 만나기로 했다. 미국 학회에서 만났던 타카기Takagi 교수와 Tokyo Tech의 같은 연구실에서 학위를 받은 후배 마츠오카Matsuoka 교수도 반겼다. 고분자 합성에 관심이 있는 연구실이기 때문에 나의 주된 연구 분야인 '이소시아네이트의 음이온 중합의 리빙성'에 대해서 강연하였다. 스즈키 교수를 한 번도 한국에 초청하지 못해서 서운할 따름이다. 저녁에는 연구뿐 아니라 과학기술, 아니 고분자 합성에 관한 관심사를 술안주로 해 술자리를 가졌다.

하루를 나고야에서 머물고, 야마구치대학으로 옮겼다. 초청자 히가Higa 교수는 오키나와 출신으로 Tokyo Tech의 후배이기도 하다. 사이다

일본 학술여행 시 지도교수와 동료 교수들이 맞아 주었다. 왼쪽부터 Tokyo Tech 의 우에다(축합중합의 대가, 부인께서 한국을 좋아함), 지도교수 나카하마, 이재 석(저자), 안도(박사학위 동기), 고세키(현재 Kogakuin Univ.), 하야카와, 이시즈네 (저자가 박사과정 입학 시 학부 4년생이었으며, 현재 본교 Tokyo Tech 교수)

마현의 리겐에서 근무할 때 같은 연구실은 아니었지만, 함께 시간을 많이 보냈다. 분리막에 관한 연구가 그의 주된 관심사이기도 하다. 따라서 '연료전지에 활용할 양이온, 음이온 교환수지 합성'을 연구하고 있는 터라, 야마구치대학에서 강연할 수 있는 주제로 알맞다고 생각했다. 다행히 히가 교수의 연구실 학생들이 발표 내용에 관심을 가졌다. 또한, '자기유화중합 Self-Emulsion Polymerization에 관한 연구' 결과를 발표했는데, 코노 Konno 교수 연구그룹에서도 관심을 두어서, 함께 학문의 즐거움을 나누었다. 지스트에서는 이소시아네이트의 중합에 관한 연구 주제 하나로 연구실을 운영할 수 없었다. 그래서 얻어진 응용연구 결과를 이번 야마구치대학에서 발표할 수 있어서 좋았다.

다음 일정을 위해 규슈로 향했다. 규슈대학의 다나카 Tanaka 교수는 몸

집은 작지만 호탕하고 야무진 연구 활동으로, 한국 고분자 관련 과학자들과 교류를 활발하게 하는 교수이다. 특히 한일 간의 각종 심포지엄을 주도적으로 이끌고 있어서 더욱 인기가 좋다. 고분자 합성 분야는 아니지만, 고분자의 특성 분석에 특별한 도구를 가지고 있어서 좋은 결과를 얻고 있다. 우리 연구실에서 석사를 마친 홍진혁 군이 일본 유학을 선택했고, 다나카 교수의 연구 분야를 선택해서, 박사학위 과정에 있었다. 한편으로 홍진혁 군을 격려하는 차원으로 방문하려 생각했다.

논문을 게재한 각종 학술잡지 표지 그림이 연구실의 한편 벽을 꽉 채우고 있었다. 연구실의 규모로 봐서 학계에서 인정하는 우수한 연구실이라는 것을 느낄 수 있었다. 여기서는 '자기유화중합으로 얻어진 나노입자의 활용'에 대해서 강연을 하였다. 다나카 교수와 홍진혁 군과 하루 더 연구논의를 하고, 다음 날 한국으로 발길을 옮겼다. 은퇴를 준비하는 시점에서 내가 유학했던 나라, 일본 학술여행은 이렇게 풍성하게 끝났다. 〈2019.10.30.〉

북유럽 학술여행

코로나19가 학술 활동에도 직격탄을 날렸다. 내가 적극적으로 매번 참가하는 IUPAC International Symposium on Ionic Polymerization IP은 2년마다 열리는데, 2021년에는 코로나19 팬데믹으로 열리지 못했다. 2019년 베이징에서 열린 후, 2022년 초에 벨기에 겐트대학교 Ghent University 의 후겐붐 Hoogenboom 교수로부터 학회에서 강연해달라는 초청이 왔다. 마침 30여 년간 연구한 결과를 〈Macromolecules〉에 Perspective paper로 초청받아 출판이 결정되었으니, 그 내용을 소개하면 좋겠다고 생각하고, 초청 강연을 승낙했다.

물론 해외 학술행사에 참여하는 경비가 중요한데, 은퇴하고 얼마 정도 시간이 지났으니 연구비가 없어서 보통 학술활동을 하기 어렵다. 은퇴해도 연구를 꾸준히 했으면 학회에서 초청하니, 은퇴 후 5년 정도는 학술활동을 할 수 있다. 지스트에는 은퇴 후 학술활동을 할 수 있는 좋은 제도가 있었다. 회사에서 받은 연구비 중 일부는 정산하지 않기 때문에 계속해서 사용할 수 있다. 은퇴 후에도 학술활동에 활용할 수 있어서, 학술활동을 열심히 하는 과학자에게는 꼭 있어야 할 제도라고 생각한다. 일본에서는 이를 적극적으로 활용하고 있는데, 회사 개발과제와 용도에 대해 이해도가 낮아 없어질 것 같다.

이번 학술여행의 목적지인 벨기에는 북유럽과 가까이 있어서, 과학자 간 교류와 공동연구를 하는 교수들을 만날 좋은 기회였다. 스웨덴은 학문을 하는 모든 과학자의 꿈인 노벨상을 수여하는 국가여서, 언젠가 꼭 방문하고 싶었다. 또한, 노르웨이 스타방에르대학교의 켈랜드 Kelland, Univ. of Starbanger 교수와 공동연구를 하고 논문을 공동으로 제출한 적이 있어서 방문해서 연구 결과를 논의하고 싶었다.

네덜란드의 암스테르담 스키폴공항은 북유럽의 허브공항이고, 북유럽과 유럽을 연결하는 편리한 위치에 있었다. 따라서 스키폴공항을 경유하는 학술여행 계획을 세웠다. 학술여행 계획은 많은 시간을 사용하여 준비하여야 하는데, 동료인 윤명한 교수의 도움이 컸다. 모든 일정의 준비와 실행을 스마트폰 하나로 마무리하는 것을 보고, IT를 잘 활용하는 세대들의 축복이라고 생각했다.

먼저 스키폴공항을 거쳐 스웨덴 스톡홀름으로 가기로 했다. 스웨덴은 하메디 Hamedi(KTH Royal Institute of Technology) 교수가 초청해주었다. 복지국가 스웨덴의 대학 일정은 금요일에 세미나가 없다고 한다. 주말임에도 불구하고 교수들이 강연에 참석해 주었다. 30년간 연구한 결과를 소개했고, 노벨상을 받을 수 있는 수준의 연구는 아니지만, 매년 노벨상의 수상자를 선정하는 현장에서 강의를 할 수 있었다는 것은 나에게 큰 영광이었다. 우리나라는 김대중 전 대통령이 노벨평화상을 수상한 바가 있지만, 과학계에서는 수상자가 없다. 과학자라면 누구나 노벨상 수상을 꿈꾼다.

스웨덴의 과학자와 관계를 계속해서 한국 과학자가 노벨상을 받을 수 있도록 도울 수 있으면 좋겠다. 스웨덴 왕궁을 뒤로하고 노벨한림원을 방문한 경험은 오래 기억에 남을 것이다. 스웨덴이 외세의 침략을 받아 주류들이 처참하게 처형당했던 슬픈 광장에 노벨한림원의 건물이 있다. 한림원 안에 있는 카페에서 방문자들의 감성을 함께 느끼기로 했다. 내가 앉았던 카페 의자 밑에 노벨 수상자의 사인이 있다. 그 과학자의 노고에 세상이 바뀌었을 것을 생각하며, 노벨상을 제정한 거룩한 뜻을 새기는 시간을 가졌다. 〈사진 참조〉

스웨덴은 GDP가 6만 달러에 인구가 천만 명이었다. 인구는 많지 않지만, 복지국가로서 나름대로 행복하게 사는 것 같았다. 스웨덴에서는 저녁 식사 전에 술 한 잔을 즐기고, 늦은 시간에 식사를 시작한다고 한다. 12시

스웨덴의 한림원 노벨 카페에는 수상자의 사인이 들어가 있는 의자에 앉아 커피를 마신다. 장난기 발동. 노벨 수상자 누가 내가 앉은 의자에 사인했을까?

경에 끝난 저녁 식사 후 호텔로 향하는데, 금요일 밤의 거리는 젊은이들로 북적거렸다. 화장실은 남녀 구분이 없었는데, 남녀평등을 실현하는 하나의 방향이라고 한다. 왕은 남녀 구분 없이 장손이 뒤를 잇는다고도 한다.

스웨덴 스톡홀름에서의 학술여행을 마치고, 네덜란드 암스테르담을 거쳐 벨기에 겐트로 왔다. 겐트는 벨기에 수도 브뤼셀에서 자동차로 1시간 정도 떨어진 거리에 있다. 벨기에의 세 개 도시 중 하나이기도 한 겐트는 중세도시의 모형을 간직하고 있다. 광장 문화라고 할 수 있는 광장 주변에 교회와 관공서가 있다. 교회를 신자로 가득 메꾸지 못하기에, 교회 유지를 위해 백화점이나 파티 장소가 들어서 있다. 허물어져 가고 있는 성이 가끔 방문하는 여행객을 반가이 맞는다. 세계에서 온 여행객으로 거리를 메운다. 이번에 머무른 곳은 겐트대학교에 10분 정도 걸어서 갈 수 있는 곳이었다.

폴리이소시아네이트, 30년간 연구한 결과를 말할 것이다. 그들이 이해해도 좋고, 칭찬해도 안 해도 좋다. 이제는 발표를 연장할 수 있는 시간이 없다. 발표 시간만으로 부족하면 중간휴식, 리셉션, 만찬에서 의견을 교환하면 된다. 폴리이소시아네이트, 1959년에 이미 사쇼아Shashoua 교수가 고분자 합성을 시작했으나, 지금까지 리빙성을 발견하지 못했다.

나는 꾸준히 연구한 끝에 폴리이소시아네이트의 리빙성을 찾았다. 리빙성을 찾으니 연구 범위가 확장되었다. 폴리이소시아네이트 합성 연구 공헌으로 오랫동안 IP 학회로부터 초청강연을 하게 되었다. 고분자 합성 연구자로서 이런 호사는 없다. 박인규 박사가 폴리이소시아네이트의 교대 중합체 합성을 성공했다. 폴리펩타이드 합성에서 이룰 수 없었던 나선형 구조를 창조해 낼 수 있을까? 이런 질문에 답이 될 수 있도록, IP 학회 초청 강연에서 폴리이소시아네이트의 연구 방향을 예견하고 제안하고자 했다.

암스테르담과 겐트까지는 자동차로 왕복 이동하는 것으로 일정이 잡혔다. 이 일정은 윤 교수의 나에 대한 배려이기도 하다. 헤이그의 이준 열사 기념관은 암스테르담과 겐트의 중간에 있었으며, 한국인이라면 일제의 외교권 침탈을 분개할 줄 안다. 기념관을 열심히 설명해 주시던 나보다 위의 연배이신 할머니의 우렁찬 해설은 선진국에 진입한 우리에게 무언가 메시지를 주고 싶어 했다. "일제의 방해로 만국평화회의 참석을 못 한 것이 아니고, 이미 우리의 약한 국력으로 친구가 떠나고 없었다."라는 외침은 나라가 힘을 길러야 하는 것이 그때나 지금이나 국제정세에서 가장 중요한 일임을 가르쳐주고 있다.

암스테르담 공항을 거쳐 노르웨이로 갔다. 이번 학술여행의 마지막 목적지, 스타방에르는 노르웨이를 부유하게 만든 항구도시이다. 20세기 후반 해저에서 유전을 발견했기 때문이다. 스타방에르대학교의 켈랜드 교수는 석유산업에 필요한 연구를 했다. 유전에서 생산한 원유를 관을 통해 운반하는데, 거기에 습기를 많이 포함하고 있다. 온도가 낮고 압력이 높은 환경에서는 이 습기가 얼어서 관을 막아 원유의 이동을 어렵게 만든다. 이런 문제를 해결하기 위해 수화방지제를 개발하는 것이다. 그의 제안에 따라 수용성 폴리이소시아네이트를 합성하고 수화방지에 적용한 연구를 수행했다. 공동연구 결과를 발표하고 논의하고 노르웨이에서의 학술여행을 마쳤다.

노르웨이는 GDP가 8만 달러에 인구 500만 명, 서쪽 항구도시인 스타방에르 거리는 그야말로 깨끗했다. 산유국으로 편입되면서 부러울 정도로 잘사는 나라가 되었다. 빙하시대에 형성된 바위 지반을 다루는 지혜는 곳곳에 배어 있었다. 육지 깊숙이 파고든 피요르드를 보기 위해 세계에서 모여드는 관광객으로 스타방거 공항을 메웠고, 대만, 캐나다에서 방문한 외국인들과 친구가 될 수 있었다. 수천 미터 지하에 있는 유전을 개발하려는 열의는 대단하였고, 노르웨이의 지반을 이루고 있는 암석을 다루는 솜씨가 놀랄 정도였다.

　학술여행은 과학자들에게 하나의 보상이 될 수 있다. 여행다운 여행은 아니지만, 과학자 동료들과 자기 결과를 뽐내며 자랑하고, 은퇴 후 지금까지 이루었던 결과에 만족한다. 가끔은 방문한 장소의 역사를 이야기하고 과학과 연결지어 본다. 애국자인양, 자기 나라가 처한 환경을 자랑과 함께 미래를 걱정하기도 한다. 비록 이번 여행에서 북유럽의 클래식 콘서트와 함께 휘황찬란한 오로라를 볼 수 없었지만, 인생 마지막에 이르렀을 때, 이번 북유럽 학술여행이 한 점의 시간이 되었기를 되새겨 본다. 〈2022.10.01.〉

미국 사이버 학술여행 2023

　　마지막 학술여행을 미국으로 정했다. 기초과학을 연구하고 교육했던 사람으로 마지막 학술여행을 미국으로 정하고, 코로나19로 직접 가지 못해 사이버로 가기로 했다. 그 이유는 지지부진한 회고록을 마무리해야 하기 때문이다. 본 사이버 학술여행에서는 그동안 미국을 방문할 때 기꺼이 초청해주고 지도해 준 교수들을 만나고 싶다. 따라서 미국에서 특별했던 연구 경험을 다시 회상하고 싶다. 더불어서 미국 각지에서 활동하고 있는 제자들을 다시 만나보는 여정이 될 것이다.

　　박사학위를 일본에서 마친 나로서는 영어로 말하는 것이 항상 핸디캡으로 작용했다. 그런데 지스트가 1993년 개원하고, 내가 1994년에 지스트 창립 교수로 채용되고, 1995년 3월 첫 학생들이 입학했다. 그런데 몇 년이 지나지 않은 어느 해에 '전 강의를 영어로 하자.'고 결정한 것이다. '일본에서 공부했으니, 일본어로 강의를 하겠다.'라고 말하라고, 위로 삼아 이야기해 준 동료들이 있었지만, 그 정책을 거역할 수 없었다.

그래서 1999~2000년 유학 겸 포스닥 겸 방문 교수로서 미국의 버지니
아텍 Virginia Polytechnic Institute and State University 으로 갔다. 미국 연수의 또 하
나의 목적은 지스트에서 영어로 강의해야 하는 문제를 해결하는 것이다.
미국에 가면 영어로 듣고 말하는 기회를 얻을 것으로 생각했다. 실험실 환
경을 고려하면서 영어 학습활동을 시도하였으나, 연구실 학생들은 바빠서
영어로 대화할 기회가 없었다. 그래서 외국인의 영어학습을 돕는 자원봉
사자 모임에 참여하여 젊은 대학생과 대화도 하고, 대학 소속 영어학습 프
로그램에도 참여했다.

당장 귀국하면 영어 강의를 예정하고 있는 교수로서 영어학습을 게을
리할 수 없었다. 그런 노력으로 2000년 가을 학기에 복귀하여 영어 강의
를 시작했고 은퇴 후에도 지속되었다. 어떻게 보면, 인생의 길을 예정하고
생각한 바대로 실현한 경우의 하나이다. 미래가 보이지 않아도 막연하게
박사과정을 하고 박사후연구원을 했던 시간도 있었다. 그래도 이미 정해진
일이 있고, 조금 더 노력하면 되는 것이니 얼마나 행복한 수고가 아닌가.

미국으로 초청해 준 교수는 지금은 고인이 되었지만, 고분자 합성 분야
의 대가인 맥그래스 McGrath 교수이다. 지스트 동료인 윤태호 교수의 박사
학위 지도교수이기도 하다. 미국을 방문하는 동안 지스트 연구실에서 진
행하고 있는 과제는 아침저녁으로 학생들과 전화로 지도했다. 그때의 미
국 생활 환경으로 돌아가 내가 살았던 아파트와 캠퍼스 내에 있던 골프장
과 자주 들렀던 마트를 방문하고 싶다.

버지니아텍에서는 폴리우레탄을 합성하는 데 참여했다. KAIST에서 박
사학위를 하고 박사후연구원으로 버지니아텍을 방문한 김유승 박사를 만
났다. 김 박사는 내가 합성한 고분자의 특성을 분석하여 공동연구로 학술

잡지 〈폴리머〉에 게재하였다. 버지니아텍에서 양이온교환수지를 활발하게 연구하는 상황을 목격하면서, 연료전지 막의 중요성을 김유승 박사께 강조했다. 그 후 김유승 박사는 연료전지 관련 연구를 심도 있게 수행하여, 로스알라모스국립연구소에서 연구원으로 재직하게 되었다.

귀국 후 지스트 우리 연구실에서도 양이온교환수지에 관한 연구를 진척시켰다. 관련 연구로 박사학위를 마친 이관수 박사가 박사후연구원 과정으로 맥그래스 교수의 지도를 받았다. 다시 로스알라모스국립연구소로 옮겨 김유승 박사의 지도를 받았다. 이관수 박사가 직장을 몇 군데 옮기는 수고가 있었지만, 끈질긴 노력으로 현재 로스알라모스국립연구소에서 연구원으로 재직하고 있다.

물론 일본에서 학위 후에 RIKEN(일본, 이화학연구소)에서 특별과학연구원으로 근무한 후, 1992년 오클라호마대학교 University of Oklahoma에 연구원으로 6개월간 방문한 경험이 있다. 가끔 공동연구로 RIKEN을 방문했던 오레아 O'Rear 교수가 초청해주었다. 그때 작성한 논문은 '응고된 혈액 덩어리의 용해성에 관한 바이오레오로지' 관련 연구로 최근 2018년에야 출판되었다. 이 대학을 방문했을 때 우연히 도서관에서 한국인 유학생을 만났는데, 순천대학교에서 근무한 후 현재 성균관대학교 교수로 재직 중인 조규진 박사이다. 서툴렀던 나의 첫 미국생활을 도와주었다.

RIKEN에서 프런티어연구원으로 복귀하기로 하고 방문한 박사후연구원 경험이었다. 어려울 때 도와준 오레아 교수를 한국에 초청도 하지 못했고, 한 번도 감사 표시를 하지 못했다. 사이버 학술여행에서 만나게 된다면, 차가 없다고 빌려준 자전거를 타고 같이 오클라호마 주변을 달리면서 옛날 연구 이야기를 하고 싶다.

두 번째로 연가를 간 곳은 2006년 미국 미조리대학교 Missouri Univ. 이치현 교수 연구실이다. 이 교수는 고등학교 후배이고 독서회에서 활동도 같이 했던 적이 있어서, 연구도 같이 하면 좋겠다고 생각했다. 이 교수가 약학대학에서 근무하면서 약물 서방에 관한 연구를 하고 있어서, 내가 합성하는 고분자를 활용하기로 했다. 미국에서 돌아와서도 약물 서방에 관한 연구를 계속해서 그와 공동으로 몇 편의 논문을 게재하였다. 이 교수가 가끔 한국을 방문하여 연구를 논의했지만, 이왕에 학술여행을 가면 캔자스시티 Kansas City에 들러서 1년간 보냈던 기억을 되새겨 볼 일이다. 이 교수 연구실을 방문하여 관심 연구를 논할 것이다. 오랜만에 운동도 같이 하고, 그동안 줄어든 실력을 서로 인정하면서 늙어가는 것을 확인할 것이다.

많은 사람이 뉴욕커가 되고 싶어 한다. 두 번 방문했던 뉴욕을 이번 학술여행으로 다시 방문하고 싶다. 다행히도 사이버 여행이니 비싼 호텔료는 필요 없다. 뉴욕폴리텍의 그린 Green 교수가 2000년 포항공대를 들러 지스트를 방문했고, "아직 지스트의 연구 업적을 평가하기가 어렵다."고 말하면서 포항공대를 높이 평가한 기억이 새롭다. 그를 만나면 지스트 초창기에 유보했던 평가를 듣고 싶다. 그가 연구를 계속했다면, 나의 폴리이소시아네이트 연구 결과를 보고 무슨 생각을 하고 있을까 궁금하다. 왜냐하면 폴리이소시아네이트의 키랄 특성에 대한 바람직한 코멘트를 줄 수 있으리라 생각하기 때문이다.

우리 연구실에서 공부한 학생들은 주로 고분자 합성을 전공으로 했는데, 고분자 합성은 미국의 연구 현장에서 매우 필요한 분야이다. 우리 연구실 출신의 학생들이 미국 대학에 박사후연구원으로 지원했는데 그 대학 중의 하나는 파우스트 Faust(University of Massachusetts) 교수 연구실이었다. 비록 파우스트 교수가 양이온 중합을 전문으로 하고 있지만, 고분자 합성

측면에서 우리 학생들의 능력을 인정하여 박사후연구원으로 초청해주었다. 이제는 은퇴 후 하와이에서 여생을 보내고 있어서, 학교를 방문하여 연구 이야기는 할 수 없을 것 같다. 2022년 벨기에 IP 학회에서 만났다. 이번 사이버 학술여행이 아니더라도 가끔 학회에서 만나기 때문에 재미있는 연구 이야기를 할 수 있을 것 같다.

우리 제자들이 박사후연구원으로 지원하는 다른 연구실 하나는 메이스 Mays(University of Tennessee) 교수 연구실이다. 음이온 중합을 위한 진공 시설을 우리가 사용했던 진공 체계로 바꿔서 연구했던 곳이기도 하다. 음이온 중합 전공을 하지만 실용적인 일을 많이 했고, 코팅제와 슈퍼탄성체 연구를 즐겁게 수행했다. 평소에 응용에 관심을 가진 덕분에 특허료도 꽤 많이 받아 일찍이 은퇴하고 플로리다 Florida 에서 여생을 즐기고 있다고 들었다.

메이스 교수가 초청해주어 테네시대학교를 방문한 적이 있는데, 저녁에 학생들과 함께 집에 초청을 받았다. 요리를 취미로 하고, 재즈 음악 듣기를 즐거워했고, 와인 마시기를 좋아했다. 와인 창고를 별도로 마련해 놓을 정도이니 그럴 만하다. 플로리다 집을 방문하여 연구 이야기보다 와인을 한잔하면서 메이스 교수의 멋진 인생 이야기를 듣고 싶다.

플로리다에서 캘리포니아로 달려갔다. 칼텍의 그럽스 교수님의 흔적을 찾고 싶다. 2021년 작고하여 직접 만날 수 없지만, 미국과 한국에서 몇 번 뵈었던 사모님께 위로의 말을 드리고 싶다. 수수하게 장식한 집에도 초청해주었다. 누구보다도 지스트와의 공동연구 프로그램이 마음으로 잘 되기를 바랐을 것이다. 2020년 나의 퇴임에 맞추어 지스트를 다시 방문하고 싶다는 말이 선하다. 나의 방문을 전해 듣고 하늘에서 내려와 줄 것 같다.

미국에서 박사후연구원 과정을 마친 제자 중에는 한국에 돌아와 교수 직을 하는 류상욱(MIT에서 박사후연구원, 현재 충북대학교 교수) 박사와 강범구 (숭실대학교 교수) 박사도 있지만, 현재 미국의 연구소와 회사에서 재직하고 있는 제자로 이관수(Los Alamos National Lab.), 강남구(Merk Electronics)와 라 만Rahman(Merk Electronics), 샤Shah(Chevron Corp.), 박인규(박사후연구원, Los Alamos National Lab.) 박사가 있다. 이제 제자들과 사이버 학술여행의 여정 을 시작하려고 한다.

플로리다에서 가까운 뉴멕시코를 방문하자. 이관수 박사와 박인규 박 사 두 명의 제자가 근무하고 있다. 김유승 박사가 초청해서 방문했던 적 이 있는 로스알라모스국립연구소는 옛날 원자폭탄을 연구했던 연구소이 다. 한적한 곳이어서 연구만 전력할 수 있는 곳이라고 생각했다. 이제 이 관수 박사가 3D 프린팅으로 주제를 바꾸어 연구하고 있다. 마침 연구원이 필요하다고 하여, 지스트 대학 1기생인 박인규 박사를 강력하게 추천했다. 최종적으로 박인규 박사를 박사후연구원으로 채용해 주었다. 최근 연락에 의하면 지금까지 얻지 못한 좋은 결과를 도출한 모양이다. 축하한다. 미국 에서 성공하기를 빈다. 김유승, 이관수, 박인규 박사를 이 사이버 학술여 행으로 만나서, 그동안에 쌓아 놓은 훌륭한 연구 업적을 같이 이야기해보 고 싶다.

나를 중심으로 윤태호 교수-맥그래스 교수-김유승 박사-이관수 박 사-박인규 박사의 연결고리가 얼마나 많은 인연을 만들어 냈는가? 내가 왜 하필 연료전지용 고분자 합성 연구를 심화시키기 위해, 영어 숙달을 위 해, 윤태호 교수의 지도교수였던 맥그래스 교수 연구실을 방문했을까? 이 런 인연을 대수롭지 않게 생각할 수 있지만, 곰곰이 생각하면 하늘에서 주 지 않으면 이런 인연은 이루어질 수 없다.

가끔 잘 되면 운이 좋았었다고 한다. 그리고 일이 잘 안 되면 운이 좋지 않아서 그랬다고 한다. 모두 좋다. 나에게 미래는 어둑하지만, 가야 할 길이 정해지면 묵묵히 걸어가는 것이다. 이제 돌이켜보면 공부하는 사람, 박사학위를 하겠다는 사람, 교수직을 희망하는 사람에게는 멀고 먼 심란한 길이기도 하다. 그래도 갈 것인가 물으면, 또 가야 하는 길이다.

강남구 박사와 라만 박사가 근무하고 있는 머크전자 Merk Electronics에서는 그동안의 우리 음이온 중합 연구 결과를 발표하고, 연구 결과에 관심이 있는지 논의할 것이다. 물론 그들의 상사인 바스카란 Baskaran 박사를 만날 좋은 기회이다. 최근 바스카란 박사도 한국을 방문할 기회에 지스트를 방문하였기 때문에 더욱 깊은 연구 이야기를 할 수 있을 것 같다.

특히 바스카란 박사는 지금도 음이온 중합에 의한 분자량 제어를 활용하여, 실제 산업에 활용할 수 있는 의미 있는 소재를 얻기를 바라기 때문이다. 음이온 중합이 아직 학문에서도 관심을 받는 것은 타이어에 활용하는 고분자를 음이온 중합으로 합성하기 때문이다. 따라서 음이온 중합을 전공으로 했던 과학자로서, 음이온 중합으로 세상을 움직일 수 있는 상품이 나오기를 기대한다. 그래서 이번 미국 사이버 학술여행에서 꼭 만나고 싶은 과학자이고 연구그룹이다.

샤Shah 박사는 지스트 대학원 초창기 인도에서 유학을 와서 박사학위 과정에서 이소시아네이트의 중합에 관한 주제를 훌륭하게 해결했다. 미국에서 박사후연구원 과정이 순탄하지 못해 안타까웠는데, 이제 샤브론 자동차 회사에서 안정적으로 근무하고 있다고 하니 지도교수로서 안심이 된다. 다행히 이번 사이버 여행에서 좋은 소식을 듣게 되어 기쁘다.

이렇게 미국에서 일하는 제자들의 근무지를 찾아 마지막 학술여행을 하면서 미국 전역을 돌았다. 현실적으로 코로나19가 원인이었든 방문지의 교수가 은퇴했든, 당장 방문이 여의치 않다. 이 책을 마무리하는 마당에, 연구를 한창 하고 있을 때 방문했던 연구 현장을 다시 생각하면서, 이 글로 학술여행, 미국 방문을 마치려 한다. 여기에 소개한 많은 과학자는 내가 연구자로서 무사히 연구를 마치게 한 조력자이기도 하다. 이 글로 감사하다는 말을 대신한다.

Part 9

교수직을 마무리하며
- 반성과 소회

일흔 살에 가까운 나이에 고등학교 친구들을 만났는데, 고등학교 시절에 대학 전공학과를 정하는 데 고민이 많았던 것을 이제 와서 새삼스럽게 이야기한다. 대학 입학 전 이공계였음에도 인문사회계로의 진로를 고민했던 나는 이해한다.

나는 대학 시절에도 인생의 목표를 정하는 데 고민이 많았다. 이제 목표로 했던 대학 교수직을 마쳤고, 정리하는 시간이 되었다. 고민의 연속이었던 삶들이 누구에게는 가치 있게 보이지 않을 수 있겠지만, 이러한 삶을 정리하는 것도 보람되지 않을까 하여 이 글을 남긴다.

In Gyu Bak, *et al.* Angewandte Chemie International Ed., 61, e202212398(1–5), 2022 (Inside Cover Figure)

대학원 학생 교육을 시작으로

　광주과학기술원(이하 지스트)은 대학원 대학, 연구중심대학으로 시작하였다. 따라서 대학을 마치고 학문을 계속하려거나, 적어도 석사과정을 마치고 취직을 하겠다는 학생이 입학한다. 더욱이 박사학위를 마치면 군 복무를 면제받을 수 있어서 이공계 학생, 특히 남학생들의 선호도가 크다. 1995년 첫 입학생은 '전공 관계없이 입시에 응할 수 있다.'라는 안내로 경쟁률이 15:1까지 올라갔다. 그 결과 한국과학기술원 홍릉 캠퍼스를 빌려 밤늦게까지 면접시험을 실시했던 기억이 난다. 생각지도 않은 순수한 안내였지만, 되돌아보면 신생 교육기관을 알리는 광고효과가 톡톡히 있었다.

　나는 영광스럽게도 1994년 지스트 첫 교수로 임용되었다. 초창기 교수로 많은 시간을 지스트 발전을 위해 설계하고 논의하고 방향을 결정했다. 하두봉 초대 원장은 내가 임명받기 전부터 근무하고 있었는데, 오랫동안 대학 교육을 경험했던 교수로서 선배이다. 나는 원장님의 이야기를 경청했다. 특히 교육에서 자세의 중요성을 강조한 초대 하두봉 원장님의 말씀에 따라 수업할 때 정장을 하고 정숙하게 제사를 지내듯 임했다.

대학원 과정이어서 일주일에 한 과목 강의를 맡았다. 대학원에서는 수업도 있지만, 지도교수는 매일 연구실에 들어가 대면하여 대학원 학생을 교육한다. 거의 가족과 같은 형태로 움직인다. 도자기를 굽는 장인이 제자를 기르듯이 한다. 또한, 학생의 일거수일투족을 알고 지낸다. 그러다 보니 학생은 교수의 학문에 관해 배울 뿐 아니라 도덕관까지 따라갈 수 있다. 자연과학에 관한 지혜뿐 아니라 기술과 손재주까지 습득한다. "학생들은 연구원이 아니고 교육을 받는 대상이다."라는 박사과정 지도교수였던 나카하마Nakahama 교수의 생각을 따랐다.

지스트 교육과정에서 중요한 결정이 있었다. 영어로 수업을 하자는 결정이다. 이러한 획기적인 변화는 많은 논의를 거쳐서 결정되어야 한다. 시행되고 있는 과정을 되돌리면 그만큼 정책 변화에 따른 후유증이 크기 때문이다. 그러나 정책이 결정되면 효과를 증대할 필요가 있다. 모든 정책에는 장단점이 있고 명암이 있을 수 있다. 사람마다 생각도 다를 수 있다. 아직도 영어 수업에 논란이 있다는 것을 듣고 있다. 캠퍼스 국제화도 고려해야 하고, 4년마다 바뀌는 총장의 생각에 따라 교육 정책을 자주 바꿀 수 없다.

지스트의 교육에 대한 큰 변화는 대학의 설립과 자연과학 분야를 포함한 기초교육학부의 설치였다. 대학 설립은 구성원의 한결같은 염원이었고, 대학원 발전을 위해서 필수였다. 그렇다고 구성원 전부가 찬성한 것은 아니었다. 대학원 교육과 연구 활동을 집중하자는 의견도 있었다. 결국, 대학 집행부와 지역사회의 노력으로 지스트 대학은 설립되었다. 동시에 기초과학뿐 아니라 과학자의 인문계 소양을 위해 교육을 하자는 철학으로 기초교육학부를 설치했다.

그 체계도 얼마 가지 못했다. 대학원 학과에 기초교육학부 기초과학 교수들을 학과에 소속하게 하였다. 얼마나 많은 경비와 정력을 허비한 교육 시험이 아니겠는가? 처음부터 대학원 학과와 같은 대학을 설치했다면 더 발전할 수 있었을 것이다. 대학 교육 정책도 기관장이 자기 경험을 기반으로 결정한다. 그런데도 대학 발전 방향은 좀 더 신중하게 결정하여야 한다. 왜냐하면, "교육은 백년지대계"라고 한다. 길게 보고 교육 정책이 결정되어야 한다.

대학 설치를 위해 기획위원으로 참가하면서 관계자를 많이 만났다. 경영을 아는 과학자를 양성하는 체계를 제안한 적이 있다. 경영학을 포함한 문 · 사 · 철학부가 병행하는 과학기술대학을 꿈꾸었다. 과학기술만으로 산업을 일으키기 어렵다는 생각으로 경영과 경제를 아는 과학기술 인재 양성이면 좋겠다고 생각했다. 비록 과학기술대학이지만 교양과목을 담당할 교양학부는 필요하기 때문이다. 그러나 결국 최종 결정권을 가진 새로운 총장에 의해 대학 체계의 모든 정책이 결정되었다.

학과의 신설에 대하여도 신중해야 한다. 이왕에 과학기술 중심대학이어서 기초학과의 필요성은 두말할 것 없다. 그런데도 전체 자원의 분할 활용으로 기존의 기관 성장에 악영향을 끼칠 수 있다는 것도 동시에 고려해야 한다. 혹시 구성원의 절대적인 찬성으로 설치된 학과라면, 발전할 수 있도록 치열하게 노력해야 한다.

한때 융합 교육을 강조할 때가 있었다. 그와 동시에 2013년 대학에서는 '세계 수준의 연구중심대학 육성사업 World Class University, WCU'을 수행하기 위해 신소재와 전자 분야를 중심으로 기획하여 사업을 수주하였다. 참여 인력은 대학내 우수 교수와 함께 세계적인 교수를 초빙하는 것이 관건이었다. 교육내용은 나노기술, 바이오기술과 전자기술을 융합하는 것이었다. 외국에서 잘하고 있는 교수가 전임으로 옮길 일은 만무했다. 여러 가지 규정을 맞추어 가며 수행은 완료했지만, 물리적으로 더하는 교육은 화학적으로 융합되지 않았다. 항상 시행착오를 거쳐 배우는 것일까. 다음에도 그러지 말라는 법은 없을 것이다. 〈사진 참조〉

"세계 수준의 연구중심대학 육성사업" 프로그램에 참여한 교수들과 함께. 왼쪽부터 김기선, Hiroyuki Nishide(Waseda University), Kurt E. Geckeler(GIST), Harald Fuchs(University of Munster), Peter V. Nickles(Max Born Institute), Peter Grunberg(Peter Grunberg Institute, 노벨상 수상자), 이재석(저자), Kamal Alameh(Edith Cowan University)

지스트 대학이 설립되었지만, 대학원 과목을 중심으로 강의를 하다 보니, 대학 학생을 대할 기회가 없었다. 먼저 3~4학년이 수강할 수 있는 대학원 과목 또는 3~4학년 대학 과목을 대학원이 들도록 교과목 개설도 했다. 초빙석학으로 임용되어 그런 기회가 주어졌다. 이제 서서히 강의도 마칠 시간이 되었는데, 우연히 2학년 학생들에게 개설된 고분자 과학을 강의할 기회가 생겼다. 젊은 대학생을 만날 기회였다. 즐겁기도 하고 흥분되기도 했다. 그들에게 고분자 분야를 전공으로 살아갈 동기를 부여하고 싶었다. 학생들의 결정이 잘 되었든 잘못 되었든 30~40년 후 전문 분야를 마칠 때 기억하겠지 하면서, 2023년 12월 5일 마지막 수업을 마쳤다.

박사, 그리고 교수가 되는 비결

성공의 기준은 모호하지만, 자기가 목표로 했던 것의 달성을 성공이라고 생각한다면, '운칠기삼'일 수 있고 '운구기일'일 수 있다. 준비할 결과물이 많고 적고를 떠나 미리 하고 싶은 일에 대한 자격을 준비하는 것은 당연하다. 교수의 길은 학문에 대한 준비와 받아 줄 대학의 방향인 기회가 만나야 하고, 그 순간에 목표에 대한 열정과 포기하지 않는 끈기가 함께해야 한다. 미리 결론적으로 말하면 '박사, 그리고 교수가 되는 비결'은 다른 지름길이 없다.

이 글을 작성하는 동안 내 컴퓨터 바탕화면에 이 제목의 원고가 있었다. 어느 학회에 참석하여 연구 내용을 발표하려고 할 때, 청중들이 컴퓨터 화면에 올라 있는 이 원고 제목을 봤다. 청중들은 연구에 대해 발표는 하지 말고, '박사, 그리고 교수가 되는 비결'에 대해 발표해달라는 소동이 있었다. 아마 이 결론을 듣고 실망할지 모르겠지만 말이다.

직업을 쉽게 찾아가는 비결이 있을까? 갑자기 이런 주제로 이야기를 쓰게 된 이유부터 말해야겠다. 은퇴 후 짐을 정리하다가 재임 시절 학생들로부터 받은 편지가 있어서, 버리기 전에 읽어 보았다. 내가 박사학위 과정에서 느꼈던 어려움이 그 편지에도 구구절절 표현되어 있었다. 자료들을 버리지 못하고 또 읽다 보니, 30여 년간 사용했던 짐 정리가 늦어질 수밖에 없었다.

이 글을 쓰기로 한 또 하나의 이유는 "아들이 교수가 되기를 원했다."라는 한 선배(주영철 전 교장, 광랑 서클 활동을 같이 했음)의 의문이다. 아버지인 자기는 같은 분야가 아니고 교수가 아니어서, 아들이 교수로 남기가 어려운 게 아니냐는 의문이었다. 의사 가정에 의사가 많고, 법조계 가정에 법조계 직업을 가진 사람이 많다. 그것은 어느 나라에서도 일어나는 현상이다. 일본에서 몇 대를 이어가는 식당을 보고, 최근 한국에서도 증가하는 현상이지만, 직업의 귀천이 없다는 좋은 선례로 이야기하는 사람도 있다.

그러나 한국에서 좋은 일자리라고 생각하는 업종에 대해서 색안경을 쓰고 혹시 같은 업종의 자제들만 도와주지 않을까 생각할 수 있다. 나의 경우를 말하면, 부모도 교수가 아니었지만, 대학에서 가르치기를 원했고 이를 목표로 삼았다. "간절히 원하면 이루어진다(心想事成)."라는 심정으로…. 같은 업종에 같은 가족이 많다는 것은 정보가 많다는 것이고, 고생하더라도 어떤 과정을 통해 준비하면 하고 싶은 업종에 진입할 가능성이 있다고 생각해서이다. 그 과정이나 정보가 부족하면 미리 포기하는 경우가 많다. 물론 그렇다고 자격을 갖추고 기다린다고 해서 전부 목표에 달성할 순 없다.

교수를 하기 위해서는 지적인 소양이나 관련 전공에 대한 전문성을 갖추어야 하겠지만, 그 전제 조건으로 대부분의 학문 분야에서는 박사과정이라는 긴 여정을 거쳐야 한다. 물론 분야에 따라, 시대에 따라 박사학위 없이 교수가 될 수 있기는 하다. 그러나 이제는 제출 서류 중 박사학위 증명서는 필수 항목이다.

먼저 박사과정을 하면서 고민을 많이 한다. 박사과정을 어떻게 보내야 박사학위를 받을 수 있을까? 박사학위를 어떤 사람들이 받을까? 혼자 자문하면서, 지치지 않고 꾸준히 이뤄내리라 강한 마음을 다잡아야 한다.

이미 박사과정을 마친 분들은 나름대로 경험에 따라 각자 생각이 다르겠지만, 박사라는 학위를 멀리서 보는 분들은 어떻게 생각할까? 나의 지도하에서 석사를 마치고, 일본에서 박사를 마친 제자 유희수 박사의 결혼식에서 사회를 보던 제자 친구가 나에게 질문을 해 왔다. "지금 결혼하는 내 친구는 학교 다닐 때 공부를 열심히 하는 학생은 아니었는데, 어느덧 박사학위를 마쳤고, 자기는 학사로 남아 있는데, 차이와 이유는 무엇인가요?" 진담 반, 농담 반으로 나에게 말을 걸어왔다. "박사학위는 실력만 있어서 받는 것이 아니고, 성실함과 꾸준함이 없으면 불가능하다."라고 말해 주고 싶었다.

이런 질문들이 있었기에, 글의 제목이 우스꽝스럽게 들릴지 모르지만, '박사, 그리고 교수가 되는 비결'을 쓰기로 했다. 정답은 없지만, 이 글을 읽으면 어렴풋하게 어느 연구실의 이야기로 간접 경험하면서 스스로 답을 찾을 수 있을 것이다.

앞서 언급했던 연구실 학생으로부터의 오래전 편지 이야기를 다시 하면, 연구 생활의 어려움을 토로하고 몇 개월 쉬었다가 다시 연구를 계속하고 싶어 하는 내용이었다. 연구하기가 어려워서 그럴 수도 있겠지만, 연구실에서의 생활도 사회생활의 일부이다. 구성원 간의 희로애락도 같이 해야 할 뿐 아니라 의견 충돌도 있을 수 있다. 때론 학생들끼리 다투기도 한다. 편이 나뉘기도 한다. 그러나 나는 지도교수로서 관여하지 않았다. 사회생활에서 있을 수 있는 일이기도 하고, 학생들끼리 해결해 나갈 수 있는 능력이 충분히 있다고 생각했기 때문이다.

다행히도 연구실의 모든 학생이 무난히 학위를 받고 현재 사회활동을 잘하고 있다. 한 명의 낙오자가 없이 박사학위를 받아서 나간 우리 연구실 학생들이 고맙고 감사할 따름이다. 물론 박사학위 과정에 들어가는 것은 엄두가 나지 않아 미리 포기하고, 석사학위로 연구 생활을 끝내는 경우도 많다. 교수 생활 27년에 100여 명의 제자를 배출했다. 다행히도 한 명의 낙오자도 없었다. 졸업하고 연락이 되지 않아 걱정했는데, 공무원이 되었다는 이야기를 나중에 전달받았을 때 비로소 안도할 수 있었다. 이집트에서 박사학위 과정 중에 우리 연구실로 유학 왔던 학생이 있었다. 두 편의 논문을 완성하였으나, 학위 취득 여부를 알려오지 않은 것은 아쉬움으로 남는다.

대학원 과정의 연구도 쉽게 마무리되는 것은 아니어서, 참고 견디며 연구 방법을 배우고 스스로 터득하여야 한다. 연구를 마치고 졸업한 후, 졸업생의 직업이 다양하다. 연구실에서 경험한 내용이 고분자의 합성과 관련 응용연구였기에 대학과 연구소는 물론 기업에서 연구개발 업무에 종사하고 있다. 과학관이나 기술평가기관에서 일하기도 하고, 국회의 정책 분야에서 일하는 제자도 있다. 그만큼 과학자들의 활동 범위는 어느 한 곳으로 한정하지 않는다.

외국 유학생은 모국으로 돌아간 학생도 있지만, 미국 등 외국에 정착한 졸업생도 있다. 물론 한국 국적의 졸업생도 미국에서 활동하고 있다. 우리나라 대기업의 대부분이 대전 이북에 있다 보니, 졸업생들이 대전과 수도권에 많이 취직하고 있다. 서울에서 멀리 떨어져 있는 여수산업단지 내 대기업의 연구개발 분야에서 활동하기도 한다. 대학에서 전공한 분야에 따라 진로가 다를 수 있지만, 각자가 이룬 성과와 각자의 희망에 따라 진로가 결정된다.

이번 원고의 제목을 보고, 교수가 되는 진짜 비결이 있는가 하고 낚였을 수 있다. 결론적으로 말하면, 비결은 자기가 좋아하는 길을 선택해서 꾸준하게 준비할 수밖에 없다는 것. 준비했다고 모두 성공하는 것은 아니라는 것. 박사과정은 마칠 수 있지만, 큰 고통을 이길 수 있는 인내가 함께해야 한다. 가끔 박사과정을 포기하고 싶은 마음도 있다. 그러나 프로스트의 '가지 않은 길'을 되돌아가 다시 찾을 수도 없고, 돌아갈 길 없는 외다리 길이어서 되돌아가지 못하는 학생들도 있다. 그래도 박사과정의 입학시험에 합격했다는 것은 교수들의 판단으로 학업과 연구를 성실하게 수행하면 박사학위 취득이 가능하다는 것이다. 우리 제자들처럼 성적의 우수 여부를 떠나 대부분 성공적으로 학위 과정을 마칠 수 있다.

박사학위 과정에서 충분한 연구를 마치고 나서도 박사학위 취득의 길은 쉽지만 않다. 미국에서 에피소드로 돌던 이야기이지만, 마지막 박사학위 심사 발표를 하고, 출구를 찾지 못하고 캐비닛으로 들어간 박사학위 후보자도 있었다고 한다. 공부하는 학생으로 그만큼 박사학위 과정은 마지막까지 긴장의 연속이었다는 점을 강조한 이야기리라. 박사학위를 받았다고 진로가 수월하게 열렸다고 할 수 있을까? 보통 자기가 연구한 결과를 학회에서 전공자들 앞에서 종종 발표한다. 다수의 연구자 앞에서 중압감을 이기지 못해, 발표를 끝까지 못하고 멈춘 경우도 봤다. 본인은 물론이었을 테지만 강의를 듣던 사회자나 청중에게도 황망한 일이다.

5년 또는 10년간 연구를 거쳐 박사학위를 수여 받았다고 준비된 자리가 나를 기다려 주는 것도 아니기에 또 다른 고민이 시작될 것이다. 기본적으로 좋은 업적을 쌓고 기다려야 하겠지만, 아주 우수한 업적을 갖추고 있어도 알려지지 않으면 기다린다고 누가 초빙해 주지 않는다. 자기 업적을 선전하는 기회를 많이 얻어야 한다. 또한, 전문 분야의 동료들과 꾸준히 교류해야 한다.

박사학위를 받은 후 걸어야 할 길은 다양하다. 연구를 좋아해서 공공 연구소를 선택하는 박사도 있을 것이나, 스스로 연구와 함께 연구비도 확보해야 한다. 회사 연구소를 선호하는 과학자도 있을 것이다. 회사에서 연구비를 마련해 주니 연구비 수주에는 압박이 없겠지만, 결국 개발된 제품의 매출까지 고려한 연구개발이라면 제품화의 압박이 또 다른 어려움일 수 있다. 대학에서 교육하고 싶어서 대학으로 방향을 결정한다고 해서 쉬운 길만은 아니다. 단지 자기가 가고 싶은 길을 확실하게 정하고 준비하고 기회를 기다려야 한다. 교수직을 얻었다면 기본적으로 교육과 연구 그리고 사회봉사를 임무로 한다. 교수의 업무는 각자의 목표에 따라 쉬운 길도 아니고, 어렵다고 피할 수도 없다.

대학 교수는 교육학을 전공하지 않고도 교육을 업으로 삼는다. 박사학위 과정의 연구를 통해서 지도교수와 꾸준히 토론하여 문제를 해석하고, 결론을 짓는 과정에서 교육학을 부전공으로 얻는다고 하면 타당한 이야기일까? 그런 과정을 통해서 학점이 없는 교육학을 완성하는지 모른다. 일본에서의 Doctor(일본 구제도로써 박사학위를 수여한 때도 있었음)라고 하는 것은 모든 분야를 습득한 기술자로 여겨지며, 미국의 Ph.D.(Doctor of Philosophy)는 한 분야에 대한 논리를 정리해서 인정을 받았다고 해석한다. 하여튼 최근에는 어느 나라가 되었든 한 분야에 대해서 일정한 기간에 어느 정도의 범위를 연구해서 결과를 논리 있게 정리하면 박사학위를 수여한다.

학교에 재직하는 선생이나 교수가 학생의 인성교육까지 맡아야 할까? 이미 가정교육에서 타고 난 인성이 바꾸어질 수 없지만, 선생의 행동을 배워 가는 것은 사실이다. 그래서 선생은 발걸음 하나도 조심해야 한다고 하지 않는가. 대학에 있는 선생은 어떠할까. 장인이 되기 위해 훈련하는 것처럼, 연구실에서 학생과 지도교수와의 관계에서 교육과 연구에 대한 철학이 형성된다. 교수와 학생과의 인간관계를 포함하여 지도교수의 교수법이 좋든 나쁘든, 연구 계획서의 작성 과정이나 연구개발 과정을 습득하게 된다. 가끔 교수의 어떤 행동(좋은 점이나 나쁜 점 모두)이 지도교수로부터 기인하였다고 이야기하곤 한다. 그렇게 과학계 학풍이 (알게 모르게) 하나 세워지는지도 모른다.

그렇게 교육과 연구 과정을 훈련받아 지도교수의 교육철학이라고 할 수 있는 생각을 제자들에게 자연스럽게 전수한다. 내가 지도교수로부터 전수하였던 것 중에 "학생들은 교육의 대상이지 연구원이 아니다."라든지, "박사학위 논문은 기초연구를 기본으로 하고, 그 결과를 활용한 응용연구를 곁들이는 것이 바람직하다."라는 것이다. 그런 연구 철학이 은연중에 나의 연구실 학생들에게도 전달되었다.

아무리 목표를 세웠다고, 가고자 하는 방향으로 꼭 갈 수는 없다. 지나고 보면 최종적으로 내가 서 있는 자리가 상당히 운이었다고 생각한다. 적어도 나의 경우 내가 봉직했던 지스트는 내가 박사과정 수행하던 중에도 없었고, 목표도 아니었는데, 박사학위 취득 후인 1993년에 설립이 결정되었다. 그래도 대학교를 목표로 하지 않았다면, 연구소나 회사에 취직했을 것이고, 다시 다른 곳에서 지스트로 이직하기는 어렵지 않았을까?

박사학위는 우수한 학생들만의 영역이 아니며, 누구나 도전할 수 있는 영역이다. 그런데도 장기간 수행하는 동안 참고 견뎌내야 얻어지는 결과이다. 교수의 길을 가기 위해서 그런 박사학위 과정, 긴 터널의 길을 걸어야 하고, 기본적인 업적을 갖추어야 함은 물론 꾸준히 추구해야 한다. 그 길에는 준비과정이 있어야 하고, 기회가 맞아 주어야 한다. 그것을 운이라고도 생각할 수 있다. 내 자리라고 잡아보려고 온 힘을 기울였던 적도 있다. 그러나 그 길은 나의 길이 아니었고, 나에게 길을 열어주고 걷게 하지 않았으며, 품어주지 않았다.

이것이 박사학위 과정과 그 이후 교수 자리를 찾아보고, 교수의 길을 먼저 걸어본 자가 터득한 비결이다.

나의 연구가 씨앗이 되어
더 큰 열매를 맺길 바라며

연구 분야로 음이온 중합 하나만 연구했으면 얼마나 좋았을까 생각하곤 했다. 왜냐하면 한 분야에 집중할 수 있기 때문이다. 그러나 한국의 보통 연구실에서 한 가지만 연구할 수는 없다. 그 이유로 연구비 환경을 탓할 수도 있지만, 연구하다가 우연히 재미있는 새로운 연구 주제가 나타날 수도 있다. 그것을 놓치지 않는 것이 연구자의 창의력이다. 창의력은 가만히 감나무 밑에 누워 있다고 감이 입속으로 떨어지지 않는 것과 같다. 많은 과학지식을 습득하여 기본적인 지식을 갖추고 있어야 하고, 그 위에 최근 발견한 새로운 과학지식도 습득해야만 창의력이 쌓이는 것이다. 최종적으로 이렇게 이뤄지는 성공 신화를 세렌디피티 serendipity라고 할 수 있을 것 같다.

교수직 은퇴를 앞두고 그동안 수행했던 연구 주제를 나름 정리하려고 한다. 그중 계속 연구하고 싶은 연구 주제를 여기에 남기고 싶다. 1979년 석사과정에 입학하여 2020년 정년퇴임으로 연구 생활을 마치게 되었다.

그동안 수행했던 연구 주제를 정리해보면, 기초학문으로는 이소시아네이트의 음이온 중합과 거대 고분자의 합성, 응용으로는 나노 소재와 에너지용 전해질 합성으로 크게 나눌 수 있다.

30년 동안 연구 끝에, 폴리이소시아네이트 합성 관련 다수의 논문과 특허를 보유하고 있다. 이소시아네이트의 음이온 중합에서 1, 2, 3세대에 걸쳐 리빙성을 처음으로 밝혀 냈다(Macromolecules, 1999; 2001; JACS, 2005).[1-3] 리빙성을 활용하여 다양한 블록공중합체를 합성하였다. 폴리이소시아네이트를 활용한 펩타이드 유사 인공화합물 모델을 찾으려 노력하였다. 펩타이드 유사 물질을 인공적으로 제어하기 위해 교대 폴리이소시아네이트 합성에 성공하였다(Angewandte Chemie International Edition, 2022).[4]

이를 활용하여 슈퍼박테리아 문제를 해결해 보려고 했다. 폴리이소시아네이트의 나선형 구조 특성으로 물에 용해성이 낮아 항균성은 기대만큼 크지 못했다. 물에 용해성이 크고 항균성이 충분한 결과가 나오지 못해 아쉬움이 남는 나의 마지막 연구가 되었다. 연구할 수 있는 기간이 남아 있고 연구비가 지속되었다면 아쉬움 없이 연구는 계속되었을 것이다. 슈퍼박테리아가 인식하지 못하는 인공 나선형 항균제이면서, 물에도 잘 녹아서 항균성이 높고, 인체에도 독성이 없는 슈퍼박테리아를 잡는 항균제의 출현이 아쉽다.

나노 소재 연구 중에서 두 단량체를 연결한 전구체 Two-monomer-connected precursors의 중합이 가장 기억에 남는다. 처음으로 개념을 제시하였고, 중요성을 인정받아 "유기 거대연속결정 소재" 연구로 삼성미래기술육성사업 연구비를 지원받았다. 그 연구 결과를 〈Nature〉 자매지 〈Nature Communication〉(2016)[5]에 게재해 재단에 조그마한 공헌을 했다. 이런 개념의 소재가 실제 응용에서 큰 효과를 낼 수 있다면 얼마나 좋을까 기대해 본다.

이 연구 주제는 음이온 중합의 연구 결과로부터 나왔다. 이소시아네이트의 리빙 음이온 중합으로부터 양친매성 로드−코일 rod−coil 블록공중합체를 합성할 수 있었다. 자기조립에 의해서 나노입자를 제조하였는데, 안정화를 하기 위해서 폴리이소시아네이트의 코일 도메인을 가교시켰다. 가교시킨 도메인에서 분자레벨의 규칙적인 결정체를 얻을 수 있었고, 그 고분자 가교법을 일반화 시키고 가교에 의한 구조제어를 재현시킬 수 있었다. 다시 말해서 고분자의 가교를 통해 불규칙한 입체구조를 규칙적인 입체구조로 변환할 수 있었고, 그 결과 분자레벨의 결정구조를 도출할 수 있었다(Advanced Materials, 2015).[6]

위 연구과제로부터 고분자는 가교시키면 용매 내에서 침전이 일어나기 때문에 규칙적인 구조를 이루기 위해서 많은 제약이 따른다는 점을 이해했다. 관련 연구를 여기서 끝내지 않고 생각해 낸 것이 두 개의 단량체를 붙여 두 단량체를 연결한 화합물을 전구체를 TMCP라고 명명하고, 그 TMCP를 중합하였다. 고분자를 가교했을 때와 같은 분자레벨의 규칙적인 결정체를 도출해 냈다. 얻어진 결정체는 슈퍼케패시터의 전극 및 수계에서 사용가능한 유기전기화학 트랜지스터 organic electrochemical transistor, OECT 로 응용할 수 있었으며, 다양한 전도성 고분자로 활용할 수 있을 것으로 판단된다(Chemistry of Materials, 2020).[7]

이 연구 주제와 관련하여 아쉬움이 남은 결과가 있다. 고분자 합성으로 얻어진 고분자의 입체규칙성은 어택틱 atactic, 신디오택틱 syndiotactic, 아이소택틱 isotactic 구조가 있다. 이러한 구조는 고분자 합성 시 결정되기 때문에, 합성 후에는 어떤 방법으로도 그 구조를 바꿀 수 없다. 그러나 위 두 연구 결과로부터 어택틱의 구조를 신디오택틱 구조로 변환할 수 있지 않을까 하는 결과를 발견했다. 그러나 분석을 통해 '어택틱 구조가 가교에 의해 신디오택틱 구조로 바꿀 수 있다.'라는 것을 증명하기 위해 노력했음에도 불구하고, 현재 연구 환경에서 그 결과를 확인하지 못하고 연구를 마무리했다.

또 하나의 아쉬움이 남는 나노 소재 연구는 자기유화중합self-emulsion polymerization이다. 주 전공이었던 리빙 음이온 중합으로부터 양친매성 블록 공중합체를 중합할 수 있었다. 이로부터 마이셀micelle, 베지클vesicle, 다공성 나노 소재 등 다양한 나노 구조체를 만들 수 있다(Macromolecules, 1989; 2008).[8,9] 그런데 양친매성 블록공중합체가 아닌, 양친매성 단일 중합체로부터도 나노 입자 구조체가 제안되었다(Small, 2010).[10]

더 나아가 양친매성 단량체를 중합하면 나노 입자가 균일하게 제조된다. 그것을 자기유화중합Self-emulsion Polymerization이라는 이름을 붙여 두었다(Macromolecules, 2013; J. of Polymer Science Part A: Polymer Chemistry, 2019).[11,12] 본 방법은 나노 입자를 쉽게 만들 수 있었기 때문에 다양하게 적용하였다. 광결정, 나노 무기물의 구조제어, 페브로스카이트의 안정성 증대, 약물 또는 인광물의 나노 입자에 함침 등 연구를 확장하였다(Materials Horizons, 2018).[13] 자기유화중합은 손쉽게 제어된 입자를 합성할 수 있고, 다양한 응용이 예상되어 활용하기를 바랄 뿐이다.

에너지 소재 연구의 시작은 광도파로 고분자 소재를 합성 연구로부터였다. 지스트 초창기에 광주는 광산업에 심혈을 기울일 때이기도 했다. 지역산업과 연구 분야를 일부라도 맞추어 연구개발하는 것은 중요하다고 생각했다. 광도파로는 주로 유리 소재인 실리카로부터 만들어진다. 유리는 무기물 소재로 다루기 어려워 가공 공정상 유리한 고분자 소재로의 전환이 연구개발의 동기였다. 기본적으로 불소계 폴리아릴렌에테르계 폴리머를 합성하고자 다양한 화학구조를 도입하였다(Macromolecules, 2001; Chemistry of Materials, 2006).[14,15]

광도파로의 연구를 마무리한 후, 광도파로에 적용한 불소계 폴리아릴렌에테르에 슬폰산을 도입하면 양이온 교환수지에 적용할 수 있다. 에너지용 전해질 합성과 관련해서는 연료전지의 전해질을 합성하려고 장기간 노력했다. 연료전지용 양이온교환막, 음이온교환막, 최근에는 고온용 양이온교환막에 대한 고분자 소재를 합성했다(Macromolecules, 2009).[16] 그 당시 양이온교환막은 연료전지의 제조에 있어서 Nafion을 대표하는 중요한 막으로 사용할 수 있다. 100℃ 이상의 환경에서 사용 가능한 인산기를 함유한 고온 전해질의 연구뿐 아니라(J. of Membrane Science, 2020),[17] 음이온교환막으로 전환하여 연구개발하였다(Polymer, 2020).[18]

전해질 연구는 고체 배터리 전해질의 연구로 확장되었다. 고체 슈퍼 커패시터의 전극에도 관심을 두고 연구하였다. 한 분야를 열정적으로 연구하면, 많은 노하우가 축적되고 그 소재들이 실생활에 사용되어 사회에 공헌할 수 있다. 특히 고분자 전해질은 촉매의 바인더로 사용 가능할 뿐 아니라, 이온전도도가 높은 고분자 전해질은 무기물 전해질과의 복합 소재로 활용할 수 있고 전고체배터리의 전해질막의 바인더로 기대된다. 우리 연구실에서 개발한 소재가 산업 현장이나 실생활에 적용되기를 바란다.

전고체배터리용 전해질 연구 주제와 관련하여 아쉬움이 남은 결과가 있다. 전고체배터리용 전해질을 합성하면서, 나의 전문 분야인 음이온 중합으로 고분자의 분자량을 제어하여 높은 이온전도도(10^{-3} s/cm 레벨)를 갖는 고체전해질을 합성하였다. 이처럼 이온전도도가 높은 고분자 전해질은 장차 전고체배터리 시대에 중요한 역할을 하리라 생각한다. 이 연구 결과로부터 다양한 고체전해질 화학구조를 설계하고 합성 방법을 확장하면, 고분자 기계적 특성과 이온전도도 특성을 증진할 수 있을 것이다 (Macromolecules, 2020).[19]

응용연구로 8여 년 전에 시작한 기능성 필터의 개발에 관한 연구 이야기를 하고 싶다. 연구 주제가 갑자기 새로운 아이디어로 시작하는 때도 있지만, 새로운 과제를 제안하는 동기가 나의 연구 환경 주위에 있었다. 지금까지 연구하고 있는 연구 주제로부터 새로운 연구과제를 도출하였다는 의미이다. 응용연구의 경우는 사회 문제 해결을 위한 연구개발인 경우도 많다. 우리가 꾸준히 에너지 소재 연구개발을 위해 진행했던 전해질을 미세먼지 저감용 필터에 적용하고자 했다. 이러한 연구를 시작하기 전에는 대부분 폴리프로필렌을 용융 방사하여 마이크로 수준의 직경의 섬유를 제조하고, 그 섬유 위에 코로나19 방전을 하여 정전력을 부여한다.

그 정전력에 의해서 미세먼지를 잡아당겨 제거하게 되는데, 정전력을 잃게 하는 습기나 연기 등을 만나게 되면 미세먼지를 제거하는 능력이 급격하게 저하하게 된다. 이러한 정전방식이 아닌 고분자의 기능성 그룹에 의한 미세먼지 저감을 위한 필터의 연구개발에 관심을 두게 되었다. 또한, 전기방사에 의해서 섬유의 직경을 나노 크기로 제어함으로써 미세먼지의 저감과 함께 압력손실을 낮추려고 시도하였다(ACS Applied Nano Materials, 2021).[20] 이러한 연구가 언젠가 현재 연구개발과 다른 혁신적 필터의 개발에 공헌하기를 바란다.

나의 연구 중, 확장 가능한 또 하나의 연구는 보틀브러쉬 블록공중합체 bottle brush block coplymer의 합성이다. 이러한 거대 고분자 중합 연구는 거대 단량체 macromonomer의 중합이 중요하다. 거대 단량체는 큰 분자량의 화학 구조물 또는 리빙 중합으로 제어된 고분자에 중합 가능한 단량체를 수식하여 합성한다. 중합 가능한 단량체의 화학구조로 비닐기 vinyl group와 노르보르넨기 norbornene group를 예로 들 수 있다. 그중 노르보르넨기가 단량체 간 간격이 넓어 중합도를 올릴 수 있다.

연구실의 전공 분야인 리빙 음이온 중합으로 제어된 고분자를 합성하고, 말단에 노르보르넨기를 수식하는 방법을 사용했다. 칼텍 Caltech의 그럽스 Grubbs 교수가 개발한 촉매에 의해서 노르보르넨은 개환메타테시스 중합이 완벽하게 이루어지기 때문에, 음이온 중합에 의해 합성된 노르보르넨 거대 단량체를 중합하면 그라프트 중합체를 만들 수 있다. 최종적으로 두 가지 이상의 거대 단량체로부터 300만 달톤 Dalton 정도의 보틀브러쉬 블록공중합체를 합성할 수 있다(Macromolecules, 2018).[21,22]

지금까지의 결과로 볼 때, 제어된 분자량을 갖는 거대 단량체를 합성하였고, 자기조립에 의해 손쉽게 1차 구조인 라멜라 구조를 형성하였다. 거대 분자량에 의해 형성된 라멜라 구조의 블록 도메인 크기로 인하여, 가시 광선의 일부 파장을 반사한다. 이 색깔을 1차 광결정에 의한 구조색이라 한다. 분자량을 제어한 다양한 거대 단량체의 조합으로부터 다양한 나노 구조체 형성이 가능하므로, 이들의 후속 연구가 기대된다.

본 연구는 2012년 GIST-Caltech 1:1 공동연구로 선정한 연구과제의 결과이다. 2005년 노벨화학상 수상자인 그럽스 교수가 나의 공동연구자였으며, 4개 팀 중에 하나로 선정되었다. 우리가 잘하고 있는 리빙 음이온 중합과 그럽스 촉매를 사용한 개환메타테시스 중합의 융합에 의해서 거대 분자량을 갖는 보틀브러쉬 블록공중합체의 합성을 목적으로 했다(GIST, 스물다섯 가지 이야기, 2018).[23] 〈사진 참조〉

지스트–칼텍 공동연구로 지스트를 방문한 고 그럽스(2005년 노벨화학상) 교수와 함께, 바위 타기를 즐겼다고 하여 무등산 정상(서석대)을 같이 올랐다. 왼쪽부터 박인규, 인턴 참여 대학생, Gamal(이집트), 유용군, Shaker(이집트), Walaa(이집트), 안민균, 그럽스, 이재석(저자), 서호빈, 김명진, 조익환, 이흥준(아래)

2019년 칼텍을 방문하여 고 그럽스 교수와 함께. 프로그램을 같이 수행한 홍석원 교수가 자리를 같이했다. 2020년 나의 은퇴에 맞추어 지스트를 방문하겠다고 했으나, 코로나19 팬데믹으로 방문하지 못하고 2021년 작고하셨다.

1   Jae-Suk Lee, *et al*. Macromolecules, 32, 2085-2087, 1999.

2   Yeong-Deuk Shin, *et al*. Macromolecules, 34, 2408-2410, 2001.

3   Jun-Hwan Ahn, *et al*. Journal of American Chemical Society, 127, 4132-4133, 2005.

4   In Gyu Bak, *et al*. Angewandte Chemie International Ed. 61, e202212398, 2022.

5   Hong-Joon Lee, *et al*. Nature Communications, 7, 12803-(1-6), 2016.

6   Mohammad Changez, *et al*. Advanced Materials, 24, 3253-3257, 2012.

7   Ji Hwan Kim, *et al*. Chemistry of Materials, 32, 8606-8618, 2020.

8   Jae-Suk Lee, *et al*. Macromolecules, 22, 2602-2606, 1989.

9   M. Shahinur Rahman, *et al*. Macromolecules, 41, 7029-7032, 2008.

10 Mohammad Changez, *et al*. Small, 6, 63-68, 2010.

11 Santosh Kumar, *et al*. Macromolecules, 46, 7166-7172, 2013.

12 Santosh Kumar, *et al*. Journal of Polymer Science Part A: Polymer Chemistry, 57, 1165-1172, 2019.

13 Seung-Jea Lee, *et al*. Materials Horizons, 5, 1120-1129, 2018.

14 Jae-Pil Kim, *et al*. Macromolecules, 34, 7817-7821, 2001.

15 Kwan-Soo Lee, *et al*. Chemistry of Materials, 18, 4519-4525, 2006.

16 Kwan-Soo Lee, *et al*. Macromolecules, 42, 584-590, 2009.

17 Joseph Jang, *et al*. Journal of Membrane Science, 595, 117508, 2020.

18 Su-Bin Lee, *et al*. Polymer, 192, 122331, 2020.

19 Boram Kim, *et al*. Macromolecules, 51, 2293-2301, 2018.

20 Santosh Kumar, *et al*. ACS Applied Nano Materials, 4, 3, 2375-2385, 2021.

21 Chang-Geun Chae, *et al*. Macromolecules, 51, 3458-3466, 2018.

22 Yong-Guen Yu, *et al*. Macromolecules, 251, 447-455, 2018.

23 광주과학기술원, 『GIST, 스물다섯 가지 이야기』, GIST PRESS, 2018.

슈퍼박테리아를 잡아라![1,2]

지금은 바이러스의 창궐로 전 세계가 떨고 있지만, 슈퍼박테리아 또한 우리가 퇴치해야 할 인류의 공동 적이다. 그동안 항생제를 많이 남용한 결과 항생제에 대해 강한 내성을 가진 박테리아가 출현했고, 이러한 슈퍼박테리아가 현재 인류를 괴롭히고 있다. 따라서 세계적인 부호들이 그 문제를 해결하기 위해서 많은 기부를 한다.

당연히 슈퍼박테리아를 잡기 위해서는 지금까지 활용되었던 항생 기작과 다른 새로운 기작을 개발해야 하므로 어렵기 그지없다. 예를 들어 자연에서 발견한 항균 펩타이드를 새로운 항생 물질로 개발하려는 시도가 이어져 왔다. 그러나 박테리아가 보유하고 있는 펩타이드 분해 효소 작용으로 항균 펩타이드가 박테리아에 접근하여 파괴하기 전에 분해되어버리기 때문에 아직 상용화되진 못하고 있다.

자연에 기반한 화합물보다는 박테리아가 인식하지 못하는 인공 화학구조를 합성하면 박테리아의 항생물질 회피 기작을 피할 수 있다. 물에도 잘 녹고, 슈퍼박테리아에 접근할 수 있는 구조여야 한다. 음이온 중합으로 합성한 펩타이드 유사 구조인 폴리이소시아네이트는 물에 잘 녹으면서, 박테리아에 접근하여 세균막을 파괴하면서도 신체에 해를 끼치지 않을 가능성이 있다. 이러한 개념의 연구를 우리 연구진이 시작했다. 그러나 만족할 결과는 아직 멀다. 최종적으로 누군가 이런 연구에 성공할 행운이 뒤따르기를 고대한다.

나의 30~40년간 이루었던 연구 내용은 음이온 중합에 의한 고분자 합성의 기초연구와 전해질 합성에 의한 에너지 소재에의 응용연구로 대별하고 싶다. 내가 이루려고 했던 마지막 연구로, 일반인이 관심을 가질 수 있는 항생제 이야기를 하고자 한다.

인류 최초의 항생제는 1945년 노벨생리의학상을 수상한 알렉산더 플레밍이 곰팡이로부터 우연히 발견한 페니실린이다. 이와 같은 대발견은 우연히 얻어지는 경우가 많은데, 그만큼 결과에 대한 갈망과 치열한 연구, 작은 오차도 놓치지 않았던 연구 자세로부터 얻을 수 있었다고 생각한다. 그에게는 갑자기 찾아온 행운, 영어로 serendipity라고 할 수 있지만, 결코 게으른 연구자에게 따라오는 기회는 아닐 것이다. 그렇게 얻어진 페니실린은 우리 인간의 삶의 질을 향상시킨 것은 물론 인간의 수명을 상당히 늘려 주었다.

그러나 질병을 쉽게 치료하기 위한 항생제 사용의 남발로 세균의 항생제에 대한 내성이 나타나게 되었다. 인류는 항생제 내성에 대항하기 위해 차례로 메티실린, 반코마이신, 카바페넴과 같은 페니실린 대체재를 계속 개발해 왔다. 최근 폴리마이신이나 댑토마이신 내성균 출현처럼, 기존 항

생제의 경우 수년 안에 내성균이 등장하며, 시간이 지날수록 더 강한 내성
균이 출현한다.

국내에서 카바페넴 내성 장내 세균 속 균종 감염증 환자는 2017년 약
5,700명에서 2018년 12,000명으로 증가하였다(대한민국 질병관리본부, 감
염병 감시연보, 2018). 영국에서는 내성균의 혈액 감염 환자는 2013년 약
12,000명에서 2017년 16,000명까지 증가하였다(Public Health England,
ESPAUR Report, 2013). 미국에서는 2018년 내성균으로 연간 23,000명이 사
망했다고 발표하였다(미국 질병관리본부 홈페이지). 유럽에서는 2015년 연간
약 33,000명이 내성균으로 사망한 것으로 발표되었다(The Lancet, 2015).

항생제를 개발할 때 생산비용 과다로 수익성이 낮아 개발 의지가 약
화하고 있다. 천연물에 기반한 많은 항생물질은 곰팡이, 세균, 세포 배양
등 생물학적인 시스템 기반에서 생산하기 때문에 많은 유지 및 생산 비
용이 요구되고 있다. 따라서 기존 항생제 계열의 개발은 많은 시간이 소
요되고 큰 비용을 사용하여 개발하였음에도 불구하고, 세균이 내성에 빨
리 도달한다. 그러므로 개발비의 회수가 어려워 많은 제약회사가 개발을
포기하기에 이른다. 항생제 개발이 1980~1984년 동안에 18건이었으나,
2010~2012년 동안에는 1건 밖에 없다(FDA approved in USA).

항균 펩타이드 Antimicrobial Peptide, AMP(magainin (Locilex®, Dipexium
Pharmaceuticals, Inc.), indolicidin (Cutanea Life Sciences))는 신규 항생물질 후보 중 하
나로 20년간의 연구 끝에 임상시험까지 진행한 결과, 항균성은 좋았으나
인체 내에서 쉽게 분해(단백질 가수분해proteolysis)되는 문제를 해결하지 못하
고 상용화에 실패했다. 또한, 고상합성 solid phase synthesis 공정 또는 효모
에 의한 생산으로 가격도 높아질 수밖에 없다. 더 나아가 생물기반 화학물

질은 세균의 사멸 메커니즘에 있어서 세균이 생물기반 화학물질의 구조를 쉽게 인식하여 내성을 획득하기 쉽다.

최근 세균의 내성을 피하려고 생물학적 화학물질이 아닌 인공 화학물질의 항생제 개발을 시도하고 있다. 그중의 하나로 항균 펩토이드는 미국 스탠퍼드대학교(배런Barron 교수)에서 처음 개발되었으며, 동물실험까지 진행되었으나 임상 연구까지는 진행되지 못하고 있다. 높은 인체 독성 문제와 생산가가 높기 때문이다.

현재 항균 펩토이드는 국소 감염질환에 적용하기 위하여 연구를 진행하고 있다. 항균 고분자는 생산성이 높아서 호주 뉴사우스웨일즈대학교(보이어Boyer 교수)와 노바바이오틱스(머서Mercer 박사)에서 연구되고 있으나, 고분자 자체의 인체 독성 문제를 해결하지 못하고 있다. 인체 독성을 없애기 위해서 교대 공중합체의 합성 연구가 인도 자와할랄 센터(하다르Hadar 교수)와 뉴욕주립대학교(샘프슨Sampson 교수)에서 수행되었으나, 교대 배열 고분자의 합성이 어렵고, 인체 독성을 해결하지 못하고 있다.

국내에서도 항균 플라스틱 소재로 사용하기 위하여 항균 고분자에 관한 연구를 진행하고 있지만, 슈퍼박테리아를 향한 항균 연구의 시도는 쉽지 않을 전망이다. 항균 고분자를 몸에 직접 적용한다는 어려움이 있기 때문이다. 한국농촌진흥청에서 곤충과 효모로부터 추출한 펩타이드를 사용하여, 비록 인체 내에서 빠르게 분해되기에 항균성의 저하가 예상되지만, 염증 억제에 관한 연구를 진행하고 있다. 또한, 지스트 서지원 교수와 포항공대 임현석 교수는 세포에 대한 펩토이드의 선택성 향상 연구를 수행하고 있다. 하지만 고상합성으로 가격이 비싸질 수 있고, 선택성이 낮아 항생제로 사용하기까지에는 어려움이 있을 것으로 판단된다.

국내외의 제약회사들의 항생제 개발이 한계에 부딪힘에 따라, 최근 공공재로서의 내성-제로 항생제 개발의 필요성이 대두되었다. 따라서 7개 국가가 참가하여 48개 프로젝트의 비영리 파트너십인 CARB-X가 출범되었으며, 슈퍼박테리아 대응 항생제 개발에 주력하는 대형 공공 프로그램이 탄생하였을 정도로 항생제의 개발은 매우 중요하다.

위와 같이 항균 펩타이드와 펩토이드의 장점인 나선형 구조를 모방하여 항균효과를 향상하고, 생물학적 구조인 펩타이드의 단백질 분해성을 없애기 위하여, 우리 연구실에서는 인공 나선형 구조의 항균 올리고 이소시아네이트의 합성 기술을 제안하고자 하였다. 더 나아가 생산성이 좋은 항균 고분자 합성 방법을 활용하고, 친수성과 소수성의 교대 공중합체 구조의 항균 물질을 합성하고자 계획하였다. 세상에서 한 번도 제안되지 않은 야누스 나선구조 소재를 합성하여, 지금까지 해결하지 못한 인체 세포 독성을 저감하고, 내성-제로 항생제의 개발로 슈퍼박테리아의 박멸에 공헌하고자 하였다.

위에서 언급하였듯, 항생제뿐 아니라 의약품의 개발은 시간과 연구비가 만만치 않게 소요된다는 것을 모두 알고 있다. 우리 연구실에서는 30여 년간 쌓아왔던 이소시아네이트의 고분자 합성 노하우를 기반으로, 인공 화학구조 항생제 개발에서 조그마한 실마리라도 찾아보겠다는 생각에서 시작했지만, 은퇴라는 시간의 제약으로 아쉽지만, 마무리를 지어야 할 때다.

개념이나마 남기는 것을 학문의 즐거움으로 생각하고 여기에서 머무르려고 한다. 혹시 제자나 다른 과학자들이 이 개념을 활용하거나, 우리가 시도한 물질을 개선한다면 영광이겠지만, 우리가 제안한 물질의 합성은 내 제자인 박인규 박사가 아니면 쉽사리 도전하기 어려울 것으로 판단하고 있다. 그 제자에게 연구하기 좋은 일자리가 주어진다면 serendipity의 기회가 찾아오지 않을까 기대해 본다.

1   In Gyu Bak, "Synthesis of Alternating Polyisocyanate Copolymers by Anionic Polymerization to Mimic Antimicrobial Peptide", Ph.D. Dissertation, GIST, Republic of Korea, 2021.

2   In Gyu Bak, *et al*. Angewandte Chemie International Ed., 61, e202212398(1–5), 2022.

학술잡지 표지에 그림을 남기다

연구하는 사람에게는 학술잡지 표지에 자기 연구를 소개할 기회가 가끔 주어진다. 물론 모든 논문 발표자에게 기회를 주는 것은 아니다. 편집자들의 개인 취향일 수 있지만, 편집자는 학술잡지의 표지에 내세워서 좋을 것 같은 연구의 내용을 머리에 그려 볼 것이다. 그리고 논문이 통과된 저자에게 표지 그림 후보로 초청을 한다.

모든 저자들은 학술잡지에 자기 표지 그림이 실리기를 원하지만, 표지 그림을 실으려면 경비가 필요하다. 학술잡지에 따라 다르지만 상당한 경비가 필요하다. 연구에 관한 광고비 성격이다. 물론 이것이 전부가 아니다. 연구 내용을 그림으로 잘 표현하기 위한 노력과 함께 그림을 설계하고, 화상도가 좋은 그림을 준비해야 한다. 물론 그림 설계와 작업을 위한 전문 기술이 없으면, 그림을 전문가에게 맡겨서 제출하기도 한다.

내가 처음으로 표지 그림으로 요청받은 것은 〈Advanced Materials〉

의 뒤표지였다. 내가 심혈을 기울이고 있는 연구 중 블록공중합체의 합성으로 비휘발성 메모리 소재에 관한 연구 결과이다. 두 개의 다른 고분자로 연결한 블록공중합체의 구조는 재미있는 형태를 나타낸다. 두 블록의 비가 비슷할 때 라멜라 구조가 형성되고, 정보가 없어지지 않는 기억 소자를 제조할 수 있었다. 처음으로 표지 그림으로 채택되어 큰 액자에 넣어 연구실 벽에 전시해 두었다. 국제 교류하면서 과학자의 연구실을 방문하면, 연구의 표지 그림을 벽에 붙여 자기 연구 내용을 간접적으로 자랑한다(Advanced Materials, 2012).[1]

그 후로 영국의 화학회로부터 표지 그림 요청이 왔는데, 〈Chemistry Communication〉라는 학술잡지이다. 이 경우에는 앞표지는 아니었지만, 연구실의 주된 연구 주제인 폴리이소시아네이트polyisocyanate합성에 관한 결과이기 때문에 도전해 보기로 했다. 폴리이소시아네이트는 인체에 많이 존재하는 펩타이드와 유사한 구조이다. 이러한 헬릭스 구조는 언젠가 바이오 소재로의 활용이 가능하지 않을까 생각해서 표지 그림으로 제출하기로 했다. 특히 이 논문은 우리 학교의 영문명인 지스트GIST 가 GISTGoverning Initiation Supporting Termination effect라는 과학적 용어를 포함하고 있으므로 표지 그림으로 보여줄 필요가 있었다(Chemical Communications, 2012).[2]

논문 내용을 표현하기 위해 그림을 설계하고 제작했는데, 표지 그림으로 선택되지 않은 예도 많다. 〈Advanced Materials〉에 '분자레벨 규칙 제어에 관한 연구'로 게재된 논문의 표지 그림에 도전했다. 90년 전, 1923년 개발된 지퍼 모양을 흉내 내 보았다. 흐트러져 있었던 지퍼 양쪽이 서로 연결하여 규칙적인 새로운 지퍼 구조를 보인다. 따라서 이 논문의 표지 그림으로 적당하지 않을까 생각했다. 그러나 편집자는 '분자레벨의 규칙화'에 걸맞지 않고, 과학적이지도 않고, 추측에 지나지 않다고 생각했을 수 있다. 심혈을 기울여 그림을 설계하고 작성했으나, 표지 그림으로 채택되지 못할 때도 있다. 물론 논문을 게재 못하는 것은 아니다(Advanced Materials, 2012).[3]

우리 연구실에서 어떤 연구를 하고 있으며, 의미 있는 연구 결과를 알릴 필요가 있을 때, 학술잡지의 표지 그림을 제출하라는 요청을 받아들인다. 칼텍의 노벨상 수상자 그럽스 교수와 1:1 공동연구로 발표하는 'POSS 치환 Norbornene의 합성에 관한 연구 결과'를 표지 그림으로 ⟨Polymer Chemistry⟩에 제출하고 채택되었다. 이 연구는 연구실의 주 연구 분야인 음이온 중합과 연결되고, 광결정 제조를 위한 기초연구이기도 하다(Polymer Chemistry, 2018).[4]

고등광기술원의 이창렬 박사와의 공동연구가 표지 그림으로 채택되었다. 이 연구 결과는 박사후연구원 최진우(현재 공주대학교 교수) 박사가 얻은 결과이다. 페로브스카이트는 다양한 활용이 예상되면서 연구가 활발하게 진행되고 있다. 본 연구는 '다양한 용매와 리간드를 활용한 유기-무기 하이브리드 양자점 소재 합성에 관한 연구 결과'이다. 잘 제어된 결정성을 표지 그림에 표시하였다(Nanoscale, 2018).[5]

TMCP Two-Monomer-Connected Precursor 연구의 근간이 되었던 '고분자의 가교에 의한 분자레벨 구조제어에 관한 연구 결과'를 표지 그림으로 표현하였다. 관련 논문으로 제일 처음 게재된 논문은 ⟨Advanced Materials⟩이었다. 분자레벨의 규칙 구조를 고분해능 투과전자현미경 HVEM 으로 관찰한 결과가 X-ray에 의한 결정구조의 분석 결과와 일치하였다. 이는 분자레벨 크기의 유기물 결정구조를 분석하는 방법을 제공했다. ⟨Advanced Materials⟩의 후속 연구로 연구를 재현해 보였다는 의미가 있다(ACS

Applied Polymer Materials, 2019).[6]

우리 연구실에서 처음 제안한 '자기유화중합에 의한 고분자 나노입자 제조 방법'이기에 표지 그림으로 의미가 있다. 윤활제나 안정제를 사용하지 않고 물에서 균일한 나노입자를 합성하였다. 넓은 범위의 나노입자 직경 크기를 제어할 수 있어서, 많은 장점을 가진 제조 방법이다. 또한, 손쉬운 나노입자 제조 방법이기 때문에 넓게 확장되어 활용되리라 생각한다 (Journal of Polymer Science Part A: Polymer Chemistry, 2019).[7]

칼텍 그럽스 교수와 1:1 공동연구 결과로 얻어졌다. '음이온 중합과 개환메타테시스 중합을 병행하여 보틀브러쉬 블록공중합체를 합성'하였다. 그 결과를 〈Journal of Polymer Science〉에 게재하였다. 표지 그림은 거대 분자량으로 합성한 보틀브러쉬 블록공중합체의 자기조립을 표현하고 있다. 1차원 라멜라 구조가 형성되어 가시광선의 일부 파장을 반사하여 구조색으로 나타난다. 그 구조를 1D 광결정이라 말한다(Journal of Polymer Science, 2020).[8]

우리 연구실에서 제안된 TMCP Two-Monomer-Connected Precursor를 중합할 경우, 분자레벨에서 규칙적인 배열의 소재가 얻어진다. 금속의 결정구조에서 볼 수 있는 선명한 결정이 형성된다. 본 아이디어에 의해 얻어진 첫 연구 결과는 〈Nature Communication〉에 게재되었다. 우리 연구실에서 처음으로 제안한 독창적인 아이디어이며, 앞으로 확장 가능성이 크다. 그 연구 중의 하나로 표지 그림에 선정되었다. 본 연구는 삼성미래기술육성사업의 지원으로 이뤄졌다(Macromolecular Chemistry and Physics, 2020).[9]

'포스파젠에 의한 폴리이소시아네이트의 합성법에 관한 연구 결과'를

⟨Macromolecules⟩에 논문을 싣고 싶었으나, 통과되지 않아 표지 그림도 게재하지 못했다. ⟨Polymer Chemistry⟩ 학술잡지에 논문은 통과되었으나, 뒤표지에 넣겠다고 연락이 왔다. 경비가 아까워, 표지 그림의 출판은 포기했다. 폴리이소시아네이트의 성장 기구를 표지 그림에 표현해 보았다. 최근 학술잡지에서 표지 그림을 표지뿐 아니라, 보조, 안쪽, 뒤쪽 표지 그림으로 다양하게 넣어서 학술잡지의 재미를 더해주고 있다. 본 저서에서는 논문에 들어간 다양한 그림을 통상 표지 그림으로 표현하였다(Polymer Chemistry, 2020).[10]

'전기방사에 의한 나노섬유 제조로 필터를 제작하는 연구 결과'가 미국화학회에서 출판하는 ⟨ACS Applied Nano Materials⟩에 논문으로 채택되었다. 기능성 그룹을 갖는 고분자를 나노섬유로 제조하여 필터로 사용하면, 미세먼지의 저감 효율을 향상했다는 연구 결과이었다. 고분자에 함유하는 기능성 그룹은 항균성을 가지고 있어서 균의 성장을 억제할 수 있다. 또한, 장차 코로나19와 같은 바이러스의 방지 및 사멸, 억제 가능한 기능성 필터 개발에도 접근할 수 있다. 이러한 필터 사용 전후의 환경을 표지 그림에 표현하고자 하였다(ACS Applied Nano Materials, 2021).[11]

'수용성과 소수성의 교대 폴리이소시아네이트에 관한 연구 결과'를 표지 그림에 표현해 보았다. 논문이 ⟨Angewandte Chemie International Edition⟩에 게재 통지를 받고, 표지 그림을 설계하고 제작하여 출판하였다. 화학구조가 다른 두 가지의 이소시아네이트가 위, 아래에서 폴리이소시아네이트 활성말단에 접근하고 있다. 반응성의 차이로 한 분자씩 교대로 반응하는 교대공중합 기구를 표현하였다. 교대공합체의 단량체에 친수성-소수성 기능을 각각 도입할 수 있다. 이는 얼굴의 앞뒤가 다른 야누스 구조를 갖는 나선형 폴리이소시아네이트로 형상화했다. 이 구조의 화학물질은 균세포를 파괴할 수 있는 기능을 갖고 있음을 확인하였다. 장기적으로 슈퍼박테리아에 대한 항균 효과를 기대하고 있다(Angewandte Chemie International Edition, 2022).[12]

연구실의 주된 연구 주제인 '이소시아네이트의 리빙 음이온 중합'에 관한 Perspective paper를 제출하도록 〈Macromolecules〉 편집장으로부터 초청받았다. 이 논문은 학문을 마무리하는 과정으로 생각하고, 표지 그림에도 도전했다. 심혈을 기울여 설계하고 제작하였다. 폴리이소시아네이트의 나선형 구조, 블록공중합체, 다블록공중합체, 그리고 교대공중합체의 구조를 표현했다. 물론 그들의 자기조립 형태를 표시하려고 노력했다(Macromolecules, 2022).[13]

음이온 중합과 개환메타테시스 중합을 병행하여 합성한 '보틀브러쉬 블록공중합체의 흡수체 위에 자기조립'으로 확장하는 연구이다. 광결정 특성인 구조색의 색 순도를 강화했다. 표지 그림 바탕은 거대 분자량의 보틀브러쉬 블록공중합체의 1차원 라멜라 자기조립을 표현했다. 세 개의 흡수체 위에 1차원 라멜라 구조를 형성시켰을 때, 가시광선의 일부 파장을 반사하여 청색, 녹색, 적색이 선명하게 비치는 것을 표현하였다(ACS Applied Materials & Interfaces, 2022).[14]

이처럼 학술잡지에 연구자가 자신의 연구 결과를 표지 그림으로 싣는 것은 자신의 연구를 압축해 한 장의 그림으로 구현해야 한다는 의미이다. 또한, 학생은 자신의 연구를 그림으로 표현할 수 있고, 독창력을 발휘하여 상상의 나래를 펴볼 중요한 기회이다. 또한, 앞으로 진행할 연구 구상을 그림으로 상상한다는 점에서 즐거움이기도 하다.

여기에서 설명한 학술잡지 표지 그림을 이 책의 각 장에 이미지로 넣어 재미를 더하려고 하였다. 표지 그림을 각 장에 이미지로 활용한 경우, 인용하여 재인쇄하였거나, 출판사 허락은 인용문헌에 부기하였다.

1

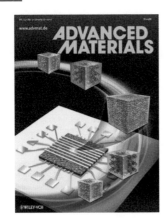

그림은 "Nam-Goo Kang, *et al*. Advanced Materials, 24, 385-390, 2012 (Inside Cover)"에서 재인쇄함, 또한 1장에 이미지로 활용함, Wiley에서 권한 부여함.

2

그림은 "Priyank N. Shah, *et al*. Chemical Communications, 48, 826-828, 2012 (Back Cover)"에서 재인쇄함.

3

Mohammad Changez, *et al.* Advanced Materials, 24, 3253–3257, 2012.

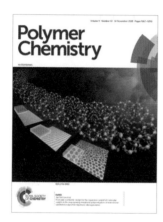

4

그림은 "Chang–Geun Chae, *et al.* Polymer Chemistry, 9, 5179–5189, 2018 (Front Cover Figure)"에서 재인쇄함, 또한 3장에 이미지로 활용함.

5

그림은 "Jin Woo Choi, *et al.* Nanoscale, 10, 13356–13367, 2018 (Front Cover Figure)"에서 재인쇄함, 또한 2장에 이미지로 활용함, Wiley에서 권한 부여함.

6

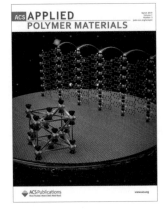

그림은 "Hong-Joon Lee, *et al*. ACS Applied Polymer Materials, 1, 397-404, 2019 (Cover Figure)"에서 재인쇄함, 또한 5장에 이미지로 활용함.

7

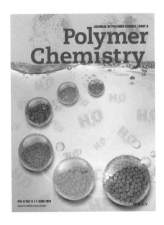

그림은 "Santosh Kumar, *et al*. Journal of Polymer Science, Part A: Polymer Chemistry, 57, 1165-1172, 2019 (Front Cover Figure)"에서 재인쇄함, 또는 7장에 이미지로 활용함, Wiley에서 권한 부여함.

8

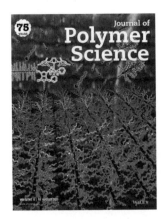

그림은 "Ho-Bin Seo, *et al*. Journal of Polymer Science, 58, 2159-2167, 2020 (Front Cover Figure)"에서 재인쇄함, 또한 8장에 이미지로 활용함, Wiley에서 권한 부여함.

9

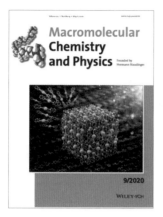

그림은 "Wonbin Kim, *et al.* Macromolecular Chemistry and Physics, 221, 2000019(1–6), 2020 (Front Cover Figure)"에서 재인쇄함, 또한 10장에 이미지로 활용함, Wiley에서 권한 부여함.

10

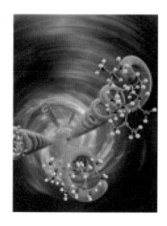

Heo, Chi–Ho, *et al.* Polymer Chemistry, 11, 6073–6080, 2020.

11

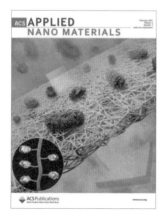

그림은 "Santosh Kumar, *et al.* ACS Applied Nano Materials, 4(3), 2375–2385, 2021 (Front Cover Figure in Vol. 4(2))"에서 재인쇄함, 또한 6장에 이미지로 활용함.

12

그림은 "In Gyu Bak, *et al.* Angewandte Chemie International Ed., 61, e202212398(1–5), 2022 (Inside Cover Figure)"에서 재인쇄함, 또는 9장에 이미지로 활용함, Wiley에서 권한 부여함.

13

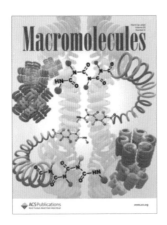

그림은 "In Gyu Bak, *et al.* Macromolecules, 55, 1923–1945, 2022 (Perspective paper, Supplementary Cover Figure)"에서 재인쇄함, 또한 8.6절에 이미지로 활용함.

14

그림은 "Yong-Guen Yu, *et al.* ACS Applied Materials & Interfaces, 14, 44753–44761, 2022 (Supplementary Cover Figure)"에서 재인쇄함, 또한 4장에 이미지로 활용함.

우리 사회에 조금이라도 도움이 된다면

내가 살아오는 동안 내게 장점이 있었다면 '끈기'였다고 되돌아본다. 그것이 나를 이 시간, 여기에 있게 했다. "남은 시간에도 건강을 지키고 의미 있는 시간을 끈질기게 이어나가자."일 것이다. 왜냐하면, 많은 우리의 아버님들이 노년기의 마지막 몇 년을 병원에 누워 보낸다는 것을 자주 듣고 보아왔다. 건강이 해결되지 않으면 연명 거부도 연금 생활도 인생의 마지막 삶을 의미 있게 보낼 수 있도록 보장해 주지 않는다.

교수의 정년퇴임이 65세다 보니, 퇴임 후 노년기를 어떻게 보내느냐에 가장 많은 관심을 가질 수밖에 없다. 다시 100세를 넘기신 연세대학교 명예교수 김형석 교수의 말씀을 들어보자. 그분의 글뿐 아니라 일거수일투족에 퇴임자들이 관심을 둔다. 연애하는 마음을 갖고 살라는 충고뿐 아니라, 실제 건강한 육체를 위해서 지금까지 수영을 지속하고 있다고 들었다. 결국, 정신 건강을 유지하기 위해서 육체가 바로 서야 하지 않을까 생각해 본다.

장인이 93세에 코로나19 상황에서 작고했다. 우리가 죽기 전에 겪지 않고 싶은 병, 치매로 8년을 보냈다. 그분이 병원 신세를 지고 있을 때, 방문했던 병원 병상에 어르신들이 쭉 누워 있던 모습이 머리에 남아, 그 잔상이 아직도 맴돈다. 누구도 해결해 주지 못하고, 연명치료 거부도 해당하지 않을 것이며, 환자 본인뿐 아니라 간호하는 가족에게도 말할 수 없는 고통이다. 적어도 환자와 가족이 서로 소통을 할 수 있는 병이면 차라리 간호의 고통은 클지언정 견딜 수 있다. 모든 것에서 초월한 고승들처럼 좌탈입망으로 마지막 순간을 맞는다면 얼마나 행복한 일일까. 건강하게 지내는 것만도 가족과 사회에 부담을 덜어주는 마지막 공헌이 되지 않을까.

내가 인문 학문을 했다면 그에 맞는 마지막 정리를 하고자 할 것이다. 책도 쓰고 싶었을 것이다. 소년 시절, 나에게도 문학을 하고 싶었던 꿈이 있었다. 시도 쓰고 짧은 소설도 쓰곤 했었다. 이제는 그 부분은 꿈으로만 남을 것이다. 자연과학을 전공으로 했던 나의 연구 결과를 정리할 필요도 느낀다. 260여 편의 창의적 연구 결과를 어떻게 정리할 수 있을까도 고민한다. 이것도 꿈으로만 남을 가능성이 크다.

그래서 하나쯤은 여기에 앞으로의 계획을 선언함으로써 나 스스로 짐을 지우려고 한다. 여러 분야의 연구 중에 폴리이소시아네이트의 리빙 음이온 중합에 관한 연구 결과를 정리해 두어야 한다는 강한 애착이 있다. 폴리이소시아네이트의 리빙성을 처음 밝혔고 관련 연구로 60여 편의 논문을 게재했기 때문이다. 그리고 고분자 합성을 공부하는 학생들이 읽는 교과서에 실리기를 바라기도 했다. 그러려면 그 연구 결과에 대한 리뷰 논문을 꼭 남겨야 한다. 시와 수필과 소설이 아닌, 자연과학의 이야기일지라도 스토리텔링식의 리뷰를 작성할 수 있으면 좋겠다. 그 꿈은 이미 앞에서 언급했듯이 마크로몰레큘스에 초청받아 게재한 Perspective paper로 완성하였다.

　나는 한국에서의 산·학 협력을 비판적으로 이야기하곤 했다. 산업체는 대학교수가 가지고 있는 능력을 무시했고, 당장 회사에 필요한 기술이 아니라고 멀리했다. 독재 시대의 산물로, 한국 산업을 일으키기 위해서 학교는 산업체를 무조건 도와야 한다고 했다. 그래서 대학교수는 기업체의 어려운 기술 해결을 위해서 자문을 했다. 연구개발 결과는 연구자보다 회사에 귀속하게 했다. 또한, 기업은 발명자에게 인센티브를 주는 것에 인색했다. 한편으로 대학교수들은 자기의 기술이 최고라고 생각하여 회사에 기술 주기를 아깝게 생각했다.

　그러니 산·학 협력이라는 공동 목표가 있지만 서로 소통이 안 되어 산·학 협력이 헛돌지 않았을까. 이제는 한국의 교수들도 한 분야를 열심히 집중해서 연구한 결과, 실력이 상당하다고 생각한다. 다만, 대학의 연구개발 결과가 직접 기업의 생산과 연결된다고는 생각하지 않는다. 기업에서 느끼는 애로를 대학에서는 기초 학문적 접근으로 해결이 가능할 수 있고, 새로운 혁신 과제를 제시할 수 있다. 그렇다고 기업의 상업화 능력, 경영, 자본, 유통을 무시할 수 없다. 이런 점들이 극복되면 비판적 산·학 협력관이 바뀌게 될 것이다.

　고분자 합성을 전공한 본인은 대학에 재직하는 동안 재미있게 연구 생활을 했다고 자부한다. 고분자 합성 분야는 노하우가 쌓여 경험을 많이 소유한 사람이 잘 할 수 있다. 지금부터가 고분자 합성에 대해 승부를 걸 수 있다. 정년과 함께 세 개의 대기업에서 연구개발을 요청해 왔다. 내가 35년 이상 읊이온 중합 한 분야를 열심히 했기 때문에, 관련 과제로 K사에서 요청이 왔다. 기업에 힘이 된다면 기쁜 일이다. 지스트에 부임하여 고분자 합성의 응용 분야로 고분자 전해질을 25년 동안 연구해 왔다. H사가 고분자 전해질 합성을 요청해 왔다. 마지막으로 8년 전부터 연구하고 있는 필터 소재에 관해서 L사가 관심을 두고 있다. 언제든 대기업에서 고분자 합성에 대한 노하우가 필요하다고 하면 돕고 싶다.

그렇지만 서서히 고분자 합성의 연구 활동을 마무리할 때다. 가끔은 아쉬울 때가 있다. 그러나 한국 연구 활동 시스템에서 허락하지 않기 때문에, 이제 연구 생활을 빨리 머릿속에서 지우려 노력한다. 왜 아직 할 수 있는 연구 활동을 막는 것일까. 더는 연구 활동을 원하지 않는 사람이 원하는 사람을 막을 필요는 없다. 단지 연구 활동을 잘하는 사람을 위한 시스템을 구축하는 것이다. 포항공대는 오래전에 연구 기간 연장 체계를 구축하여 시행해왔고, 서울대학교와 한국과학기술원이 시작을 하고 있으며, 지스트도 새 총장이 연구 기간 연장 체계를 구축한다니 다행이다.

이런 고분자 합성의 연구개발 경험을 배경으로 중소기업을 도와주려고 한다. 고문이 되었든 연구소장이 되었든, 작지만 역할을 하면서 지역의 산업에 조그만 힘이 되면 좋겠다. 나는 그분들과 어울리기를 좋아한다. 조그마한 아이디어가 사회에서 활용되고, 내가 조언한 한마디가 물건에 녹아 들어가 일상에 사용된다면 그것이 과학기술자의 낙이 아닐까. 오늘 전화가 왔다. 사장실을 함께 쓰며 아이디어를 나누자고. 감사한다. 정년퇴임 후, 60대와 70대를 거쳐서 소일하고 이야기할 수 있게 날마다 나갈 수 있는 작은 방을 갖게 되는 것도 좋지만, 기업인들과 같이 문제를 해결해 나가면서 호흡하는 것이 나는 더 좋다.

사무실에 쌓여 있는 먼지를 털어내며

오늘은 휴일, 온통 코로나19로 시끄러운 세상을 떠나서 조용한 연구실을 찾았다. 오랜만에 내가 하고 싶었던 일을 하나 시작했다. 30여 년 동안 쌓였던 먼지를 연구실 밖으로 내보내는 일이다. 하루에 몇 개씩 내보내서 3년 후에 전부 없앨 요량이다. 그것도 정년퇴직한 나에게 학과에서 3년간 천천히 먼지를 비우게 한 배려 때문에 연착륙할 수 있다. 그렇지 않았으면 퇴직과 함께 사무실을 전부 비워야 하는 이중고에 시달려야 했을 것이다. 퇴직으로 자유로워지는 일상의 즐거움보다 새로 맞게 될 일상에 대한 두려움이 많다고들 이야기한다. 경험 많은 선배 교수로부터 간접으로 듣고 실행에 옮겨야 하는데, 역사가 짧은 우리 학교에는 퇴직한 선배 교수가 적다. 그동안 소원하게 지냈던 선배 교수까지 제외하면 경험을 들을 만한 숫자가 더 줄어든다.

우선 전공 서적을 버리라든지, 이제는 교양서적도 도서관에는 깨끗하지 않으면 받아 주지 않는다든지, 어느 교수는 3,000여 권의 교양서적을 소유하고 있어서 북카페를 열어보겠다는 희망찬 계획도 버렸다고 한다. 선배의 이러한 이야기도 먼지를 치워야 하는 나에게 많은 도움이 되었다. 연금이 얼마이고 어떻게 활용하고 만족한 마지막 생활을 어떻게 보낼 것인가를 생각해야 한다.

퇴직 후 가족과의 관계를 어떻게 설정할 것인가? 퇴직하는 나에 대한 배려 때문에 가족 또한 새로운 일상의 집안 환경이 되기 때문이다. 자식들에게는 어떤 유산을 남겨주어야 만족스러워할까도 하나의 먼지에 들어간다. 퇴직자는 새로운 길을 각자가 개척하는 것이다. 선배들의 이야기는 하나의 간접 경험이고 나의 경우에 맞춤형이 아니다. 거기에 나의 지혜를 양념으로 올려서 조그마한 나만의 세계를 최적화시켜야 한다.

먼저 마음을 비우는 연습을 계속해야 하는 것 가운데, 내가 사용했던 연구실의 먼지를 비우는 일이다. 먼지들을 정리해보니 제일 많은 것이 전공 서적이다. 학생들과 주고받았던 보고서나 기록물을 언젠가 다시 보겠지 하고, 10년을 넘게 보지 않으면서도 남겨진 자료들이 전공 서적 다음으로 많다.

그래도 다행이었던 것은 2주마다 하는 연구 보고회에 인쇄한 보고서를 가져오지 않았다. 언젠가부터 디스플레이 화면을 보면서 토론을 해서 이만큼 쌓인 데서 멈췄다. 거기에는 베이비부머들의 알뜰 정신이 배어 있다. 인쇄물의 뒷면을 하얗게 남겨서 버리기가 아깝다. 어렸을 때 연습장에 적어가면서 외우는 버릇이 있었는데, 닳아질 정도로 연습장을 아껴서 사용했다. 이런 얘길 하면 젊은 세대들은 '라떼'라든지 '꼰대'라고 말하겠지만, 나는 그 기억이 좋다. 그렇게 외워서 지금의 내 머리에 다양한 지식이 남아 있지 않았겠는가?

그다음에 나타난 것이 우편물이었다. 눈에 닥치는 대로 버리자. 큰 봉투에 들어가 있던 것들이 펼쳐지면서 오래전에 주고받았던 연하우편이 수두룩하게 내 눈앞에 나타났다. 혹시나 기록하는 데 사용할까, 아니면 다시 그분께 답장을 보내야 할까 하는 심정으로 놔두다 보니, 오늘 먼지 취급을 받게 되었다. 지금은 이메일이나 스마트폰으로 연결된 사회가 되어 직접 연하장을 우편으로 보내는 일은 거의 없어졌다. 얼마 전까지도 크리스마스와 신년에 인사하는 것은 예의였다.

이 시대의 사람들은 뚱딴지 같은 소리하지 말라고 할지 모르지만, 크리스마스 카드를 손수 제작해서 사랑하는 사람에게 보냈던 시절도 있었다. 내가 성장 후 사회에서 도움을 받은 분에게 연하장으로 인사를 드리는 것이 도리였다. 한때는 우체국의 연하 엽서로 대체되었는데, 한국의 연하 엽서는 일본의 달랑 한 장짜리 엽서보다 예의 바르게 만들어진 데다 봉투에 담았다. 최근에는 온라인 크리스마스 카드나 연하엽서가 유행한다. 더더욱 그런 연말 새해 인사는 점점 없어지고 있는데, 이번 코로나19 상황으로 온라인 새해 인사마저 완전히 없어지지 않을까 염려된다.

우편물을 정리하다가 몇몇 연하 엽서가 마음에 와닿는다. 지역 정치인이나 시장들의 연하 엽서는 의례적인 연중행사일 수 있겠지만, 제자인데 나보다 먼저 먼지가 되어버린 신영득 박사의 연하 엽서는 버리지 못했다. 하나는 일본에서 보냈고, 하나는 어느 대학에 임용 결정을 연락받았지만 투병하면서 나에게 보냈던 엽서였을 것이다. 나의 제자는 아니었지만, 성균관대학교 박재형 교수가 꾸준히 연하 엽서를 보내주었다는 것을 오늘 알았다. 그러한 태도가 지금의 세계적인 과학자가 될 수 있는 뒷심으로 받쳐주지 않았을까?

가끔 교수들은 대통령으로부터도 연하 엽서를 받는다. 꼭 개인적으로 알고 있어서도 아닐 수 있다. 우연한 기회에 정부의 일을 한다거나 위원회에 들어가 리스트업 되었을 것이다. 선거 유세로 광주에 들렀을 때, 가깝게 뵌 적이 있었던 노무현 대통령의 새해 인사 편지가 있었다. "인터넷 시대에 맞추어 열심히 컴퓨터에 대해 공부를 하고 있다."는 그분의 귓속말은 나에게 아직 생생하다.

제자들도 연하 엽서를 많이 보내주었는데, 대기업에서 열심히 일하는 박상윤, 이진우 제자가 보낸 연하 엽서가 아직 남아 있다. 너무 조용히 일하느라 요즘에는 연락이 없다. 학과 사무실에서 우리를 열심히 돕다가 중앙 행정부서로 이전하면서 전달한 엽서도 있다.

고분자 분야에서 세계적으로 유명한 위스콘신대학교의 유혁 교수님의 손 편지도 남겨두었다. 내 이름을 틀리게 적었지만, 지스트를 방문하고 감사 편지를 보내주었다. 개원 후, 10년이 지난 2005년의 지스트를 유 교수가 평가한 내용이 눈에 잡혔다. "내가 보는 관점에서는 학생들도 우수하고 연구에 몰두하는 것을 인정했지요." 외국에서 보내온 우편물 중에서는 베트남의 보이 Boi(Vietnam National Univ. Hanoi) 교수의 편지가 남아 있다. 지금은 연락이 끊겼지만, 베트남을 몇 번 방문했을 때 만났었다. 물론 일본에서도….

나의 흔적은 온라인상의 기록으로 이력서가 있듯, 자랑스럽게 받았던 오프라인상의 상패가 있다. 이들 또한 공간을 차지하고 있는 먼지들이다. 외국 대학에 방문하여 받은 기념패를 비롯하여, 석사, 박사 학위패가 있고, 학회에서, 학교에서 받은 상패, 기념패, Who's Who도 한쪽에 진열하고 있다. LG전자의 자문위원 위촉패와 삼성미래기술육성사업으로부터 받은 연구비 패도 있다. 그래도 한국과학기술한림원 정회원 패가 마지막까지 가까이에 장식하지 않을까 싶다.

연구하고 논문을 내고, 논문을 낼 때 자랑이라도 하듯 도전했던, 학술 잡지 표지 그림의 액자도 벽을 장식하고 있다. 또 사진도 벽에 걸려 있네! 제자들이 연구실 모임으로 방문하여 기념해서 찍은 사진 액자도 벽에 몇 개 걸려 있다. 이것이 무엇을 의미할까? 내가 살아온 흔적일까? 오늘 내가 버리고 있는 먼지처럼 언젠가 내가 사라질 때 같이 사라질 먼지이다. 그것들은 나의 화려한 활동을 의미할 수 있지만, 반면 애환이 깃들어 있던 나의 생활일 수 있으며, 언젠가는 다 버려야 할 거추장스러운 먼지일 것이다.

버리다 말고 몇 개를 서랍에 집어 놓아두었다. 이제 그 먼지까지도 이 글을 정리하고 나면 시원하게 먼지로 날려 버리게 될 것이다. 교수직을 30여 년 수행하던 동안, 항상 뇌리에 어른거렸던 제자들이 있다. 초창기 연구실을 꾸려주고 완성해주었던 박사과정 학생이다. 특히 지스트 대학원 석사 1기로 들어온 조영선 박사와 얼마간 후에 박사과정으로 들어온 신영득 박사가 수고를 많이 해주었다.

그런데 박사를 마치고 교직에 임용될 순간, 병으로 교육과 연구에 대한 꿈을 아직 펴보지도 못하고 저세상 사람이 된 제자가 둘이나 된다. 내가 학문을 시작했던 초창기, 연구에 심혈을 기울였고 동고동락했던 제자들이다. 학문하는 나로서 큰 아픔이었다. 내가 보내지 못한 연 때문에 아직 저세상으로 가지 못했을까? 나보다 먼저 하늘의 별이 된 고 조영선 박사와 고 신영득 박사가 이제라도 훨훨 날아갈 것 같다. 〈2020.12.19.〉

인생의 3막 무엇으로 살 것인가?

나의 일생을 3막으로 나누기로 했다. 청년기까지는 공부했다면, 중년기에는 학생들을 가르쳤다. 은퇴 후 몇 년을 위한 계획을 세울 때가 아니다. 이제 노년기 30년을 어떻게 보낼 것인가를 생각한다. 건강도 지켜야 할 것이고, 의미 있는 삶도 살아야 한다. 어떻게 하는 것이 의미가 있는 것일까.

정년을 앞둔 선배 교수들과 모임을 자주 갖는다는 어느 대학 교수의 이야기를 들은 적이 있다. 나름대로 새로운 삶이 펼쳐지는 은퇴 이후의 삶을 어떻게 할 것인가에 대해서 계획을 세우고, 실천을 위한 방법을 같이 이야기한다고 한다. 이전과는 달라질 미래에 대한 두려움이 있을 테고, 반면 새로운 도전에 대한 희망도 있을 것이다. 대학이라는 고립된 직장에 있을 때와 달리, 사회인의 한 사람으로 일반인과의 접촉이 빈번해지기 때문이다.

구체적으로는 직장과 떨어져 앞으로 생활할 근거지를 어디에 둘 것인가? 많은 시간을 거주지에서 보내야 하는데, 그 시간을 어떻게 의미 있게 보낼까 고민해야 한다. 연금을 활용한 만족한 삶의 영위, 부족한 연금을 채우기 위해 준비한 사적 보험에 의한 생활비 수급의 계획, 취미생활과 친구들과의 교류를 위한 용돈 마련, 직장건강보험에서 지역건강보험으로의 전환 등, 퇴임자의 노후 생활의 변화는 다양하다. 노후를 준비하는 내용이 같을 수 없지만, 그동안 쌓아온 경험을 바탕으로, 또 다른 삶인 노년기의 방향이 결정된다.

100세가 넘도록 건강하게 장수하신 김형석 교수께 다시 젊어지신다면 몇 세가 좋으시냐고 물었다. 60세라고 했다. 그리고 65세부터 75세까지가 인생의 황금기였다고 생각한다고 했다. 나는 이제 그분이 말하는 황금기에 접어들었다. 이 또한 얼마나 황홀한가. 나도 그런 나이가 되어서 인생의 황금기였다고 말할 수 있도록 인생의 3막을 무엇으로 어떻게 살 것인가? 그분과 했던 일이 달라서 비슷한 삶을 살 수 없겠지만, 술은 얼마나 마시면 좋을까? 교회는 계속 다녀야 할까? 운동은 얼마나 할까? 어떤 친구들을 만나야 할까? 친구를 만나면 어떤 마음가짐으로 어떤 이야기를 나누는 것이 좋을까?

정년을 몇 년 앞두고 시작한 수영이 나에게 위안이 된다. 게으르지 않게 아침 일찍 일어날 수 있는 계기가 되었고 건강을 유지할 수 있게 해주었다. 수영장이 가까이 있는 것도 행운이라 생각한다. 많은 시간을 할애할 수는 없지만, 한 달에 몇 번씩 친구들과 골프를 즐기는 것도 나에겐 행복이다. 그동안 일상에서 건강을 지키려고 일부러 7층에 있는 연구실까지 계단을 걸어 올라가거나 15층에 있는 내 집까지 걸어 올라가는 것도, 이제 다시 시작해야 한다. 2년 전 심장 스턴트 시술로 중지했지만, 다시 도전하자.

심한 운동을 하기보다는 내가 사는 아파트 앞의 호수 주변을 동네 주민들과 함께 걸을 것이며, 또 친구를 따라 영산강 지류의 갓길을 걸으려 한다. 규칙적으로 수영을 계속하면서, 일주일에 한 번 정도 하는 몸 펴기 생활운동도 빠짐없이 나가려 한다. 혼자는 게을러져 잘 움직이지 않으니 주변 동호인들의 힘을 빌리려고 한다.

우리는 태어났으니, 언젠가는 수명을 다하는 시간이 찾아올 것이다. 요즘 장례식을 찾곤 하는데 아버님들의 연세가 아흔을 훌쩍 넘어 돌아가신다. 그분들은 나보다 30년 전에 태어나신 분들이니, 30년 후에 태어난 베이비붐 세대인 나에게도 그런 장수의 기회는 확률적으로 높아질 것이란 예측이 가능하다. 인생의 계획을 세운다고 그대로 이뤄지는 것은 아니겠지만, 마음가짐은 필요할 것 같다.

정년 후 글을 쓰며 강의를 하시는 분들도 있고, 정보를 수집하여 필요한 분들에게 보내는 분들도 있으며, 재능이나 단순 노동으로 봉사하는 삶도 있을 것이다. 그동안 시간의 일부는 사회 봉사활동을 했다고 하면, 많은 시간을 학문하는 데 보냈다. 이제는 내가 전공했던 학문분야에 할애하는 시간은 줄어들 것이며, 사회봉사나 나 개인에게 주어지는 시간은 늘어날 것이다. 나에게 주어지는 시간을 어떻게 보낼까?

다행히도 교수에게는 정년퇴임 후 바로 집에서 쉬라고 하는 후배들의 배려가 덜하다. 몇 년간 개인 연구실을 사용하게 하기도 하고 강의를 맡기기도 한다. 정년퇴임을 정리하는 시간을 주는 때도 있다. 남은 논문을 정리하거나, 그동안 치열하게 살았던 인생의 이야기를 적을 수도 있다. 자기 전공을 활용하여 사회에 도움을 주면서 남은 시간을 보낼 수 있는 기쁨도 있다. 또한, 시민사회 활동을 돕는 일도 할 수 있다. 지역의 발전을 위해 목소리를 낼 수도 있고, 지역의 문화 활동을 응원하고 활성화하는 일을 할 수 있다.

이기철 시인은 "인생이란 사람이 살았다는 말, 눈 맞는 돌멩이처럼 오래 견뎠다는 말…."이라고 인생을 노래했다. 후회하지 않지만, 다시 돌아가 그 젊은 순간에 겪었던 고통과 고민했던 순간을 다시 되돌리기 싫어서, 60대의 나이로 돌아가고 싶다고 하지 않았는가? 그 달콤한 인생의 황금기로 돌아가고 싶다고 하지 않았는가? 나는 그 황금기에 들어섰다. 왜 두려워하겠는가? 선인들이 좋아했다는 인생의 황금기에 들어선 내가 기뻐해야 할 시간이 내 눈앞에 펼쳐졌으니, 엄청 즐거워하고 맘껏 행복을 누려 보리라.

스티븐 M. 폴란은 8가지를 버리면 인생은 행복하다고 말했는데, 그중 '나이 걱정'이 눈에 띈다. 그래도 나이 걱정은 결국 죽음에 대한 걱정이다. 나머지는 대부분이 마음을 비우는 일인 것 같다. 실버 사역을 하는 김종근 목사의 『건강하게 살다가 죽는 법』에서, "마음을 비우고, 적게 먹되 오래 씹고, 규칙적으로 걷기 운동을 하고, 따뜻한 물을 아침 공복에, 오전 오후 공복시간에 자주 자주 마시시라!"라는 글을 읽었다. 우리는 자칫 정의를 내세우면서 크랩 멘탈리티를 하고 있지 않은지 생각해 본다. 늙은 어르신들의 모임에서는 큰 소리가 자연스럽다. 하나는 자기주장이 세져서 그렇고, 하나는 청각의 기능이 약해져서이다. 마음을 비우고 이야기를 들어 보는 연습도 해야겠다.

이근후 정신과 박사는 죽어가는 환자들에게 "다시 태어나면 어떻게 살 것인가?"라고 물었다. 제일 많은 답이 첫 번째로 내 맘대로 살겠다. 두 번째로 맺힌 것을 풀고 싶다. 세 번째로 나누고 싶다. 평소에 이런 것쯤이야 잘 알고 잘 실천하고 있다고 생각하지만, 뒤돌아보면 그러하지 못했던 것 같다. 어차피 세상을 살아가다 보면 자유롭게 살기는 어렵겠지만, 상처 주지 않으려는 노력은 할 수 있을 것 같기도 한데, 어렵다.

우리는 대부분 재산을 남기고 세상을 떠난다. 쟁여 놓은 재산을 얼마나 잘 사용하고 세상을 떠날까를 생각하면, 그렇지 못하는 것 같다. 특히 우리나라는 자식에게 남겨주려는 생각이 다른 나라 사람보다 더 강한 것 같다. 낭비야 버려야 할 습관이지만, 이 세상을 떠나는 사람이 '나누고 싶다는 이야기'를 살아 있는 사람에게 전해주고 싶었을 것이고, 나눔의 생활이 실천된다면 사회를 크게 변화시킬 수 있을 것 같다.

인생은 혼자라고 했다. 마지막으로 죽음에 이르는 연습을 해야 하는데, 아직 연명치료 거부 사전의향서도 정리하지 못한 처지로 죽음을 이야기하기는 어렵지만 웰다잉을 연습해야 한다. 인생까지 거창하게 이야기하지 않더라도, 늘 지금 사는 곳에서 잠깐 다른 곳으로 옮긴다는 사람들의 이야기를 반복하는 것도 나쁘지 않을 것 같다. 이제 황금기를 맞이한 2020년, 1955년생 베이비붐 세대의 죽음에 대한 희망을 말하고 있다.

퇴임 이야기

안녕하십니까?

코로나19로 엄중한 이 시기에 한가하게 정년퇴임식을 해야 하나 고민을 많이 했습니다. POST 코로나19가 아니고 With 코로나19라고 하니, 우리는 지금부터 또 다른 생활 방식을 만들어가야 할 것 같습니다. 월요일 출근하자마자 학부장님께 제 퇴임식을 하지 않으면 어떠냐고 이메일로 말씀드렸는데, 대답하지 않더군요, 바로 진 팀장님께서 퇴임식 식순을 보내왔어요. 그래도 정년퇴임식장을 차려주시려나 보다 생각하고 받아들였습니다. 하여튼 준비해 주신 학부장님, 행정직원님, 집행부 여러분 감사합니다. 바쁘실 텐데 축하해주러 오신 총장님 또한 감사합니다. 그리고 보직자들께서 많이 와주셨네요.

1994년 혹독했던 여름에 같이 비아중학교에서 시작했던 동료 중, 많은 분은 퇴임으로 떠나시고 여섯 분 정도가 남았습니다. 27년간 싸우지 않고 살아왔던, 내 아래층에 계시는 윤태호 후배 교수님께 특별하게 감사드립니다. 동고동락해온 윤 교수를 만난 것도 큰 행운이었습니다. 그리고 학부 교수님들 모든 분께 감사드립니다. 여러분들의 도움이 없었으면 대과 없이 오늘 제가 무탈하게 졸업하기 어려웠을 것입니다. 20년 전 학과 교수님들께서 제가 제일 필요했던 분석 장비를 사주지 않으셨다면, 저의 주된 연구 주제였던 폴리이소시아네이트 Polyisocyanate 관련 60편의 논문이 나오지 못했을 것입니다. 학부 안에서 서로 밀어주고 당겨준다면, 리딩하는 신소재공학부가 계속될 것입니다.

저를 도와주셨던 행정원님들께서 와주셨네요. 임시로 있었던 한국과학기술원KAIST에서부터 고생을 같이하셨던 이삼화 처장님, 이은주 선생님, 학과에서 열심히 행정업무를 하셔서 본부에서도 능력을 발휘하신 진수향 팀장님, 배연희 팀장님, 김은미 팀장님, 주용구 팀장님께서는 제가 집행부 일을 할 때 도움을 많이 주셨습니다. 연구실을 잘 관리해 주셨고, 지금은 학교 일을 잘해주고 계시는 윤선미, 류지나, 황보라 선생님 감사합니다.

오늘 여기에 참석하여 축하해주고, 위로해주고 싶은, 가족과 친구들도 있었습니다만, 코로나19 상황으로 오늘 모시지 못했습니다. 연구한답시고 가정에 많은 시간을 할애할 수 없었던 제가 이렇게 무사히 마칠 수 있도록 옆에서 지켜봐 준 아내와 딸에게 처음으로 감사드립니다.

너무 인사가 길었습니다. 사실은 제일 처음에 "잘 놀다 간다!"라는 말씀으로 시작하려고 했습니다. 자기가 좋아하는 일을 하면서 월급을 받는다는 것은 무척 행복한 직업이라고 생각합니다.

지스트라는 장소를 제공해 주고 150억 원 정도의 연구비를 사용하게 해

주어 100여 명을 졸업시킬 수 있었습니다(외국인 10명 포함, 7개 나라, 방글라데시, 몰디브, 멕시코, 이집트, 중국, 인도, 베트남의 유학생, 박사 32명). 졸업생들이 오늘 퇴임식이 있다고 축하 연락을 해주었습니다. 석박사 졸업생 덕분에 이 자리에 설 수 있다고 생각하고, 졸업생들에게 감사드립니다.

사람들이 "은퇴하면서 자랑스러운 일, 후회스러운 일이 무엇이냐?"고 물어봅니다. 승진이 안 되어 괴로웠던 적도 있었고, 건강이 좋지 않아서 편안하게 연구할 수 없었을 때도 있었습니다. 지나고 보니 지나가는 시간의 한 점이었고, 추억거리로 남을 것 같습니다. 교수로서 즐거웠던 것은 좋은 잡지에 논문이 통과되었을 때일 것입니다. 그렇다고 그 연구 결과가 얼마나 사회에 공헌을 할 수 있을까를 생각하면 부끄러울 따름입니다. 물론 연구가 항상 잘 되었겠습니까? 연구가 뜻대로 안 되면 고민도 많이 하면서 시간을 보냈습니다. 술도 많이 마셨습니다.

유기화학에서는 반응 메커니즘을 규명하면 자기 이름을 붙입니다. 예를 들어 노벨상을 받은 Suzuki. Suzuki coupling reaction이 있습니다. 우리 고분자 분야에서 제 이름을 붙일 수 없었지만, GIST Governing Initiator Supporting Terminator Effect라는 우리 학교 이름을 붙여 두었습니다. 그러나 너무 협소한 분야여서 많은 분이 인용해 줄지 모르겠습니다. 결국, 자기만족하면서 보내온 세월이었습니다.

어떤 교수께서 교수직을 시작할 때 저에게 이런 이야기를 했습니다. 연구실을 비울 때 "이것만은 버리면 안 된다는 것이 있었으면 좋겠다."라고요. 저는 지금 이것저것 정리하고 버리고 있는데, 버려야 할 것밖에 없는 것 같습니다. 모파상도 죽음에 이르러 "다 얻은 것 같았는데, 하나도 얻은 것이 없었다."라고 말했다고 합니다.

계속 남아 계시는 교수님들께 그렇게 하시라고 짐을 드리고 싶진 않습니다. 모든 교수님께서 건강 지키시면서 제가 오늘 외쳤던 것처럼 "잘 놀다 간다."라고 하실 수 있으시길 바랍니다.

오늘 저의 정년퇴임식에 축하해 주려 와주셔서 감사합니다.

이재석 드림

후기: 천상병 시인께서는 "이 세상 소풍 왔다 잘 놀고 간다."라고 시를 읊었다고 합니다.

이 글은 이재석 교수 정년 은퇴식에서 연설한 퇴임사이다. 2020.08.27.

Part 10

인생 2막을 마치며
- 70년 잘 놀다 간다

큰 성과가 있는 분들의 이야기와는 비교가 되지 않겠지만, 이 장에서는 나 자신의 작은 삶의 발자취를 정리하고자 한다. 앞의 글들은 주로 지역 대학의 교수로서, 혹은 과학자로서 삶에 관한 이야기가 중심이었다.

여기서는 나 자신의 작은 이야기를 하려고 한다. 평생 해온 연구개발에 관한 보도는 신문 지상을 통해 알렸고, 본 저서 전반부에서 알렸기 때문에 포함하지 않고 인용하지도 않을 것이다.

내 이야기를 나 스스로 말하기는 쉽지 않지만, 살아온 날들을 정리하는 차원에서 용기를 냈다. 그동안 신문과 월간지에 연구실을 소개한 몇 개의 나의 발자취를 함께 모았다.

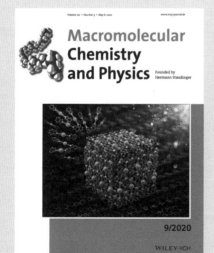

Wonbin Kim, *et al*. Macromolecular
Chemistry and Physics, 221, 2000019(1–
6), 2020 (Front Cover Figure)

작은 자서전

　나는 서울에서뿐 아니라 광주에서도 멀리 떨어진 전남 함평의 작은 시골마을, 신광에서 태어났다. 함평군과 영광군의 경계를 이루고 있는 마을로, 그래서 마을 이름도 함정리 지경(地境)이라는 곳이다. 거기서 광주까지 가려면 족히 2시간은 걸렸을 정도로 먼 시골이었고, 광주까지 가는 버스가 가끔 있었지만, 보통은 영광에서 갈아타야만 했다.

　한국전쟁 직후인 1955년에 베이비붐 1세대로 태어났다. 6·25 전쟁 당시 밤낮으로 경찰과 팔치산이 교대로 점령해서 괴로웠던 경험을 어머니로부터 전해 들었다. 그 와중에 내가 큰 병치레를 많이 했다고 한다. 나를 업고 10리 길을 걸어서 의원을 찾아 종기를 치료해 주었다. 허벅지 흉터의 흔적이 어머님의 헌신, 그 증거다.

　얼마의 땅을 소유해서 먹고사는 데는 별문제가 없었고, 온 가족이 살아남았다는 것은 부모께서 주변 사람과 잘 살았다는 것을 증명하는 것이 아닌가? 존경하는 마음이 든다. 피난살이 이야기를 들으며 전쟁은 어떤 이유에서건 절대 일어나지 않아야 한다는 마음을 갖게 된다.

신광면 초등학교(그 당시에는 국민학교)에 입학했는데 2학년 때까지 집에서 4km나 떨어진 학교를 걸어서 다녔다. 아버지는 촌부였지만 어린 학생들이 등굣길에 혹시나 돌에 넘어져 다칠까봐 항상 10리 길의 신작로에 흩어져 있는 돌을 치웠다. 3학년이 되는 해, 베이비붐 세대이다 보니 교실이 부족하기도 하고, 먼 곳에서 다니는 어린 초등학생들을 위해, 함정에 분교를 설립했다.

그래서 4학년까지 신광초등학교 함정분교에 다녔다. 여기저기에 분교를 세울 정도로 우리 친구들은 많았다. 더군다나 한국전쟁 동안 학교에 입학하지 못했던 형들과 누나들도 같이 입학했기 때문에 학급 정원이 육칠십 명이 되었다. 날마다 친구들과 같이 10리 길을 걸어서 다니는 등굣길이 즐거웠지만, 10분이면 등교할 수 있었고 동네 사랑방 같았던 분교에서의 학생 시절도 재미있었다.

이후 다시 본교인 신광초등학교로 복귀하여 5~6학년 과정을 마쳤다. 그 사이 아버님이 작고하셨다. 아버지상을 치르는 동안 울다가도 먹을 것을 찾았던 철부지 어린아이였다. 이렇게 초등학교 시절을 보내며 광주에 있는 중학교로 입학을 준비했지만 실패하고 말았다.

시골에서는 중학교 입학에 실패하면 6학년을 다시 다닐 수 있도록 배려를 해주었다. 해보초등학교가 신광초등학교보다 입시지도를 잘해 줄 거라는 친척의 소개로 해보초등학교에서 1년을 더 다녔다. 그렇게 재수를 해서 나를 포함해 3명이 광주서중학교에 입학할 수 있었다. 그중의 한 명은 정경연으로 사돈 관계였고, 지금도 만나고 있다. 세 문제만 틀려도 불합격할 정도로 경쟁이 심했던 입시였다.

중학교에 가기 위해서는 6학년의 선생님께 수업을 잘 받는 게 중요한데, 두 분, 신광초등학교의 이현종 선생님과 해보초등학교의 유재우 선생님으로부터 가르침을 받았다. 신광초등학교에서는 합숙하면서 공부를 했다. 유 선생님께서는 제자들의 중학교 입학을 위해 학생들과 같이 자면서 지도해 주었다. 학교 근처의 시골집 뒷방을 빌려 학생 3명이 같이 합숙했다.

그때 시골에는 전기 등불이 없었으니 호롱불보다 조금 더 밝은 촛불을 사용했다. 방바닥에 배를 깔고 공부하다가 쓰러져 잠이 들어 버렸다. 그 순간 방바닥에 촛불이 넘어져 불이 번진 것이다. 외출했던 선생님께서 그때 오지 않았다면, 어떻게 되었을까? 아마 이 글을 작성할 수 없었을 것이다. 지금처럼 학생과 교수의 인권 다툼이 없었고, 오로지 자기가 할 일을 헌신적으로 지도해주었던 은사님께 감사한다.

중학교에 들어가면 좀 쉬어가면서 공부할 수 있을 것으로 생각했다. 아침부터 저녁 늦게까지 공부했던 어린 나이에, 중학생인 누나가 가끔 시골에 오면 한가롭게 보였던 것 같다. 요즘으로 보면 입시에 시달렸던 고등학생들이 대학 입학 후에 공부를 등한시하는 형태와 비슷하지 않았을까. 초등학생 때의 강요에 의한 공부 습관에서 벗어나 중학교에서는 자유롭게 학습 생활을 했다.

중학교 입학 후 자그마한 키와 소심했던 나는 몸과 마음을 단련할 수 있을까 생각해서, 바로 태권도부에 들어갔다. 방과 후 활동으로 지도교사나 사범도 없이, 선배가 강덕원(덕을 가르치는 집)이라 칭하던 강당에서 태권도를 전수했다. 수업 후 매일 태권도 수련을 했기에 집에 가면 피곤해서 잠자는 것이 일상이었다. 시골에서 올라 온 학생이 공부에 집중하지 못했다. 물론 지금도 후회하지 않지만, (지금 후회해 봤자 바뀔 것이 없지만) 형들도 말리지 않았다.

태권도를 수련하는 것처럼 열심히 공부했으면 인생의 방향이 어떻게 바뀌었을까? 가끔 생각해 보지만 나의 끈기는 태권도 수련으로 길러졌다고 생각한다. 시골에서 태어난 소심한 성격의 소년이 담대한 청년으로 바뀌는 기회였을 수 있다. 중학교 3학년 때 동급생들이 이제 나이가 드니 은퇴를 하고 서로 만나고 싶어 한다. 담임은 기술을 담당하셨던 김희수 선생님이다.

중학교 친구들끼리 만나면 어떤 친구가 앞에 앉았고, 뒤에 누가 앉았다는 키에 관한 이야기를 주로 한다. 날마다 강당에서 태권도를 훈련했던, 하얀 운동복을 입었던 이재석을 강하게 기억해 준다. 또 하나의 기억으로 문학 소년들의 모임을 지향하면서 SBG Seo Middle School Boy's Group라는 서클을 만들어 시를 쓰고 낭독했던 친구(전건, 박재성, 김광만…)들이 생각난다.

광주서중학교는 광주제일고등학교가 동일계 고등학교여서, 고등학교 선배들이 태권도 훈련을 가르쳐 주었다. 물론 사회에 진출한 선배들도 가끔 방문하여 태권도 훈련을 지도해 주었다. 지금도 마찬가지이지만, 나는 한번 시작한 일은 중간에 멈추지 않았던 것이 중학교 시절부터 몸에 배었던 것 같다. 큰 강당 안에서 선후배와 함께 마음껏 고함을 지르며 훈련했던 때가, 지나고 보니 심신을 강하게 단련시켜 주고 나의 생활 패턴을 규칙적으로 습관화시켰던 시기였던 것 같다.

방과 후 많은 시간을 태권도 훈련에 소비했기 때문에 당연히 성적이 좋을 수 없었다. 평균화로 없어지는 좋은 중학교에 마지막으로 들어간 것만으로 어머니나 형들은 만족했던 것 같다. 나의 공부나 진로에 별로 간섭하지 않았다. 광주 도시에서 입학한 학생들은 참고서를 구매해서 여러 개의 색깔 펜으로 반복하여 줄을 그어가면서 공부했는데 말이다.

동일계 고등학교에 입학하는 것이 꿈이었고 당연한 것으로 알고 있었다. 바로 전 선배들까지는 무시험으로 입학했기 때문이다. 그런데 웬일인가? 바로 윗 선배까지 무시험 동일계 진학을 했는데, 우리 학년은 입시를 치러야 한다는 청천벽력 같은 소식이 2학년 때 전해졌다. 태권도를 매일 훈련하면서도 고등학교 입시를 성실하게 준비한 덕분에 무사히('겨우'라고 표현하는 것이 맞을 것 같다) 같은 교정에 있는 고등학교에 진학하게 되었다. 중학교에 다니면서 성적으로 곤욕을 치렀음에도 고등학교 입학 후에도 태권도 훈련을 계속했다. 그때 항상 훈련을 같이했고 지도해 주었던 1년 위 선배, 지금은 사진작가가 되어 세계를 누비고 다닌다는 박하선 선배를 잊을 수 없다.

나의 고등학교 시절은 유신정권 시대여서 사회 분위기가 고등학생을 편안하게 놔두지 않았다. 고등학생도 독재정권 시대에 민주화를 위한 활동을 하면서 학교생활을 했다. 직간접으로 학생들 역시 고민이 많던 시절이었다. 고등학교 시절에 있었던 큰 사건이 전국민주청년학생총연맹(민청학련) 사건이었다. 3학년이었던 1974년 수업 중간중간에 교실에서 교정으로 빠져나가 스크럼을 짜고 "유신철폐!"를 외치고 운동장을 돌면서 국가가 바르게 가기를 염원했었다. 그 사건으로 친구들 몇 명이 경찰에 끌려가 수사를 받기도 했다. 어린 학생들의 심적 부담도 무척이나 컸던 것이 사실이다.

우리의 고등학교 시절에는 공부는 당연히 열심히 해야 했을 뿐 아니라 서클 활동도 왕성하게 했다. 광랑(향토반)이라는 독서 서클(동아리, 그 시절에는 동아리 활동을 클럽이나 서클 활동이라고 했다)에서 주로 활동했고, 또 다른 교외 독서 서클에도 참가했으니, 태권도 훈련과 함께 무척 바쁜 고등학교 시절을 보냈다. 광랑은 독서와 함께 여름방학을 통해 농촌 봉사활동을 목적으로 활동을 했다. 또 다른 이름으로 향토반이라고도 했다. 봉사활동 중에 농촌의 어르신들이 '광주의 사나이들'이라고 칭찬하시는 바람에 향토반이라는 서클명을 광랑으로 변경했다고 한다. 독재정권의 발악으로 서클활동도 금지할 요량이어서, 서클명의 변경이 있었을 것 같기도 하다.

자아 완성을 목표로 활동을 했던 광랑은 나의 신념과 생활의 중심을 이루고 있다. 처음 광랑을 만나 50년이 된 지금도 선후배들이 만나고 교류한다는 것은 그리 흔하지 않을 것이다. 이 서클 활동을 거쳐 간 선후배들은 각자의 분야에서 열심히 살아왔고, 지금도 여전히 각자의 위치에서 아직도 이루지 못했을 자아 완성을 위해 노력하고 있다.

회원 중에 큰 부자는 없지만, 십시일반 장학금을 모아 18년간 모교에 전달하는 일을 하고 있다. 광주제일고등학교 동창회에서 동문 개인에게 수여하는 '자랑스런 일고인 상'을 우리 서클 광랑에 수여한 특이한 상황을 만들기도 했다. 대학에서 인재 양성이 나의 직업이다 보니 광랑 장학금 관련 일에 시간을 내서 오랫동안 봉사하고 있다.

교외 서클은 YWCA에 소속되어 있는 독서 서클에서 활동하였다. 고등학교 남녀 학생들이 모여 도서를 선정하여 읽고 독후감을 이야기하는 모임이었다. 광주제일고등학교에서는 이효재, 문승훈과 함께 활동하였고, 초등학교 친구인 이보형이 모임을 주도했다. 지금은 서로 연락하고 있지 않지만, 고등학교 시절 한때, 추억의 하나가 되었다.

일요일은 집 근처 서현교회에서 친구 박찬형과 같이 신앙생활을 했기 때문에 일요일까지 바쁘게 지냈다. 그런 열정이 어디서 나왔는지 알 수 없지만, 지금도 한번 시작한 일은 끝까지 마쳐야 하는 생활 습관이 중고등학교 때 형성된 것 같다. 친구들과 어울리기 좋아하는 성격도 그때 형성되었으리라 생각한다. 이러한 고등학교 때의 활동은, 비록 그 순간에는 시간이 부족해 학생 본연인 학습에는 소홀했겠지만, 은퇴하고 그때를 돌이켜 생각해 보면 사회생활을 하면서는 크게 도움이 되었다.

고등학교 3학년 때는 대학 진로 문제로 방황을 했다. 자연계 수업을 받던 내가 인문계 학급에 가서 수업을 받을 때도 있었는데, 한 반에 몇 명이 나와 같은 생각을 했었다. 고등학교 3학년 담임선생님은 지리를 담당하신 이돈배 선생님이셨고, 나중에 송원대학교에서 교수로 근무하고 정년을 마쳤다. 선생님은 나의 진로에 대해 걱정을 많이 해주셨다.

결국은 자연계에서 고등학교 생활을 마무리하였다. 고등학교 시절은 진로에 대한 고민과 함께 서클 활동으로 바빴고, 사회 현상에 대한 고민도 많았던 시기였다. 그러나 대학진학에 있어서 현실적인 고민은 필요한 경비를 형에게 도움을 받아야 한다는 것이다. 집안 형편을 고려해서 최종적으로 지역에 있는 국립인 전남대학교 공과대학을 택하게 되었다.

대학에 입학하고 다니면서도 중학교, 고등학교 다니던 때처럼 친구를 좋아하고 선배를 좋아했다. 사회 문제에 관해 토론도 하고 날마다 점심때 도서관 앞에서 만나 고민을 나누었다. 서클도 두세 개 가입했는데 주로 독서 동아리였기 때문에, 논문이나 책을 읽고 주제 발표도 하면서 대학생활을 보내고 있었다.

그러던 어느 날 불현듯 '대학생활도 고등학교 생활과 비슷해지겠구나.'라는 생각이 들었다. 2학년 후반기부터 인생 진로에 대한 고민이 시작되었다. 사회에 대해 고민을 하는 것도 좋지만, 이공계 공부를 하는 나로서 장차 어떤 진로를 택할 것인가에 대해 진지하게 고민을 하기 시작했다.

그때부터 동아리 활동을 중단했고, 공대생으로서 나아갈 방향을 다시 설정해야 했다. 어렸을 때 어렴풋하게 생각했던 기술자, 이제는 구체적인 방향도 생각할 나이가 되었다. 내가 졸업할 시기에는 석유화학산업이 활성화되어 한국 사회와 경제 규모는 확장되고 성장하고 있었다. 같은 전공의 여학생도 2~3개의 회사에 합격했을 정도로 일자리 상황은 좋았다.

그것도 군대를 마치지 않으면 그림의 떡이다. 대한민국 청년의 고민인 군대 생활을 언제 마칠 것인가도 인생의 큰 갈림길이 된다. 군대를 마쳐야 취직도 하고 결혼도 할 수 있다. 그래서 군대도 해결하면서 공부할 수 있는 길을 선택했다. 그곳이 한국과학원(현재는 한국과학기술원)이었으며, 입시를 열심히 준비하더라도 지방대학에서 한두 명이 가끔 들어가는 대학원이었다.

열심히 준비해서 원하던 한국과학원에 들어갈 수 있었다. 막상 들어가 보니 학생 대부분이 서울 소재 대학 출신이어서, 그 사이에서 공부하는 것도 만만치 않았다. 과학원의 초창기에는 학생이 많은 공부량에 지쳐서 석사를 마치고 일단 쉬기를 원했다. 그리고 외국에서 박사학위를 마치기를 원해서 박사학위에 진학하는 학생 수는 적었다.

이원규 교수의 지도로 2년 동안 석사 논문도 무난히 마쳐서 졸업하고,

모교인 전남대학교에서 조교가 되었다. 문제는 화학공학특성화공대를 더 확대하지 않는다는 정책으로 전임 교원으로의 진급이 어려움에 봉착했다. 그때만 해도 과학원 졸업생은 석사만으로 조교를 거쳐서 전임강사가 될 수 있었던 시기였지만, 나에게는 그런 기회가 주어지지 않았다.

모교에서 3여 년을 조교로 근무하는 동안, 자리가 안정되지 않으니 고민의 연속이었다. 모교에서 교수로 남을 수 없으니, 결국 유학의 길을 선택하게 되었다. 그때 고뇌의 나날은 나를 단련시켰고 지금의 나를 있게 한 원동력이 되었다. 다행히 조교 근무로 군대 복무는 해결되었다.

유학을 결심하게 되었고, 미국처럼 유학 준비가 많이 필요 없었던 일본을 선택했다. 일본 유학의 경우, 입학 경로가 추천으로 결정되었다. 내가 연구하고 싶었던 고분자 합성을 전공하기로 하고, 전남대학교 김재문 교수님 추천으로 Tokyo Tech의 나카하마^{Nakahama} 교수 연구실의 문을 두드렸다. 고분자 분야가 한국의 화공 산업 분야에서 새롭게 부각되었고, 그중에 고분자 합성을 마음에 두었는데, 박사학위 과정 지도교수로 훌륭한 분을 만났던 것은 나에게 행운이었다. 갑자기 결정된 유학이었기에 장학금은 언감생심 바랄 수가 없었다.

더군다나 김재문 교수의 자제였던 김종호(전남대학교) 교수가 마침 Tokyo Tech에서 박사과정을 밟고 있어서 유학 생활의 어려움을 해결해 주었기 때문에 쉽게 유학 생활을 시작했다. 대학원 진로를 소개해주었던 고 김재문 교수와 김종호 교수께 감사한다.

고분자 합성으로 대단한 결과를 도출하기는 어렵지만, 지도교수가 제시한 연구 제목을 해결하여 박사학위를 무난하게 받을 수 있었다. 한국에서의 어려움을 잊고 극복하여 박사학위를 받을 수 있었던 것은 지도교수님의 배려가 컸다. 일본에서는 박사과정 입학을 바로 하지 못하고 보통 연구생 과정을 거친다. 그 과정에서 지도교수께서 "어려우면 한국으로 되돌아가는 것이 좋지 않으냐?"라고 했을 때, 머리가 하얗게 되고 숨이 멈출 것 같았던 순간도 있었다.

박사과정을 시작함과 동시에 지금까지 온갖 괴로움에서 벗어나 서서히 연구에 대한 즐거움이 생겼다. 지도교수의 추천으로 일본 국가 장학금도 받을 수 있어서, 편안한 마음으로 박사과정을 마치게 됨을 하나님께 감사한다. 박사학위 과정의 고통이 없었겠냐만, 장학금 받고 공부와 연구만 하니 무슨 어려움이 있겠는가? 단지 지치지 않고 꾸준히 성실하게 즐겁게 연구를 수행했다.

연습생 과정을 포함하여 4년 반만에 무난하게 박사학위를 취득할 수 있어서 다행이었다. 그러나 박사학위를 취득하면 모든 것이 끝나는 것은 아니다. 또 진로에 고민이 생기고, 바로 직장 문제에 봉착하게 된다. 박사과정을 마쳤지만, 일본은 아직 박사후연구원 제도를 활성화하지 않았다. 박사후연구원 과정을 거치기 위해서는 미국으로 가지 않으면 안 됐다.

그때는 우리나라도 박사학위만으로 바로 대학에 교수로 임용되기 어려운 환경으로 변해가고 있었다. 고분자 합성을 전공했고 블록공중합체와 탄성체와 관련이 있어서 회사나 연구소에서 연락이 왔다. 그러나 모교의 교수직에 대한 염원이 남아 있어서, 바로 회사나 연구소에로의 길을 정할 수 없었다. 그래서 일본에 좀 더 남을 기회와 기관을 찾아야 했다.

일본에서 때마침 시작된 기술자 연수프로그램으로 ㈜일본합성고무에 남게 되었다. 산업체의 인력 부족을 메꾸기 위한 연수생 프로그램이었는데, 이 프로그램에 참여하여 우선 일본에 머무르기로 마음을 정했다. 일본 기업의 연구소에서는 미래에 대응하기 위해 적은 수의 연구원이라도 미래 기술을 준비하고 있다는 것을 경험했다. ㈜일본합성고무에서 근무하고 있을 때, 행운의 기회가 찾아왔다. 그래서 5개월의 짧은 일본 회사 경험을 마쳤다.

연수하면서 가끔 모교인 Tokyo Tech에 들렀는데, 우연히 일본이화학연구소 RIKEN에서 "기초과학특별연구원"을 공모한다는 게시판에 붙어 있는 안내가 눈을 사로잡았다. 임금은 중견 과학자의 월급 정도를 제공하고 3년간 안심하고 일할 수 있는 좋은 조건이었다. 당시 그 모집 조건은 일본에서 젊은 과학자에게 획기적이었다.

연구소가 노화하는 것을 막기 위해, 지금까지 일본에서 실시해 보지 않았던 박사후연구원 과정을 일본 정부와 연구소에서 마련한 것이다. 개인이 직접 사용할 수 있는 연구비도 적지만 제공되었다. 지금도 계속되고 있는 인력양성 프로그램이며, RIKEN 정규직 연구원의 등용문이기도 하고, 연수 후 대학으로 다수 진출한 성공한 프로그램이다.

박사과정 지도교수인 나카하마 교수의 추천을 받아 도전했다. 많은 박사 후보가 응모했음에도, 운 좋게 1기로 채용되었다. 사사베 Sasabe 교수가 연구실장이었고, 카이바라 Kaibara 박사가 직접 연구를 지도해 주었다. 카이바라 박사의 지도를 받아 연구를 수행하였다.

처음으로 세포배양 기술을 배웠고, 한국에 돌아와 재료 분야에서는 상당히 빠르게 세포와 고분자 재료와의 상관관계를 연구할 기회를 만들었다. 또한, 내피세포와 혈액과의 관계를 연구하였고, 고분자 표면에서 혈액의 응고과정을 관찰하였다. 카이바라 박사가 초청하여 RIKEN을 방문한 미국의 오레아 O'Rear(Oklahoma Univ.) 교수를 처음 만났다.

길다고 생각했던 RIKEN에서 3년이라는 시간은 빨리 지나갔다. 3년이 보장되어 장기간 마음 편하게 연구할 수 있었지만, 한국에는 여전히 내가 필요한 자리가 나타나질 않았다. 한국 대학과 연구소의 채용공고를 보고, 서류를 내고, 불합격 통지서를 몇 번 받으니 3년이 지났다. 가을과 봄의 시기는 박사학위를 소유한 예비 직장인에게 잔인한 계절이다. 마침 결혼도 해서 아내인 송은(현재 순천대학교 교수) 박사가 일본에서 박사과정으로 대학에 다니고 있어서 무작정 혼자 한국으로 올 수도 없었다.

미국에서 6개월간 박사후연구원 과정을 하고 다시 일본에 돌아오면, 프런티어 연구원으로 채용하겠다는 사사베 박사의 배려는 나의 일생에 잊을 수 없는 고마운 제안이다. 또한, 사사베 박사는 사이타마대학 Saitama University의 겸임교수로 아내의 박사학위 지도교수이기도 했다. 살아가는 동안 많은 사람을 만나고, 행운을 가져다주는 분들의 배려 속에서 인생의 길은 결정되어 가는 것 같다.

RIKEN 연구실에서 만났던 인연으로 오레아 교수가 6개월간 연구원으로 1992년 가을에 미국 오클라호마대학교로 초청해주었다. 오레아 교수는 바이오레올로지 관련 연구를 전문으로 했는데, 카이바라 박사와 공동연구를 하고 있었다. 일본을 방문했을 때 여행도 같이 했기 때문에 친밀한 관계가 되었다. 오레아 교수는 내가 미국을 방문해서 얻은 연구 결과를 끝까지 버리지 않고 2018년에 출판했다.

1993년 다시 일본 RIKEN으로 돌아올 수 있었고, 독일로부터 RIKEN의 프런티어 프로그램에 영입된 크놀Knoll 박사의 그룹에서 프런티어연구원으로 연구할 기회를 얻었다. 가속기를 활용한 고분자 표면의 수식을 수행했으며, 패턴 마스크를 활용하면 고분자 표면에 수식한 패턴을 형성할 수 있다. 그 패턴 위에 세포를 배양하여 선택적으로 성장시키면 세포 패턴을 제어할 수 있었다. 신경세포를 배양하여 뉴라이트의 돌기의 방향과 패턴을 제어하였다. 최종 목적은 신경세포 사이에서 전기적 신호를 측정하는 것이었다.

한국의 광주과학기술원(이하 지스트)에서 교수 생활을 하면서 RIKEN을 두 번 정도 방문하였는데, 도쿄대학 아이다Aida, RIKREN(연구실장 겸임) 교수의 초청으로 방문하여 강연하였고, 한국인 과학자 김윤수 박사의 초청으로 강연한 적이 있어서, 4년간의 RIKEN에서의 연구 생활을 되새겨 보는 기회가 되었다. 최근 김윤수 박사는 한국의 기초과학연구원IBS 프로그램으로 지스트에 연구단을 설치하는 과정에 있다고 들었다. 부디 성공적으로 설치되기를 바라며, 다시 만나면 옛날 RINKEN에서의 연구 이야기를 나눌 수 있겠다. RIKEN에서 연구 생활을 하면서 아내도 만났고, 딸도 출산했다. 그래서 딸의 이름을 이연(일본 발음으로 RIKEN)이라고 지었다. 결국 이연(지스트 박사과정)도 연구하는 길에 서서 고생하고 있다.

RIKEN에서 프런티어연구원으로 1년간 연구하고 있을 때, 나에게도 행운의 기회가 다가와 주었다. 교수 채용 공모에 응할 수 있는 기관이 광주에 설립된다는 것이다. 그곳이 바로 2020년 은퇴할 때까지 근무한 지스트이다.

생각해 보면 지스트의 초창기 교수 일원으로 채용된 운이 참 좋은 사람이다. 외국에 유학한 지 9년 반 만의 일이다. 지스트는 광주민주화운동으로 희생된 열사들의 피 대신 보상받았다는 것을 잘 알고 있다. 광주가 고향이어서 지스트가 개원한다는 이야기는 들었지만, 나에게 채용 정보가 직접 전달될 기회가 없었다. 1993년에 휴가차 광주에 들렀는데, 주승호 친구가 "광주과학기술원 교수초빙 광고를 보았냐?"라고 귀띔해 주었다. 이 또한 나에게는 큰 행운이었다. 그 채용공고 기간에 서류를 제출하지 않았다면 내가 지금 여기에 있지 않았을지 모른다.

흔히들 모든 일이 운칠기삼으로 이뤄진다고 하는데, 요즘 은퇴 후 과거를 되돌아보면, '운구기일'이 아니었을까! 물론 미국 자동차 경주 선수, 보비 언저의 "성공은 기회와 준비가 만나는 순간입니다."라는 말은 당연한 것 같다. 이러한 무수한 시간과 인간관계, 우연과 행운, 그리고 당시 채용을 담당했던 심사위원들이 직간접으로 나를 여기에 있게 해주었다. 돌아가신 하두봉 초대 원장님께도 이 자리를 빌려 감사의 마음을 드린다. 언감생심 우리나라 일류 대학 출신만 생존할 수 있는 한국의 환경에서 연구중심대학의 교수가 되었으니 감사할 수밖에 없다.

물론 지스트의 교수로 임용된 것만으로 영광이었지만, 나는 지방대학 출신이었고, 우리나라에서 일반적으로 선호하는 미국 박사학위가 아닌, 일본 박사학위 소지자였기에 배가의 노력을 해야 한다고 다짐했었다. 더욱이 지역 출신으로 지역과의 연대, 지역 산업발전에도 고민하지 않으면 안 된다고 생각했다. 무척 바쁜 학교생활로 친구들도 만날 수 없었다.

그러나 고등학생 시절뿐 아니라 유학 시절을 보내면서, 항상 나의 의식을 자극해 준 고등학교 동아리 '광랑'의 모임에는 빠지지 않았다. 광랑의 정신이 나를 지탱하는 현재의 힘이 되었기 때문이다. 이런 무수한 인연과

고뇌들이 선을 이루어 무탈하게 지스트에서 은퇴할 수 있었고, 퇴직 후에도 초빙석학으로 강의와 연구를 계속할 수 있었지 않았나 되새겨 본다.

박사학위 과정 지도교수인 나카하마 교수는 학문적으로나 인격적으로 존경할 만한 분이었다. 그분께서 지도교수로서 새롭게 교수가 된 나에게 전한 말씀을 항상 머리에 새기고 교수 생활을 했다. "학생은 연구원이 아니다."라고 말씀해 주었는데, 학생은 연구 결과를 내는 도구가 아니라 교육의 대상이라는 의미였다고 생각한다.

박사과정을 마치면 화려하게 금의환향하는 사람도 있을 것이다. 베이비붐 세대들도 한국전쟁 후 학생 시절에는 어려움을 겪었으나, 산업이 부흥하고 일자리가 확대되면서 대학 졸업 후에 취업은 상대적으로 어렵지 않았다. 도리어 구인난일 때도 있었다.

그렇지만 박사학위를 취득한 경력자들에게는 그런 똑같은 기회는 오지 않는다. 젊은 청년들에게는 그때나 지금이나 자기에 맞는 일자리가 최대의 고민거리. 돌이켜 생각해 보면 일자리가 많았던 베이비붐 세대들의 청년기는 행복한 시기였다. 그러나 누구에게나 적용되는 기회와 행운은 없다. 준비된 자에게 일자리를 비롯한 기회와 행운이 따른다.

대한민국의 청년들은 대학 졸업 후, 석사 졸업 후, 박사학위 후, 군대 문제, 결혼 문제, 직장 문제가 함께 엉클어진 환경에서 늘 고민 속에서 살아간다. 연애하고, 결혼 상대를 만나기도 하고, 헤어지기도 하고, 또 직장을 구하거나 다른 선택의 길을 찾아 헤매면서, 어른이 되어 간다. 나 자신도 그동안 많이 고민하면서, 어느 때는 문제가 해결되고, 어느 때는 원만하게 해결되지 않아 다음 기회를 찾는 경우도 많았다.

설령 그 기회가 행운이 따르든 따르지 않든, 그 길을 터벅터벅 걸어왔다. 이제는 프로스트의 '가지 않은 길'을 나의 과거로 회상하면서 모든 것이 나에게 세렌디피티 serendipity (행운)였다고 생각한다. 그러나 준비하는 자에게만 찾아오는 행운일 것이다. 남은 노년기에는 웃는 얼굴과 사랑스런 말 慈顔愛語 로 모든 사람을 대할 수 있기를 바란다. 〈사진 참조〉

慈顔愛語를 써준 친구 팔봉 고재상 작가와 함께. 이제 늙어가면서 어떤 마음으로 살까 고민하다가, 이 사자성어를 팔봉에게 부탁하여 작품을 받아, 벽에 걸어 놓고 날마다 묵상한다.

15년차 글로벌 베테랑 연구실,
저렴하고 효율성 높은 연료전지막 개발…
친환경에너지 발전에 기여

3일 오전 찾아간 광주과학기술원 GIST 신소재공학동 7층의 '기능성 고분자 합성 실험실' 옆 유리세공실.

인도 출신의 프리앙 씨(25. 신소재공학과 박사과정 2년차)가 유리관을 불을 이용하여 달구고, 휘고, 불어가며 다양한 모양의 실험도구를 직접 만드느라 여념이 없었다. '기능성고분자합성연구실'의 연구원들은 이처럼 실험에 쓰이는 대부분의 도구들을 직접 만들어 사용한다고 프리앙 씨가 설명했다.

워낙 세밀하고 전문적인 분야의 연구다 보니 원하는 실험을 위해서는 도구도 그것에 맞게 그때그때 제작해야 한다는 것이다.

광주과학기술원 신소재공학과 기능성고분자합성연구실은 1994년 광주 과기원 개원과 동시에 설립돼 1995년부터 본격적인 연구를 시작한 15년차 '베테랑 연구실'이다. 설립 당시 3명에 불과했던 연구실은 현재 석사 7명, 박사 8명, 연구원 3명 등 18명의 우수 인재로 구성돼 있다.

이 중에는 인도, 베트남, 이집트 출신의 외국인 학생과 외국인 과학자들까지 포함돼 있어 가히 '글로벌 연구실'이라고도 할 수 있다. 연구실에서는 주로 각종 기능성 고분자 소재 합성에 대한 연구를 하고 있다.

제어가 잘 되는 리빙 음이온 중합에 의해 1차 구조가 정밀하게 제어된 고분자를 합성하고, 그 고분자의 나노 크기의 2차 및 3차 등의 고차구조를 제어함으로써 재료 기능을 증진시키는 것이 연구 목적이다.

고분자 나노구조 제어는 리빙 중합에 의해서 얻어진 블록공중합체를 이용한다. 여기에 무기물을 하이브리드하여 나노복합체의 물성과 기능을 보완 증진시키는 연구도 시도하고 있다.

연구실에서는 최근 연료전지 재료로 가장 많이 사용되고 있는 나피온 Nafion보다 뛰어나면서 동시에 가격은 5배가량 저렴한 새로운 고분자막을 개발해냈다. 이 연료전지 막은 해수담수화용 역삼투막, 바이오 연료전지의 분리막 등 그 적용 범위가 넓어 산업화는 물론 외국산에 의존했던 연료전지의 국산화에도 크게 기여할 것으로 기대를 모으고 있다.

연료전지용 양이온 전해질 막으로 현재 시판중인 나피온은 고가인데다, 80도 이상의 고온에서는 안정성이 떨어지거나 높은 투과율로 인해 연료전지로서 효율이 급격히 저하되는 단점이 있었다. 고분자 전해질 막 연료전지의 상용화를 앞당기기 위해서는 연료 투과현상을 감소시키는 동시에 고온에서 작동시킬 수 있고, 또 가격도 저렴한 고분자 전해질 막의 제조가 필요했던 것.

연구실은 이러한 필요성으로 나피온의 단점을 보완, 안정성과 효율성이 높아지도록 특수 처리한 폴리(아릴렌에테르)를 공중합체 개발에 성공한 것이다. 이밖에도 연구실에서는 폴리이소시아네이트의 리빙 음이온 중합, 고분자의 나노구조 제어 등의 성과를 보였다.

"원천기술의 국산화 최종목표"

"우리의 원천기술을 확보하는 것이 연구의 최종 목표입니다. 비싼 로열티를 지불해야 하는 외국기술과 당당히 경쟁할 수 있는 순수 국내기술 개발에 주력하겠습니다."

광주과기원 기능성고분자합성연구실을 이끌고 있는 이재석 교수(54, 신소재공학과)가 "국내의 독자적인 핵심기술을 확보해야 한다는 철학을 갖고 연구에 임하고 있다."며 이 같은 목표를 밝혔다.

광주과기원 산학협력단 단장으로도 일하고 있는 이 교수는 "연구나 개발에 그치지 않고 이 지역의 주력산업 발전에도 일익을 담당할 수 있고, 나아가 국가 발전에 보탬이 될 수 있도록 할 것이다."며 "순수 국내 원천기술을 개발하겠다는 의지도 이 같은 맥락과 같은 것이다."고 강조했다.

그는 최근 개발한 연료전지 고분자 막에 대해 "이번에 개발한 막 소재는 현재 다방면에 적용하기 위해서 그 소자 성능을 측정 중에 있으며 소자에 직접 적용해 최적화를 해야 한다."며 "소자 성능 측정을 위해 현재 미국 'Los Alamos Natioal Lab.'에서 성능 측정 실험이 진행 중이다."라고 설명했다.

그는 이어 "모든 연구는 연속선상에 있다."고 전제한 뒤 "연료전지 막 개발에 이어 디스플레이용 소재로 이용되는 형광물질을 인광물질로 전환, 활용하기 위한 고분자 개발과 관련해서도 조만간 발표할 생각이다."라고 말했다.

이 교수는 "앞으로도 미래 첨단소재기술 분야의 인재들을 양성하고 신소재를 개발하는 데 노력하겠다."며 "광반도체 소재와 나노전자, 유기정보 등에 대한 핵심기술력으로 세계시장을 주도하는 연구실이 되도록 하겠다."고 자신했다.

이 글은 〈전남매일〉 "대학 파워사업단 · 연구소를 찾아/광주과학기술원 기능성고분자합성연구실"에 실린 인터뷰 기사를 재인용하였다. 2009.03.04.

'성실'과 '열정'이 바탕이 된 창의적 연구 수행

다양한 산업분야에서 커다란 파급효과가 기대되는 고분자 소재 분야는 세라믹이나, 금속보다 다양한 기계적 성질을 가질 수 있고 경쟁력 있는 가격으로 앞으로 많은 발전 가능성을 내재하고 있다.

이에 새로운 고분자 합성법을 개발함으로써 기초과학의 한 영역을 넓히고자 고분자합성 분야에서 꾸준히 연구를 진행하고 있는 광주과학기술원 신소재공학부의 이재석 교수를 만나 이야기를 나눠보았다.

'이소시아네이트의 음이온 중합' 분야의 연구를 꾸준히 진행해온 이 교수는 과거 '폴리이소시아네이트의 리빙성 연구', '고분자 전해질 연료전지 박막 개발' 등 한 분야에서의 깊이 있는 연구를 진행해왔다. 이같이 집중적으로 장기간 한 분야를 연구함으로써 새로운 폴리이소시아네이트를 설계·합성하고, 제1, 2, 3세대라고 명명하며 메커니즘을 규명했다. 더불어 폴리이소시아네이트 관련 연구로 39편의 SCI급 논문을 게재했다. 현재는 제어된 고분자량을 중심으로 폴리이소시아네이트의 카이랄 특성에 대한 연구를 지속해서 펼쳐나가고 있으며, 폴리이소시아네이트 고분자의 카이랄 특성에 대해서 더욱 깊이 있는 연구를 진행할 예정이다.

그는 이러한 연구 능력을 학계에서 인정받아 지난 2013년 10월, 한국고분자학회가 수여하는 제1회 LG화학고분자학술상을 수상했다. 또한, 칼텍 Caltech의 그럽스 Grubbs(2005년 노벨화학상 수상) 교수와의 공동연구를 수행 중이다. 이 교수는 "이번 공동연구는 페인팅이 가능한 자외선 및 적외선 차단막 소재 등의 개발을 목표로, 각자의 연구 분야인 리빙 음이온 중합 living anionic polymerization과 환—열림 복분해 중합 ring—opening metathesis polymerization 을 결합하여 '거대 그라프트 graft 공중합체'를 합성하게 됩니다. 이로부터 얻게 되는 고분자는 기존 선형 고분자에서 볼 수 없었던 뛰어난 광결정 특성을 보이게 됩니다."라며 자신의 연구에 대해 피력했다.

이 교수가 지난 20여 년 동안 연구해 온 새로운 고분자 합성 및 합성법의 개발은 기초학문으로서의 그 영역을 확장시켰을 뿐 아니라, 새로운 물성을 창출하여 다양한 산업으로의 응용을 촉진할 수 있음을 증명하는 계기가 됐다. 또한, 고분자 소재의 산업적 가치 및 성능을 좌우하는 요소는 소재의 분자 구조에 있음을 정확히 인지하고, 앞으로 새로운 형태의 고분자 합성을 통해서 기존의 소재가 가지고 있던 문제점을 해결할 수 있는 돌파구를 제시하는 데 크게 이바지할 것으로 기대된다.

이 교수는 예측 가능한 연구를 진행할 수 있는 환경을 만들기 위해 각 연구자들이 한 분야에 집중할 수 있도록 효율적인 연구비 배분이 현실화되고, 산업체와 학교 사이에서 깊은 이해를 바탕으로 밀접한 공동연구가 이뤄지길 바랐다. 이러한 연구 환경이 조성되어야만 더 이상 원천소재를 외국에 의존하지 않는 시대가 올 것이라 그는 주장한다. 성실함을 바탕으로 여러 분야의 연구보다는 한 분야에서의 깊이 있는 연구로 사회와 학계에 조금이나마 공헌하고자 매 순간 최선을 다하고 있는 이재석 교수. 이러한 열정과 성실함을 바탕으로 창의적인 연구를 수행해 나갈 그의 행보에 귀추가 주목된다.

이 글은 〈이슈메이커〉 95쪽에 실린 인터뷰 기사를 재인용하였다. 2014.02.

반도체 용량 극대화시키는 고분자소재 분야 리빙 중합 기술 이끌어

"원천소재를 외산에 기대지 않는 시대가 올 것이다."

고분자 소재 전문가로 이름을 날리고 있는 이재석 광주과학기술원 신소재공학부 교수의 지론이다.

이 교수 주 전공은 나노소재 개발에 활용 가능한 '이소시아네이트의 음이온 중합 방법론'이다. 폴리이소시아네이트의 리빙성을 세계 최초로 발견했다.

고분자 소재 분야에서 리빙 중합 기술은 블록공중합체를 만드는 기술이다. 2종 이상의 폴리머가 결합한 구조인 블록공중합체는 유기 나노입자를 손쉽게 제조할 수 있는 소재일 뿐 아니라, 나노패턴, 나노복합체 등 다양한 나노소재에 응용되고 있다. 특히, 이 블록공중합체를 이용하면 수 나노미터 크기의 분자소자 및 나노패턴이 가능하다. 반도체 용량 극대화 등에 활용할 수 있다.

이 교수는 또 나노소재, 고분자 발광다이오드, 고분자 비휘발성메모리, 연료전지, 수 처리에 이용 가능한 전해질 관련 응용연구도 병행하고 있다.

이러한 연구를 인정받아 이 교수는 굵직한 상도 잇따라 수상했다. 지난해 10월에는 한국고분자학회가 수여하는 제1회 LG화학고분자학술상을 수상했다. 지난 4월 과학의 날에는 과학기술 발전에 공헌한 점을 높이 평가받아 과학기술포장을 받았다.

이 교수는 20여 년 전 광주과학기술원 설립 초기에 부임해 기능성 고분자라는 한 우물을 파왔다. 소탈한 성품과 부지런함을 무기로 학생들과 실험실을 지키며 얻은 연구결과물이 빛을 본 셈이다. 현재도 대학 아파트에 거주하면서 석·박사 과정 학생들을 가까이서 챙기고 있다.

그의 강점은 신소재학과장과 연구처장, 산학협력단장을 거치면서 산·학 협력을 통한 노하우와 폭넓은 네트워크를 갖추고 있다는 점이다. 최근에는 첨단산업 분야의 전문성을 인정받아 윤장현 광주시장 당선인의 경제산업 분야 인수위원으로도 활동 중이다.

이 교수는 "연구 인프라에 대해 GIST가 아낌없이 지원하고 한 분야 연구에 몰두해 온 덕분에 과분한 상을 잇달아 받게 됐다."며 "나노를 비롯해 음이온, 연료전지 등 신사업 분야에 접목 가능한 신소재를 개발해 산업발전에 힘을 보태겠다."고 말했다.

이 글은 〈전자신문〉 "[대한민국과학자]–이재석 광주과학기술원 신소재공학부 교수"에 실린 인터뷰 기사를 재인용하였다. 2014.06.16.

연구실과 산업현장의 간극 메우는
인력양성·산학협력 모델 제시

지방의 미래 시대를 대비하고 과학기술 역량과 산업경쟁력 향상을 목표로 시행하는 지역혁신창의인력양성사업에서 이재석 교수는 '보호용 및 심미성 콘택트렌즈 개발'이라는 주제로 유형 3에 해당하는 '글로컬창의인력양성'사업을 수행 중이다.

그동안 '기업수요지향형 창의인력양성'사업은 운영되어 왔지만, 지방대학과 중소기업의 수출을 선도하기 위해 주관대학과 협력대학, 기업협력팀으로 구성된 수출 연계형/국제인력교류형 사업은 2014년 처음 시작되었다. 선행 사업이 없는 유형이기에 지난 일 년, 눈코 뜰 새 없이 바쁜 나날을 보낸 이 교수. 그를 지난 8월 21일 1차 연도 워크숍에서 만날 수 있었다.

수출 연계형/국제인력교류형 '글로컬창의인력양성'사업 운영

현재 소프트 콘택트렌즈의 세계 시장규모는 2014년 기준 104,000억 원 (국내: 636억 원)으로 매년 5.8%의 성장률을 보이고 있으며, 소수의 글로벌

기업이 전체 시장의 44%(국내시장 75%)를 점유하고 있다. 이에 광주과학기술원 지역혁신창의인력양성사업팀은 중국, 인도, 브라질 등 신흥국 시장에 주목했다. 중국과 인도의 소프트 콘택트렌즈시장이 연평균 17.4% 성장률을 기록하는 등 수요가 지속적으로 증가함에 따라 기능성과 가격 경쟁력, 고품질의 연구개발이 요구되면서 국내 기업 경쟁력 강화에 양팔을 걷어붙이고 나선 것이다.

광주과학기술원, 전남대학교, ㈜지오메디칼로 구성된 사업팀은 인력양성, 산·학 협력, 기술개발을 통해 지역 기업의 부가가치 창출 및 브랜드 가치를 향상시키고자 모였다. 이들은 중소기업이 기술 노하우와 기술지도 능력을 고취하고 지식재산권을 확보함으로써 기업 고유의 브랜드를 확립하도록 돕는다. 더불어 렌즈산업의 인력 양성 및 개발을 통해 내수 점유율을 점진적으로 증가시키고 글로벌 시장 선점을 통한 협동기업의 수출확대를 이룩하며, 세계적인 중견 렌즈기업으로 성장할 수 있도록 협력체계를 강화하고 있다.

사업 명칭에서 보여지듯, 지역혁신창의인력양성사업은 지역 중소기업과 우수인력 상호 간의 간격을 해소하고자 창의적인 인력양성 시스템 모델을 제시한다. 고급 인력의 능동적인 투입을 통해 콘택트렌즈 산업의 품질향상을 도모하고 시력 교정과 동시에 심미성·보호용·치료용 콘택트렌즈 응용개발을 꾀하는 것이다. 수출 연계형/국제인력교류형을 수행하는 만큼, 협동기업의 해외진출과 관련한 인도, 베트남, 몰도바, 이집트의 학생을 양성하고 이들의 자국 기업 취업을 도와 대상 국가와의 수출 연계를 확대한다.

사업의 주관기관인 광주과학기술원에서는 이재석 교수, 권인찬 교수

팀이 보호용, 심미성, 치료용 렌즈소재 합성을 연구하고 있으며, 전남대학교 허양일 교수, 채규호 명예교수가 기능성렌즈의 물성을 연구한다. 특히 채규호 명예교수의 활약은 그동안 연구한 결과가 은퇴해도 사장되지 않는다는 좋은 모범이 될 것으로 보인다. ㈜지오메디칼 광신소재기술연구소에서는 렌즈소재 가공연구에 구슬땀을 흘리고 있다.

이들은 콘택트렌즈소재 합성 조건 확립, 콘택트렌즈 소재 합성 조건 최적화, 소재 물성 분석 기초 응용연구, 소재 특성 최적화 시제품 제작을 목표로 연구개발에 심혈을 기울이고 있을 뿐 아니라, 기업 책임연구원과 대학 교수, 학생들이 참여한 세미나를 지속적으로 개최하는 중이다. 산·학 간 활발한 피드백을 바탕으로 효율적인 연구를 수행하고 있는 이재석 교수는 3년 후 해당 기업체의 1,500만 달러 수출 달성을 확신하며, 1차 연도 워크숍 성과발표에서 자신감을 드러냈다.

"수준 높은 기술개발로 국제 브랜드화 및 기업의 경쟁력 향상을 위한 산·학 협력에 힘 쏟고 있으며, 지역 기업의 우수인력 채용이 원활하게 되는 선순환구조의 환경조성을 위해 노력하고 있습니다."

이 교수는 1차 연도에 전체 참여 연구원 수 및 학부생 내부 진학 성과를 달성했고, 외국인 박사수료와 더불어 국내 학회에서 3회 이상 성과를 발표하는 등 인력양성에 심혈을 기울이고 있다. 또한, 홋카이도대학 석사과정생의 방문연구와 외국석학들의 초청 강연 및 과제 관련 연구 자문을 진행 중이다. 기술개발 부문에서는 수용성 고분자 소재가 탑재된 콘택트렌즈 제조, 고분자−약물 나노복합소재와 항균성 고분자 소재 제조방법의 특허출원을 준비하고 있다.

기업파견/현장실습의 일환으로 대학원생 석사과정 3명이 180시간의 실습을 마쳤고, 자기유화중합을 이용한 고분자 나노복합소재 제조 기술 지도를 진행하고 있으며 연구교류 및 세미나를 주기적으로 개최하는 등의 성과를 거뒀다. 신소재공학부 학생들을 대상으로 한 ㈜지오메디칼 박화성 대표이사의 산·학·연 특강도 신학기에 준비되어 있어, 지역기업과 대학의 연구실이 더욱 가까워질 것으로 전망된다.

지속적인 산·학 협력 통해 폭넓은 네트워크 보유

이재석 교수는 광주과학기술원 설립 초기에 부임해 기능성 고분자라는 한 길을 걸어왔다. 소탈한 성품과 연구에 대한 열정으로 학생들과 실험실을 지켜왔고, 신소재학과장과 연구처장, 산학협력단장, 윤장현 광주시장의 경제산업 분야 희망위원으로 활동하는 등 산·학 협력을 통한 노하우와 폭넓은 네트워크를 보유한 인물이다. 지역 산업체와 유기적인 협력체계를 구축해온 것이 지역혁신창의인력양성사업에 선정되는 데 핵심적인 역할을 했다고 밝힌 이 교수. 그는 연구실과 산업현장의 간극을 메워야 한다고 강조한다.

"학교나 연구자가 지원해줄 수 있는 수준과 산업체가 요구하는 격차가 매우 큰 실정입니다. 이 간극을 좁히는 것은 '시간'이라고 생각해요. 회사도 각각 한 명씩 교수를 자문위원으로 두는 데 투자하고, 연구자도 어떻게 하면 이들을 도울 수 있을지 가까이에서 바라봐야 합니다. 이러한 맥락에서 오랫동안 산·학 협력관계를 유지해 온 제가 지역혁신창의인력양성사업을 수행할 수 있게 된 것은 희망적인 일이라고 평가합니다. 해당 사업을 통해 목표한 바를 이루고, 산·학 협력의 올바른 모델을 제시하겠습니다."

인터뷰를 마친 뒤 기자의 수첩에 빼곡하게 적인 이재석 교수의 말에는

그의 연구 인생과 앞으로의 과제가 오롯이 담겨 있었다. 바로 '글로컬창의
인력양성'이라는 목표를 향해서다.

이 글은 〈월간인물〉 28~29쪽에 실린 인터뷰 기사를 재인용하였다. 2015.09.

AI 시대 여는 미래기술의 전당,
세계적 리빙 음이온 중합 분야 권위자

인쇄전자Printed Electronics란 프린팅 공정기법으로 만들어진 전자소자 혹은 전자제품을 의미한다. 즉 유연인쇄전자Flexible & Printed Electronics 기술은 기존 반도체 · 디스플레이 제조공정을 인쇄기법으로 제조하는 생산기술을 뜻한다. 이 기술은 특히 다양한 산업 분야에서 수요가 폭증하는 추세인 센서를 대량 생산케 하는 핵심기술로 주목받고 있다.

(사)한국유연인쇄전자학회Korea Flexible & Printed Electronics Society, KFPE는 '유연인쇄전자와 관련된 학문과 기술의 정보교환 및 학술 활동을 도모하고 아울러 국내외 학 · 연 · 산 협동을 촉진함으로써 관련 학문 발전에 기여한다.'는 포부로 2019년 창립됐다. KFPE는 매년 학술대회를 개최, 인쇄전자 분야 전문가로 구성된 회원들과 함께 2010년 설립된 (사)한국플렉시블일렉트로닉스산업협회Korea Flexible & Printed Electronics Association, KoPEA와 협력하여, 국내외 관련 산업 활성화를 견인해온 것으로 평가받는다.

AI시대의 핵심인 '센서'를 '인쇄'한다

인쇄는 산업·경제·정치·사회·문화 등 인류사의 흐름 전반에서 주춧돌로 기능해온 핵심 분야다. 특히 구텐베르크의 활자 인쇄는 인류사회가 중세에서 근대로 도약하는 데 결정적으로 기여했다. 이렇게 우리 사회의 저변에서 역사 발전을 견인해온 인쇄가 다시금 우리의 삶을 큰 폭으로 변화시키고 있다. 바로 인쇄전자 Printed Electronics 시대가 도래한 것이다.

"인쇄전자는 쉽게 말해 전자회로를 전도성 잉크로 인쇄하듯 제조하는 기술입니다. 그리고 여기에 유연성을 부여한 것이 '유연인쇄전자'이죠. 반도체를 두고 '산업의 쌀'이라고 표현하는데요. 인쇄전자가 반도체의 고도화와 대량생산에 기여했다면, 유연인쇄전자는 보다 다양한 형태와 물성의 전자소자를 생산케 합니다. 특히 최근 인공지능 산업의 핵심으로 주목받는 센서의 대량생산을 실현하는 기반 기술로 주목받고 있지요."

유연인쇄전자는 센서 등 전자소자 생산이 규모의 경제를 실현하는 데 기여하고 있다. 이렇게 경제적이고 고품질의 센서 생산 역량은 대한민국이 진정한 AI시대를 여는 데 중요한 원동력이 될 것으로 기대되고 있다.

"유연인쇄전자는 향후 삶의 전반을 혁신할 것입니다. 특히 초연결 시대의 구현을 앞당길 것이며, 이를 통해 내가 원하는 유통과정의 실시간 정보를 언제 어디서든 습득할 수 있게 될 것입니다."

이재석 교수는 특히 유연인쇄전자의 확장성에 주목하고 있다. 단순히 유연한 소자의 대량생산을 넘어, 이를 토대로 4D프린팅과 바이오프린팅 기술과의 접목이 가능하다는 것이다. KFPE는 실제로 지난달 3일 '유연인쇄전자-3D to 4D 미래기술 온라인 세미나'를 개최, 유연인쇄전자의 학술적 저변 확장 작업에 나섰다.

"코로나19로 인해 비대면 사회가 조기에 정착되고 있으며, AI기술도 빠르게 발전하고 있지요. 이런 상황에서 유연인쇄전자는 '초연결·고신뢰 양립 가능 시대'를 열기 위해 노력할 것입니다. 아울러 우리 학회는 4D프린팅 기술과 바이오프린팅 기술을 구현해 인류 사회에 기여하는 학회로 거듭나도록 학술 활동에 집중하겠습니다."

세계적 리빙 음이온 중합의 권위자

이재석 교수는 30여 년간 고분자합성, 특히 리빙 음이온 중합을 연구한 석학이다. 고분자합성은 단량체의 이중결합을 음이온 개시제로 해제, 다른 분자와 연결해 다양한 형태와 물성을 갖게 고분자를 만드는 것이다. 우리 사회 곳곳에서 사용되는 폴리우레탄의 원료로 알려진 이소시아네이트의 음이온 중합에서 리빙성을 찾은 것이 이 교수 연구의 핵심 성과이다.

"음이온 중합의 리빙성을 유지하면서 고분자를 원하는 형태로 단량체를 재구성하는 것은 대단히 어려운 연구입니다. 실제로 1959년 최초로 이소시아네이트 음이온 중합 연구가 시작된 이후 40년간 중합도 제어 방법이 제시되지 못했었죠. 저는 이소시아네이트의 음이온 중합에서 리빙성을 유지하는 방법을 세계 최초로 규명했고, 현재 리빙 음이온 중합을 통해 폴리이소시아네이트의 헬릭스 구조를 제어하는 단계에 도달했습니다."

헬릭스 구조는 인체 단백질의 기본 형태이다. 따라서 이 교수의 연구가 후배 학자에 의해 인용되고 발전된다면, 바이오 모사 분야에 활용될 가능성이 다분하다. 앞으로 이 교수는 나선형 폴리이소시아네이트가 보다 복잡한 구조로 발전할 수 있도록 음이온 중합의 제어 연구에 주력할 계획이다. 특히 바이오 모사에 의한 슈퍼박테리아 사멸을 포함, 다양한 분야로의 응용 가능성을 염두에 두고 수용성 나선형 폴리이소시아네이트 합성을 위해 박차를 가할 것으로 예상된다.

또한, 이재석 교수의 분자 단위에서 고분자의 단위 구조를 제어하는 기술은 유연인쇄전자 분야의 한계로 여겨지는 나노 단위의 인쇄 중첩 문제와 전자잉크제조에 혁신적으로 인용될 것으로 기대된다.

이 글은 〈뉴스리포트〉 52~53쪽에 실린 인터뷰 기사를 재인용하였다. 2021.07.

끝마치며

마침내, 오랜 시간에 걸쳐서 원고를 마무리할 수 있어서 마음이 홀가분하다. 이 책은 내가 전문으로 하는 고분자화학에 관한 전공서적도 아니고, 인문과학을 논한 서적도 아니며, 더구나 소설이나 산문도 아니다. 교수라는 직업으로 살았던 기록이며, 머릿속을 맴돌던 잡다한 생각들을 나름대로 정리해서 묶어본 것이다. 101번째 학생을 졸업시키는 심정으로 마친다.

세대가 두세 번 바뀌어 후배 교수들의 환경과는 다르겠지만, 혹시 읽어주신다면 '라떼'의 참고서가 되기를 바란다. 여러 직업 중에 교수로서, 지역에 있는 연구중심대학의 교수가 어떤 자세로 교육, 연구, 봉사에 임했는가, 간접 경험할 기회가 되었으면 그것으로 만족한다.

책을 출판해도 아무도 읽지 않을 거라는 동료의 말에 신경이 쓰인다. 전부 읽을 필요가 없다. 목차를 보다가 혹시 재미있는 주제가 하나라도 있으면, 그 부분만 읽어도 좋다. 예를 들어 '박사, 그리고 교수가 되는 비결' 정도가 어떨까. 이 책이 편히 읽히게 되길 바란다. 학문의 길로 들어서서 치열하게 보낸 1, 2막을 회고하며, 퇴임 후 인생 3막을 준비하는 어느 노교수의 일상을 살짝 들여다보는 느낌으로….

GIST PRESS 30번째 출간으로, 2023년 지스트 설립 30주년을 축하한다.

저자 **이재석**

나의
교육과
연구
　　그
　　리
　　고
지역사회
봉사

초 판 인 쇄　2024년 2월 13일
초 판 발 행　2024년 2월 20일

저　　　　자　이재석
발　행　인　임기철
발　행　처　GIST PRESS

등 록 번 호　제2013-000021호
주　　　　소　광주광역시 북구 첨단과기로 123(오룡동)
대 표 전 화　062-715-2960
팩 스 번 호　062-715-2069
홈 페 이 지　https://press.gist.ac.kr/
인쇄및 보급처　도서출판 씨아이알(Tel. 02-2275-8603)

I S B N　979-11-90961-22-6 03000
정　　　　가　20,000원